AF291141

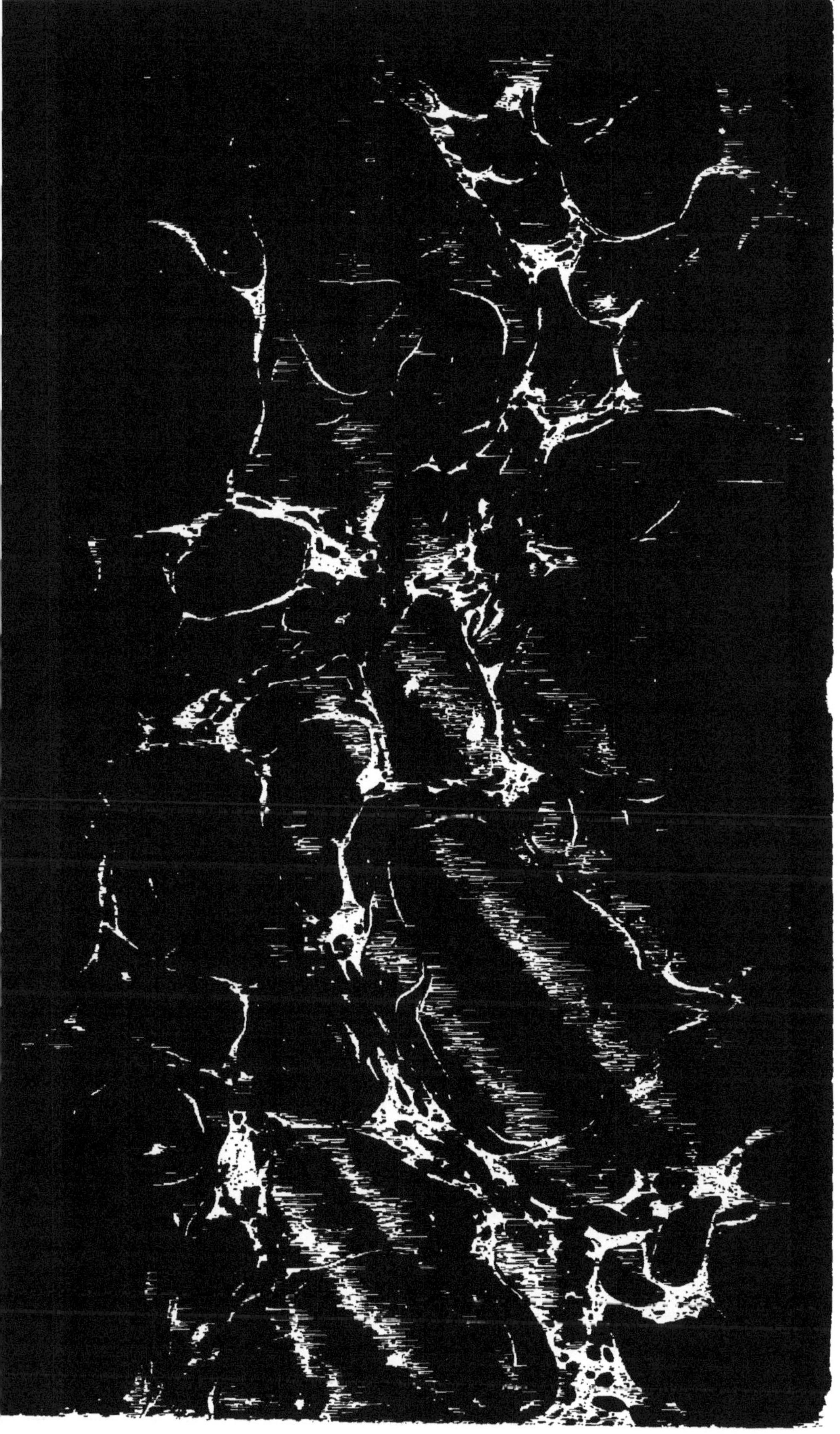

HISTOIRE

DE

PASCAL PAOLI

OU

UN ÉPISODE DE L'HISTOIRE DE LA CORSE

PAR

M. BARTOLI

INSPECTEUR DE L'INSTRUCTION PRIMAIRE EN RETRAITE
OFFICIER DE L'INSTRUCTION PUBLIQUE

NOUVELLE ÉDITION REVUE & ANNOTÉE

BASTIA

IMPRIMERIE ET LIBRAIRIE Vve EUGÈNE OSTY

1891

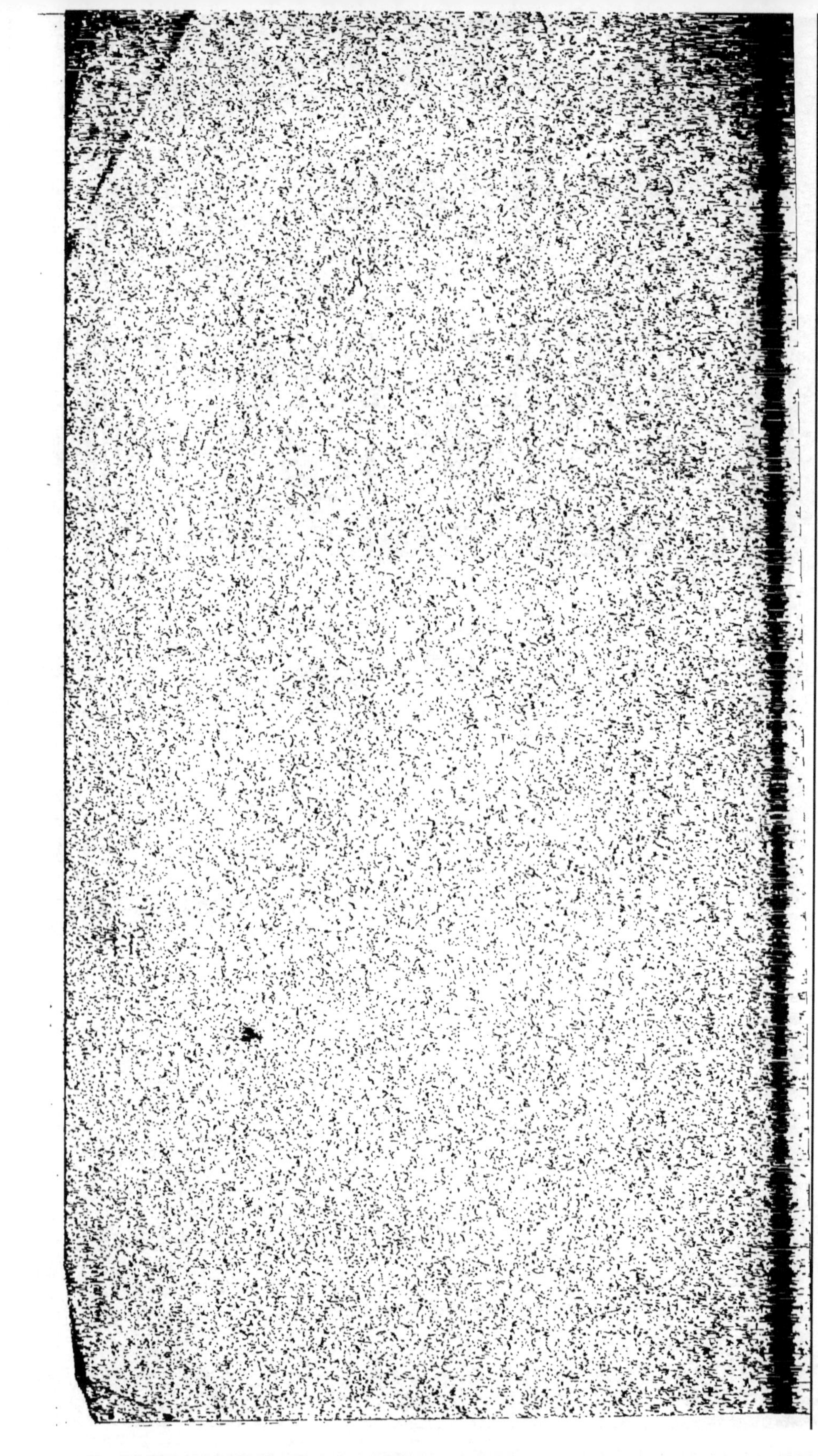

AVIS

—

L'impression de la présente édition, commencée en mars de l'année 1889, alors que l'époque du retour des cendres de Pascal Paoli n'avait pas encore été fixée, n'a pu, pour des raisons indépendantes de la volonté de l'auteur, être menée à fin qu'en juin 1891.

Ce retard regrettable d'un côté, surtout au point de vue de la cohésion de toutes les parties de l'ouvrage, a permis néanmoins d'y ajouter un chapitre final, le XXIe, dans lequel est donnée la relation, aussi complète que possible, des cérémonies qui ont eu lieu à l'occasion du rapatriement des restes mortels de notre Grand Patriote ; et voilà pourquoi cette nouvelle édition présente un tout complet qui sera peut-être agréable au lecteur.

Nous espérons que tous les bons patriotes voudront avoir en leur possession ce petit ouvrage qui les portera à mieux aimer leur pays, en leur en faisant connaître suffisamment l'histoire dont ce qui a trait à Paoli est, sans contredit, le plus bel épisode.

Nous le recommandons particulièrement aux membres du Corps enseignant et à leurs élèves, d'autant plus que, dernièrement, au Conseil général, on a manifesté le désir que la lecture de l'histoire de l'Ile fasse partie du programme dans les écoles.

HISTOIRE

DE

PASCAL PAOLI

Tout exemplaire de cette nouvelle édition non revêtu
de la griffe de l'auteur sera réputé contrefait.

HISTOIRE

DE

PASCAL PAOLI

OU

UN ÉPISODE DE L'HISTOIRE DE LA CORSE

PAR

M. BARTOLI

INSPECTEUR DE L'INSTRUCTION PRIMAIRE EN RETRAITE

OFFICIER DE L'INSTRUCTION PUBLIQUE

NOUVELLE ÉDITION REVUE & ANNOTÉE

BASTIA

IMPRIMERIE ET LIBRAIRIE Vᵉ EUGÈNE OLLAGNIER

1889

AU LECTEUR

Nous croyons, et sans commentaires d'ailleurs inutiles, devoir placer sous les auspices d'une délibération du Conseil général de la Corse, en date du 18 septembre 1876, cette nouvelle édition de notre histoire de Pascal Paoli.

Si nous reproduisons, ci-après, cette délibération, ce n'est pas autant pour attirer sur ce livre la bienveillance du public, que pour rappeler, une fois de plus, à la Corse, la dette sacrée qui n'a pas encore été payée à l'ombre toujours chère et toujours vénérée du Père de la Patrie, du Patriarche de la Liberté.

Après un long assoupissement, l'idée du retour

des cendres de notre héros semble se faire jour avec plus d'insistance. Nous nous estimerions très heureux si nous pouvions assister à la cérémonie de réparation que notre île réclame et attend.

EXTRAIT DU PROCÈS-VERBAL DES DÉLIBÉRATIONS

DU CONSEIL GÉNÉRAL DE LA CORSE

Séance du 18 septembre 1876

. . . .

Tout le monde, en Corse, vénère la mémoire du général Paoli. Dans le but, à la fois de vulgariser et de hâter l'érection du monument que la Corse reconnaissante doit faire élever, dans son pays natal, pour recevoir ses cendres, j'ai l'honneur de vous soumettre, au nom de votre commission, la proposition suivante : Il sera alloué à M. Bartoli, inspecteur des écoles primaires, sur les fonds dont il vient d'être parlé, une somme de 400 francs pour lui permettre de rééditer l'histoire de notre illustre concitoyen. Le reste de ces fonds sera mis à la disposition de la Commission chargée de recueillir les sommes destinées à l'érection du monument projeté.

La proposition mise aux voix a été adoptée.

AVANT-PROPOS

Ecrit par un enfant de la Corse, ce livre est destiné à faire connaître une des plus grandes figures de son histoire, Pascal Paoli, qui n'en reste pas moins un de ces grands noms dont l'humanité reconnaissante ne perd jamais le souvenir, quoiqu'il ait exercé son action sur un petit théâtre.

La vie de Pascal Paoli a été retracée par des plumes plus exercées que la mienne et par des personnes de plus grand crédit. Moi, j'ai entrepris ce travail, non par ambition ni par idée de lucre, mais bien dans l'unique intention de vulgariser la connaissance de ce grand homme, de cet homme qui, plus que tout autre, a mérité le beau titre de *Père de la Patrie*. C'est dans cette intention que je le destine, plus spécialement, aux élèves avancés des écoles primaires de la Corse. Nos instituteurs et nos institutrices ne m'en voudront pas, j'en suis certain, de faire un pressant appel à leur patriotisme éclairé.

J'ai cru réussir dans mon projet, en retraçant dans un langage succinct les faits les plus saillants de son existence. Je n'ai pas oublié que je m'adresse à des enfants, et que, pour eux, il faut plutôt des faits que des considérations générales et des réflexions philosophiques. A d'autres ouvrages plus étendus que celui-ci, le soin et l'honneur d'approfondir les faits et d'en rechercher les causes et les résultats; à moi, la tâche modeste de raconter simplement et surtout impartialement les actes de cet homme illustre dont le nom ne s'effacera jamais de la mémoire des Corses.

Vivant dans un siècle autre que celui qui a été témoin de ses exploits, j'ai dû puiser, glaner partout, prendre de toutes mains, en soumettant, toutefois, les faits que j'ai recueillis au plus sérieux examen. Je me suis servi des ouvrages des auteurs insulaires, continentaux ou étrangers, qui ont écrit sur Paoli, mais surtout des lettres de Paoli lui-même, dont une notable partie ont été réunies par N. Tommaseo et dont plusieurs ont été publiées par le Bulletin de la Société des Sciences historiques et naturelles de la Corse.

J'ai fait tous mes efforts pour arriver à offrir à la jeunesse de mon pays un petit ouvrage accessible à leur intelligence et surtout à leur bourse.

Ce livre, cependant, n'est pas seulement à destination des enfants de la Corse, il s'adresse aussi aux enfants de cette France que Paoli a aimée, mais dont il a été méconnu. Je voudrais pouvoir effacer de leur esprit la fâcheuse impression qu'y a laissée sa conduite dans les derniers jours de sa carrière politique, et montrer aux généreux enfants de ce pays que Paoli n'est pas aussi coupable qu'ils se le sont figuré. Puisse mon idée trouver accès auprès de la justice de leurs sentiments !

Je me croirais bien récompensé de mes peines si j'ai atteint le but que je me suis proposé.

Tous mes lecteurs, enfants ou hommes faits, m'accorderont, je l'espère, leur indulgence par égard pour mon intention.

HISTOIRE
DE PASCAL PAOLI

OU UN ÉPISODE DE L'HISTOIRE DE LA CORSE

INTRODUCTION

RAPIDE APERÇU DES TEMPS QUI ONT PRÉCÉDÉ L'ARRIVÉE DE PASCAL PAOLI EN CORSE

Après avoir été visitée par les différents peuples qui habitaient les terres continentales environnantes et subi la domination de plusieurs d'entre eux, la Corse, impuissante à se défendre ouvertement et avec succès contre ces nations formidables, dut nécessairement, mais non sans effusion de sang, recevoir la loi des vainqueurs et tomber dans la plus dure servitude : car tel était alors le sort des vaincus. Mais cet esclavage n'allait pas au caractère des habitants de cette île ; c'est pourquoi ils luttèrent constamment contre les attaques extérieures, de quelque part qu'elles vinsent, et ils firent comprendre à leurs vainqueurs qu'ils pouvaient être vaincus et écrasés, mais qu'ils ne seraient jamais esclaves.

Le sentiment de l'indépendance semble inné chez les Corses, ou, pour mieux dire, ce sentiment que tous les hommes possèdent est très vivace chez nous : nos pères aimèrent tellement la liberté qu'ils poussèrent cet amour jusqu'à l'idolâtrie, et ils firent des efforts inouïs, mais presque toujours infructueux, pour la conquérir et pour la posséder d'une manière durable. Ces efforts n'ont pas peu contribué à la renommée dont la Corse jouit dans le monde, et ont mérité à ses enfants le titre de patriotes par excellence.

Sans parler des invasions antérieures, c'est-à-dire des Ibères, des Phéniciens, des Etrusques et des Phocéens, et à ne partir que de celle des Romains qui l'avaient conquise sur les Carthaginois, nous dirons que la Corse eut à opposer ses faibles forces aux armées innombrables de ce peuple envahisseur poussé par un désir avide de conquête, et attiré vers elle par sa position importante au milieu de la Méditerranée occidentale et par la fécondité de son sol. Mais aux généraux de cette nation, la plus puissante alors du monde et qui marchait à la domination universelle, elle fit sentir toute la fierté de son noble caractère.

Cependant, aux yeux des puissants, la force

morale du droit, de la justice, doit céder à la force brutale des conquérants qui foulent aux pieds les droits des vaincus pour n'écouter que leur ambition. (1) C'est ainsi que la Corse dut obéir à Rome et même voir son sol plus d'une

---

(1) L'An 236 avant J.-C., le consul Licinius Varrus résolut de conquérir cette île qui avait toujours opposé aux Romains une résistance victorieuse. Ne pouvant y aller lui-même parce qu'il avait à soumettre les peuples révoltés de la Ligurie, il y envoya son lieutenant Marcus Claudius Glicias qui fut complètement battu et forcé de conclure un traité peu honorable pour Rome. Le consul arrive lui-même sur les lieux, rompt le traité et attaque les Corses avec toute son armée ; mais il n'eut guère de victoires à compter et revint à Rome, où il ne fut pas jugé digne des honneurs du triomphe. Le sénat condamna le malheureux Glicias à être livré, tout chargé de chaînes, à la colère des Corses. Mais ceux-ci répondirent, par la voix de leur Grand-Juge, à l'officier romain conduisant le captif, qu'ils ne considéraient comme criminels que le sénat et le consul ; en conséquence, ils refusaient Glicias dont ils n'avaient que faire. Cet infortuné fut donc mis en liberté, mais en revenant à Rome, il fut tué et son corps précipité dans le Tibre. Les Corses apprenant ce procédé féroce en furent indignés et se déclarèrent ennemis des Romains.

Quatre ans après, Caïus Papirius espérant être plus heureux que ses prédécesseurs, débarque avec son armée dans le golfe de St-Florent, remporte une grande victoire et se met inconsidérément à la poursuite des vaincus ; mais ceux-ci ne fuient que pour mieux assurer la ruine du consul, ce qui leur réussit lorsqu'ils l'eurent engagé dans les gorges de l'île, au milieu des montagnes, d'où il ne pouvait plus se sauver. Dans cette déplorable situation, le consul fit des propositions très avantageuses pour les Corses, qui acceptèrent le traité et furent considérés, depuis lors, comme les alliés du peuple romain.

(Tiré de l'*Istoria della Corsica*, de LIMPERANI, lib. III).

fois trempé du sang de ses oppresseurs qui ne furent pas tranquilles dans la possession de leur conquête, attaqués qu'ils y furent, à différentes reprises, par les armées de la commerçante Carthage, de cette puissante rivale à qui ils l'avaient ravie. Cette dernière ville ayant succombé dans l'étreinte mortelle de Rome ne vint plus inquiéter les préteurs romains qui restèrent maîtres de l'île jusqu'à ce que Rome, succombant elle-même encore plus sous le poids de sa propre masse que sous les attaques des hordes belliqueuses du Nord, fut asservie avec tous les pays qu'elle avait conquis.

La Corse, comme toutes les provinces qui formaient l'empire romain d'Occident, devint la proie des peuples sortis des forêts de la Scandinavie et de la Sarmatie. Ceux-ci y implantèrent leurs us et coutumes, et, par conséquent, le système féodal dans le gouvernement, c'est-à-dire le pouvoir avec tous ses abus dans les familles puissantes, et la servitude avec toutes ses peines chez les faibles. Mais les Corses qui aimaient passionnément la liberté et l'égalité ne purent pas se faire à cet état de dégradation et de servage, et, s'ils eurent presque toujours des maîtres, ce ne fut pas volontairement, car ils ne laissèrent échapper aucune occasion de secouer le joug des tyrans, ou, du moins, par ces luttes héroïques et toujours renaissantes, par ces énergiques et perpétuelles protestations, voulurent-ils empêcher la prescription des droits les plus sacrés.

Tous les peuples de l'Europe gémissaient dans l'esclavage. L'ignorance et la barbarie, tel était le caractère dominant de cette époque, où, malgré tous les efforts du christianisme qui, depuis plus de dix siècles, prêchait l'égalité des hommes et tâchait d'adoucir la férocité du caractère des seigneurs et des barons, tout n'était dans le monde que dévastations et ruines.

Cependant le christianisme dont l'action était entravée de tous côtés, marchait lentement, mais il avançait toujours et avançait sûrement, et répandait, au milieu des populations, les lumières dont il avait su garder le dépôt à travers les bouleversements qui se succédèrent après la chute de l'empire romain.

D'ailleurs, la tyrannie toujours croissante des seigneurs féodaux et les souffrances incessantes des peuples avaient éveillé les colères de ces derniers qui ne tardèrent pas à recouvrer leur indépendance. Les villes hanséatiques déjà étaient libres; plusieurs villes du Midi, qui avaient conservé le souvenir et les traces des anciennes municipalités romaines, demandèrent leurs franchises; les rois qui avaient intérêt à diminuer la puissance des seigneurs, leur octroyèrent des chartes et s'attirèrent ainsi les sympathies des populations auxquelles ils donnèrent une vie plus libre.

Les Corses aussi durent prendre les armes pour se soustraire au despotisme des seigneurs, et, à la voix de Sambucuccio d'Alando, (1) les pièves du deçà des monts, c'est-à-dire de la partie orientale et septentrionale de l'île (2) secouèrent le joug : c'est pourquoi cette terre prit définitivement le nom de *Terre des Communes*, nom qu'elle avait déjà depuis la mort d'Arrigo Colonna, surnommé le *Belmessere*.. Il n'en fut pas de même cependant au de là des monts, où la féodalité, plus fortement constituée, sut maintenir plus longtemps sa prépondérance.

Par le fait de l'abolition de la féodalité, le sort de la Terre des Communes n'en devint pas plus heureux, car le despotisme ne fit que changer de nom, et aux barons succédèrent les

---

(1) Mort en 1012.

(2) C'est-à-dire « tutto quel tratto di paese, che per lungo si stende dai monti sino a Brando, e per largo da Aleria sino a Calvi. »

(Istoria della Corsica. — LIMPERANI, t. I, lib. X).

Caporali (1) qui, au lieu de défendre, comme c'était leur devoir, les droits des populations dont ils étaient les chefs, ne firent que perpétuer la tyrannie. Cette domination pourtant ne devait pas être de longue durée. Un nouvel adversaire de la tyrannie, ami de l'indépendance et du bonheur de sa patrie, Mariano da Gaggio, appelle les populations aux armes et renverse la domination des nouveaux tyrans (1445). Ceux-ci ne se tinrent pas pour battus, et tentèrent de retenir l'autorité qui leur échappait, ou, pour mieux dire, de ressaisir celle qu'ils n'avaient plus. Mais Mariano est là. Ne se sentant cependant pas assez fort pour porter le dernier coup à ces nombreux petits tyrans, il appelle à son secours les armées de la puissante république de Gênes.

___

(1) Les *Caporali* ont, pendant longtemps, joué un rôle prépondérant dans les affaires de la Corse. C'étaient des chefs, des espèces de tribuns chargés de défendre les intérêts du peuple.

Comment cette institution, qui n'était pas cependant générale dans l'île, est-elle tombée? A notre avis, la sérénissime république qui, bien à juste titre, en redoutait l'influence, employa, pour s'en défaire, un moyen habile : le discrédit. En effet, petit à petit et par ses intrigues ténébreuses, elle fit obtenir ces charges par des ambitieux sans mérite et par des hommes exerçant des professions peu libérales, telles que saigneur, barbier, etc.

Aucune institution, si fortement constituée soit-elle, ne résiste au ridicule.

Ce n'était pas la première fois que les Liguriens venaient dans l'île. Des magistrats de
cette république avaient été appelés dans le
XIe siècle, par les habitants du Cap-Corse,
alors que l'intérieur du pays s'était déjà associé
et avait établi une sorte de gouvernement démocratique. Dès ce moment, trouvant cette île
fort à leur convenance, ils ne la perdirent pas
de vue. Ils vinrent ensuite inquiéter les Pisans,
auxquels la Corse avait été cédée, moyennant
redevance, par le pape Urbain II, en 1091.
Grégoire VII, le fameux Hildebrand, qui, comme
d'ailleurs plusieurs de ses prédécesseurs, croyait
avoir des droits suprêmes sur les rois et sur
les peuples, en avait fait don à l'évêque de Pise,
en 1077.

Les Génois, dont la rivalité avec Pise avait
déjà éclaté, s'étant emparés par trahison de la
ville de Bonifacio, reçurent, quelques années
après, les propositions de la ville de Calvi qui
vint s'offrir d'elle-même ; et, après le combat
naval de la Meloria, si fatal aux Pisans, la
Corse tomba presque tout entière sous la domination génoise.

La république de Pise, désormais abattue
par sa rivale, cède ses droits sur la Corse au
Saint-Siége qui les lui avait transmis autrefois,
et qui en donne maintenant l'investiture aux

rois d'Aragon. L'un d'eux fournit des secours à Vincentello d'Istria qui chasse les Génois de presque toute l'île.

Ce n'est donc qu'à partir de Mariano de Gaggio qui appelle les Génois comme protecteurs que commence réellement la domination de cette république sur notre île. Il ne leur fut pas difficile, vu la situation malheureuse dans laquelle se trouvait notre pays, soit par l'ambition et la rivalité des principales familles, soit par la pauvreté des insulaires, de substituer une domination effective à leur qualité de protecteurs. Tout d'abord, ce changement fut favorable et utile aux populations corses: les Génois mirent tous leurs soins à s'attirer les bonnes grâces et les sympathies de ces nouveaux sujets; mais, ensuite, l'avarice des négociants préposés à l'administration de l'île, administration qui avait été concédée par la république à la banque de St-Georges, les poussa à des abus de pouvoir, à des exactions de toutes sortes, et pour maintenir cette autorité qui faisait leur fortune, puisqu'elle leur donnait les moyens de dépouiller, à leur aise, les malheureux insulaires, ils mirent tout en œuvre pour les tenir dans l'impuissance de pouvoir jamais secouer le joug. Ils fomentaient des discordes civiles; ils tenaient dans l'oppression les familles de quelque distinction, en les éloignant des emplois ; ils encourageaient les homicides par l'impunité et récompensaient même les malfaiteurs. De là est né dans le cœur des Corses ce désir de la vengeance, ce sentiment qui a poussé de si profondes racines, que la civilisation seule pourra les extirper. Son œuvre a déjà fait de rapides progrès, et nous espérons que les autres peuples, nos voisins, jaloux de notre gloire nationale, n'auront bientôt plus de motifs, en parlant de notre caractère, de nous jeter au visage la *vendetta,* comme une sanglante injure, comme un titre d'infamie.

Les plaintes que les Corses ne cessaient d'adresser au sénat de Gênes ne furent pas d'abord écoutées ; mais, enfin, il fut promulgué un code de lois intitulé : *Statuts civils et criminels de l'île de Corse.* (1) Ces statuts étaient loin de protéger et de défendre les droits des Corses selon l'équité, parce qu'ils portaient l'empreinte de l'époque qui les avait dictés. Plût à Dieu qu'ils eussent été du moins fidèlement suivis ! Les Corses auraient joui d'une

-----

(1) Les statuts qu'on lit aujourd'hui sous ce titre sont ces mêmes statuts, mais modifiés en 1571, par le traité très favorable aux Corses qui fut conclu entre Georges Doria et Alphonse Ornano.

certaine sécurité dans leurs personnes, et d'un certain respect dans leurs propriétés; ils auraient exercé leurs droits, quelque peu étendus qu'ils fussent; ils auraient enfin obtenu justice. Mais ces statuts furent toujours violés par les agents du gouvernement, qui les faisaient taire ou parler selon leurs caprices et selon leurs intérêts. Une pareille conduite devait nécessairement irriter les populations. Elles prirent souventes fois les armes afin d'obtenir par la violence ce qu'elles ne pouvaient obtenir par leurs justes réclamations.

C'est maintenant que paraît Sampiero, natif de Bastelica, homme doué des plus éminentes qualités, et joignant à un amour très ardent de la liberté et de l'indépendance de sa patrie, une bravoure et un courage qui lui ont fait prendre place au rang des plus grands capitaines de son siècle. Ce héros employa toutes les forces de son génie pour chasser de nos parages les oppresseurs du pays. Le roi de France, Henri II, qui lui témoignait la plus grande estime, lui fournit des secours d'hommes et d'argent. Le maréchal de Thermes, (1) à la tête des troupes françaises, et les Corses, sous

---

(1) Le maréchal de Thermes débarqua en Corse en 1553.

la conduite de leur illustre compatriote, conquirent toute l'île, à l'exception de la forteresse de Calvi. La Corse redevint ainsi indépendante et commença à goûter les fruits d'une administration conforme au goût et au caractère de ses habitants. Cette situation dura jusqu'à la paix malheureuse de *Cateau-Cambrésis*, (1) où la France, humiliée et vaincue, dut abandonner les Corses à eux-mêmes. Les Génois, qui, dans cette guerre, avaient embrassé le parti de Philippe II d'Espagne, ne furent pas oubliés dans le traité. Sampiero ne se découragea pas cependant: à la tête de ses nationaux, il remporta une victoire complète entre Caccia et Ponte-Leccia. Dans cette bataille, qui fut assez sanglante, le général génois, Nicolas de Negri, trouva la mort.

La sérénissime république pour qui le juste et l'honnête n'étaient que de vains mots, et l'utile seul un mot plein de sens, comprend qu'elle ne pourra soumettre les Corses qu'en se débarrassant de leur chef: elle a recours à un moyen d'autant plus terrible qu'il est occulte, à l'assassinat ; et le héros tombe sous les coups

---

(1) Cette paix, signée en 1559, fut la conséquence des deux funestes journées de Saint-Quentin et de Gravelines, défaites tempérées, il est vrai, par la prise de Calais.

du traitre Vittolo, le 17 janvier 1567, à l'âge de 69 ans.

La Corse se soutint encore quelque temps sous le commandement du fils de Sampiero, Alphonse Ornano, qui, dès l'âge le plus tendre, possédait déjà les vertus qui font les grands hommes. Ce jeune capitaine, à la tête des Corses qui lui ont voué le même amour, le même dévouement, la même fidélité qu'ils avaient pour le père, combat quelque temps avec succès; mais, enfin, contraint par la famine, mais non vaincu, il part, le 1er avril 1569, pour la France, où l'appelle Catherine de Médicis, et où l'attendent de grands honneurs et de grandes charges, (1) après avoir signé avec le génois Doria un traité avantageux pour sa patrie.

Les conditions n'en furent pas exactement exécutées par la perfide république qui n'en était pas à son coup d'essai pour la violation des traités et de la foi jurée. La Corse, retombant sous le plus dur despotisme, resta dans le

----

(1) Il parvint, en effet, au grade de maréchal de France. Henri III avait une telle opinion de son courage qu'il voulut lui confier le soin de le débarrasser des Guises mandés par lui dans son château de Blois; mais l'honneur lui défendait d'accepter une pareille mission, et il se récusa. Le crime fut consommé par d'autres.

plus profond engourdissement jusqu'en 1729, époque où éclata la colère de ses habitants. Il était facile de réveiller en eux ce sentiment qui ne devait être que plus terrible par cela seul qu'il avait été longtemps contenu. En un instant toute la Corse est en feu ; et, à la voix d'hommes aussi distingués que Louis Giafferi, de Talasani, et d'André Ceccaldi, de Vescovato, qui avaient été proclamés généraux, tous jurent de mourir plutôt que de rester davantage sous une pareille domination.

Pour mieux confirmer les populations dans la justice de leur cause, vingt théologiens, assemblés au couvent d'Orezza, proclament, à l'unanimité, la légitimité de l'insurrection contre les oppresseurs. Alors, sous la protection de la Vierge, sous les auspices de laquelle les Corses se sont placés, commence la guerre, avec son cortège de luttes sanglantes, de massacres, de dévastations, d'incendies et de ruines.

Les Génois sont obligés de céder le terrain et de se retirer dans les places maritimes où ils finissent par être bloqués. L'empereur d'Allemagne, Charles VI, envoie à leur secours plusieurs régiments, successivement commandés par Vachtendonk et par le prince de Wurtemberg. Ce dernier s'établit comme médiateur et fait obtenir aux Corses, qu'il reconnaît fondés dans leurs prétentions, tous leurs anciens privilèges ; mais Gênes, toujours animée de cet esprit mercantile qui la caractérise, promet pour ne point tenir ; et, après l'arrestation perfide, à Corte, de Giafferi, de Ceccaldi, de l'abbé Raffaelli et du curé Aitelli, relâchés quelque temps après leur arrivée dans les prisons de Gênes, par l'entremise du prince de Wurtemberg et du prince Eugène de Savoie, elle continue à traiter les Corses comme par le passé.

A bout de patience, et voyant qu'ils ne devaient nullement compter sur la bonne foi des Génois, les Corses résolurent d'en finir et se préparèrent à la guerre. Plusieurs pièces de l'intérieur étaient en pleine insurrection, sous les ordres de Hyacinthe Paoli, et le retour de Giafferi, dont l'arrestation inattendue avait excité l'indignation générale, était venu mettre le comble à l'enthousiasme. Une consulte qui se réunit à Corte, en 1734, proclama de nouveau Giafferi général des Corses et résolut de mettre l'île sous la protection du roi d'Espagne ; mais, par des motifs qu'elle n'expliqua pas, Sa Majesté Catholique refusa. Les Corses alors. comprirent qu'il fallait ne plus compter que sur leur bon droit et sur la protectiou du Ciel.

La résistance, et la résistance la plus furieuse fut organisée sur tous les points de l'île par les soins de Ceccaldi, Giafferi et Hyacinthe Paoli qui avaient été créés chefs de la nation.

Cependant les Corses manquaient des choses nécessaires à la continuation de la guerre et étaient à bout d'expédients, lorsque, le 17 mars 1736, débarqua à Aleria un aventurier westphalien, Théodore-Antoine, baron de Neuhoff, qui avait promis à Giafferi, qu'il avait vu à Gênes avec ses trois autres compagnons de captivité, de servir leur pays en lui procurant des secours, mais à la condition qu'on le nommerait roi de l'île. En effet, il apportait de l'argent et des munitions de guerre et de bouche, et disait que ce n'était là qu'une très faible partie des secours qui allaient prochainement arriver.

A la nouvelle d'un renfort si inespéré, les Corses sentent se ranimer tout leur courage (1) et renaître toute leur haine contre leurs obstinés oppresseurs. Une assemblée générale se réunit au couvent d'Alesani où, après avoir formulé

______

(1) Il est vrai de dire que ce nouveau venu n'offrait pas beaucoup de garanties. Plusieurs des Corses les plus distingués le comprirent parfaitement. Mais le naufragé ne se cramponne-t-il pas à la moindre planche qui lui tombe sous la main, dans l'espérance de se sauver ?

une constitution qui fut solennellement jurée
par Théodore, les Corses, après lui avoir posé
sur la tête une couronne de chêne et de laurier,
le saluèrent roi par des acclamations unanimes,
le 15 avril 1736.

Théodore Ier exerça, en Corse, tous les droits
de souveraineté : il s'occupa d'abord de l'organisation militaire et civile de l'Etat ; il créa des
comtes et des marquis, titres qui furent recherchés par les ambitieux ; il fit battre monnaie,
et il chercha à monter les industries les plus
indispensables afin de se passer, autant que
possible, des produits du continent avec lequel
les communications étaient gênées par les
croiseurs génois.

Il avait déjà beaucoup fait pour le bien de
son royaume. Les Génois, pourchassés et vaincus, étaient glacés d'épouvante dans leurs places
fortes, souvent attaquées ; mais les munitions
manquaient aux Corses et les secours tant
promis n'arrivaient pas. Les murmures prenaient de la consistance, et les mécontents et
les ambitieux déçus en tiraient profit pour
accroître leur nombre et former un parti, appelé
le parti des *indifférents,* flottant entre la République et Théodore. Des révoltes ayant eu lieu
sur quelques points et ayant été difficilement
comprimées, le roi prit enfin la résolution de

passer sur le continent, afin de solliciter en personne l'arrivée des secours. Après avoir institué un conseil de régence composé de Hyacinthe Paoli, de Giafferi, de Luc d'Ornano et de Jean-Pierre Gaffori, nommé secrétaire d'Etat, et avoir obtenu un serment de fidélité, il s'embarqua pour l'Italie, d'où il passa en Hollande, 11 novembre 1736.

En l'absence du roi, les régents, voyant le mécontentement et le malaise des populations et ne croyant plus au retour de Théodore, consentirent à négocier avec la république, et dans cette intention ils envoyèrent une députa·tion à Bastia pour traiter de la paix. Mais les dures conditions que leur imposa le gouverneur Rivarola, les engagèrent à persister dans leur résistance, et les hostilités recommencèrent plus vives que jamais et à l'avantage des Corses.

La république employa tous les moyens pour les réduire à l'obéissance. Des régiments suisses et, après eux, tous les malfaiteurs génois, enrôlés, furent lancés contre la Corse, mais sans succès.

Dans cette situation, la république, déposant tout son orgueil, demande des secours à la France qui les lui accorde moyennant une indemnité, malgré les justes remontrances des

Corses qui protestent de leur dévouement respectueux pour la France. (1)

Le comte de Boissieux arrive en Corse à la tête de trois mille hommes (1738). Ce général avait l'ordre de sa cour de ne recourir à la force qu'après avoir épuisé toutes les voies de conciliation. Mais la paix était impossible entre la Corse et Gênes : la première voulait être indépendante, et Gênes, au contraire, voulait la soumettre à une obéissance absolue. Des députés cependant furent envoyés à Bastia ; mais le retour de Théodore, le 15 septembre 1738, vint jeter la défiance dans le cœur des Génois et du général français. Malgré le froid accueil que le roi reçut des populations et des régents, bien qu'il se fût rembarqué en manifestant son mécontentement, les négociations ne purent aboutir à la réconciliation, et Boissieux, désespérant de mener les Corses à ses fins, eut recours à la force. Ses troupes entrant en campagne occupèrent les villages de Borgo et de Lucciana ;

---

(1) Le mémoire que les Corses adressèrent, en cette circonstance, à Louis XV, était plein de sentiments nobles et sublimes. Après avoir exposé les griefs qu'ils avaient contre Gênes et supplié le roi de jeter un regard de compassion sur eux, ils terminent ainsi : « Sire, si vos ordres souverains nous obligent à nous soumettre de nouveau à la Ligurie, nous boirons ce calice amer et nous mourrons. »

les nationaux accourant en masse de tous côtés, les en chassèrent et les obligèrent à rentrer à Bastia.

Le comte de Boissieux étant mort peu de temps après, peut-être de honte d'avoir été battu par une armée si inférieure en nombre et en discipline, fut remplacé dans son commandement par le marquis de Maillebois qui débarqua en Corse avec des forces plus considérables, le 21 mars 1739. Celui-ci, voyant les Corses obstinés à résister aux volontés de la France, entra immédiatement en campagne ; (1) et les Corses du deçà des monts, vaincus sur plusieurs points, font leur soumission. Les principaux de la nation, parmi lesquels on compte Giafferi et son fils, Hyacinthe Paoli et le plus jeune de ses enfants, Pascal, âgé seulement de 14 ans, consentent à passer à l'étranger. Les ultramontains, attaqués plus tard et excités par Frédéric de Neuhoff, neveu de Théodore, résistent plus longtemps ; mais, enfin, à l'exemple de leurs

---

(1) Maillebois, outré de colère de voir les Corses se décider à combattre plutôt qu'à se soumettre aux conditions qu'on leur imposait, dit à Gaffori, dans une conférence qu'il eut avec lui : « Tremblez, je ferai battre demain la générale. » et le Corse d'ajouter froidement : « Nos conques marines y répondront des montagnes. »

compatriotes, ils déposent, eux aussi, les armes, et à quelques exceptions près la soumission est complète.

Le général français, satisfait du résultat qu'il venait d'obtenir, eut des reproches à faire au gouverneur génois Mari, qui ne cessait de commettre les actes les plus arbitraires. Un règlement de pacification fait par la République, règlement qui ne respirait que vengeance et destruction, fut soumis au cabinet de Versailles avec la demande que faisait le sénat génois de rentrer en possession de l'île. Le règlement ne fut pas approuvé par le ministre de France et pourtant il était résolu à ne pas faire évacuer l'île ; mais les événements qui se passaient en Europe obligèrent la France à faire rentrer ses troupes.

Les Français n'étant plus dans l'île, tant pour conserver les Corses dans l'obéissance que pour maintenir les Génois dans leurs exorbitantes prétentions, la guerre devait nécessairement éclater de nouveau ; mais la nouvelle apparition de Théodore en Corse donna à penser au gouvernement de la République ; d'autre part, les Corses manquant de tout secours et divisés par des discordes intestines, ne durent pas songer à inquiéter les Génois. Quant au roi Théodore, voyant que ses proclamations ne trouvaient plus d'écho dans l'île, il disparut, et ce fut pour la dernière fois.

Cependant, pour apaiser les funestes divisions qui troublaient le pays, les Corses, par leurs députés, choisirent pour chefs, Giampietro Gaffori et Alérius Matra qui prirent le titre de *Protecteurs de la Patrie*. Sur ces entrefaites, le roi de Sardaigne, de concert avec l'Autriche et l'Angleterre qui avaient hautement témoigné de leurs sympathies pour la cause des Corses, envoya le comte Dominique Rivarola de Bastia, colonel à son service, avec quelques troupes sardes, protégées par la flotte anglaise. Le comte Rivarola, secondé par Gaffori et Matra, s'empara de Saint-Florent, de Bastia et d'autres lieux fortifiés; mais la rivalité les ayant divisés à Bastia, ils se séparèrent et le pavillon génois flotta de nouveau sur la forteresse de cette ville. (1) Rivarola dont la tête avait été mise à

------

(1) A cette occasion, vingt-six des principaux habitants de Bastia, accusés d'avoir fomenté la révolte et facilité la reddition de la place, furent arrêtés et conduits à Gênes. Là, malgré une préalable promesse de pardon, cinq d'entre eux furent condamnés à avoir la tête tranchée, cinq à passer par la corde. L'exécution eut lieu dans la cour inférieure du palais criminel, le 7 mai 1746. Les autres, qui furent condamnés aussi, ne durent leur salut qu'au hasard : trois étaient déjà morts dans leurs cachots, par suite de privations et de mauvais traitements.

(Voir *Bulletin des Sciences historiques et naturelles de la Corse*. — V^e année, fascicules 50, 51, 52, 53).

prix et qui avait couru les plus grands dangers
s'embarqua pour Turin et revint bientôt avec
des munitions et de nouvelles troupes, fournies
par Marie-Thérèse, reine de Hongrie, et par le
roi de Sardaigne. A cette nouvelle, les Génois
implorèrent la protection de la France qui ne
voulut pas abandonner son alliée en ce pressant
danger. Les secours arrivèrent précisément au
moment où la ville de Bastia allait de nouveau
tomber au pouvoir des nationaux.

Quelque temps après, la paix ayant été con-
clue entre les puissances européennes, les troupes austro-sardes se retirèrent et laissèrent les
Corses abandonnés à leurs propres forces. De
Cursay, général commandant les troupes françaises envoyées dans l'île au secours des Génois,
voyant les Corses persister, malgré leur isole-
ment, à soutenir leur indépendance, leur proposa la médiation de son auguste maître. Elle
fut acceptée; et, pour répondre de l'exécution
du traité à conclure, les Corses donnèrent en
gage Saint-Florent, Corte, l'Ile-Rousse et San
Pellegrino.

Le général français était l'auxiliaire des Génois,
et comme tel il devait naturellement prendre
leurs intérêts; mais les Corses dont il admirait
le caractère avaient gagné ses sympathies, et il
se plaisait à diriger leurs affaires avec sagesse

et équité. Dans tout le pays on parlait de de Cursay comme d'un ami, d'un père. Cependant les Génois, jaloux de l'ascendant qu'il prenait sur leurs ennemis, le dénoncèrent auprès de son gouvernement, et le marquis de Chauvelin, ambassadeur de France à Gênes, eut ordre de se rendre en Corse pour y établir un règlement. Grâce aux sentiments que de Cursay avait inspirés aux insulaires, et aux conseils qu'il leur donna dans la consulte où, par exception, il fut admis comme un national, le règlement fut accepté, et l'ambassadeur se retira. Mais pour donner satisfaction aux exigences de la République, et, peut-être, par jalousie pour de Cursay à qui revenait l'honneur de la pacification, le marquis de Chauvelin ne lui fut pas favorable dans le rapport qu'il adressa au ministre. Les Génois, de leur côté, ne cessaient de l'accuser du peu d'obéissance des Corses; et le bon général fut chargé de chaînes et conduit prisonnier à Antibes. Tel est souvent le sort de ceux qui, nés avec une âme sensible et compatissante, prennent à cœur les intérêts du peuple.

Les Corses, après avoir pleuré la perte de leur protecteur, de leur seul appui, élurent Jean-Pierre Gaffori pour général et gouverneur de la nation. Celui-ci prit immédiatement l'offensive et jeta la terreur dans le cœur des

Génois. La République comprit qu'il fallait recourir à son moyen ordinaire, à l'assassinat, et le 28 octobre 1753, comme Gaffori, accompagné d'un seul serviteur, revenait de son jardin, situé à quelques centaines de mètres en dehors de la ville, il tomba au milieu de six sicaires appostés, dont malheureusement, dit-on, faisait partie son propre frère, et tué, au moyen de cinq coups de fusil. Les assassins, entre autres Romei, dit Biscaïno, ennemi personnel du général, purent, à la faveur de la nuit, du trouble et de la confusion, se soustraire à la vindicte publique et se réfugièrent à Gênes où ils trouvèrent asile, protection, salaire. Les Corses rasèrent la maison des frères Romei, et y plantèrent la potence en signe d'infamie. Cet homme illustre, qui avait l'amour et l'estime de la nation à laquelle il avait donné tant de preuves de son patriotisme, fut pleuré amèrement.

Irrités de la conduite perfide des Génois, les Corses ne veulent plus entendre parler de paix. Un conseil suprême fut institué et il se composa de Clément Paoli, Thomas Santucci, Simon-Pierre Frediani (1) et du docteur Grimaldi. Ces

____

(1) De la famille quasi féodale de ce nom qui, depuis bien avant 1561, jusqu'au commencement du XIXe siècle, « produisit, sans interruption, des hommes qui se sont distingués dans l'épée et dans la robe. » — On peut voir aux archives du Conseil supérieur de l'île de Corse (1772).

magistrats, chargés du pouvoir exécutif, exer-
cèrent leurs fonctions avec le plus grand zèle;
mais, dans l'état actuel des choses, cette magistrature suprême, avec toute la bonne volonté
possible, était impuissante à faire le bonheur
de la nation : il fallait un homme, doué d'une
grande énergie et armé d'immenses pouvoirs,
pour sauver l'indépendance de la patrie. Cet
homme tout le monde le voyait, tout le monde
le nommait : c'était PASCAL PAOLI, officier au
service du roi de Naples.

CHAPITRE PREMIER

ÉLECTION DE PASCAL PAOLI COMME GÉNÉRAL

DES CORSES.

RÉVOLTE DE MARIUS-EMMANUEL MATRA.

Pascal Paoli naquit, (1) le 5 avril de l'année 1725, à la *Stretta,* hameau de Morosaglia, (2) de Hyacinthe Paoli, célèbre dans l'histoire de notre pays, et de Denise Valentini. Heureusement doué par la nature, notre jeune héros qui devait être admiré par les plus grands génies du XVIIIe siècle, avait, comme il le dit lui-même dans une de ses lettres, sucé avec le lait, l'amour de la patrie. A l'exemple de son bon

----

(1) Selon Boswel, dans le mois d'avril 1726, et selon Tommaseo en 1724. L'inscription latine gravée sur son tombeau, ainsi que l'inscription anglaise placée sur le socle de Vestminster, dit le 5 avril 1725. C'est cette dernière date que nous adoptons.

(2) Petit chef-lieu du canton ou de l'ancienne piève de Rostino, arrondissement de Corte. Cette commune est située non loin du pied de la montagne dite *San Petrone* et dans le voisinage de laqu'lle on trouve encore les vestiges de l'ancienne cité épiscopale d'Accia.

père, les premières étincelles de la raison lui
en firent désirer la liberté. Ni les plus désas-
treuses vicissitudes, ni les exils, ni les dangers,
ni l'éloignement, ni la prospérité, ne lui ont
jamais fait perdre de vue un si cher objet qui
a toujours été le but de toutes ses entreprises.
Comme nous l'avons déjà vu, il était parti, à
l'âge de 14 ans, pour la terre étrangère, en
compagnie de son père et d'autres chefs illustres
qui consentaient à s'éloigner pour assurer le
repos à leur malheureuse patrie. Elevé à l'école
d'un père comme Hyacinthe Paoli et d'un maître
comme le célèbre Genovesi, (1) les éminentes
qualités du disciple ne pouvaient recevoir qu'un
développement complet ; aussi répondit-il aux
espérances de l'un et de l'autre. Ne perdant
jamais de vue le bien et les intérêts de sa
patrie qu'il avait tant à cœur, Paoli dut s'appliquer de toutes les forces de sa vaste intelligence

---

(1) Genovesi (Antoine) philosophe éclectique italien, né en
1712, à Castiglione, près de Salerne, reçut les ordres, mais
préféra l'étude de la philosophie à celle de la théologie. Il fut
successivement professeur de métaphysique et de morale à
l'université de Naples ; il fut ensuite nommé professeur d'économie politique, science dont il fut le créateur en Italie ; il
occupa avec le plus grand succès, jusqu'à sa mort, 1769, cette
chaire fondée pour lui par Bartolomeo Intieri, homme riche et
ami des sciences. Auteur de plusieurs ouvrages estimés de
métaphysique, de philosophie et de morale, il exerça par ses
écrits la plus heureuse influence, malgré les attaques de quelques théologiens.

à profiter des savantes leçons d'un maître aussi versé dans la philosophie et l'économie politique que l'était Genovesi, leçons qu'il devait mettre un jour en pratique en donnant à son pays une forme de gouvernement conforme au caractère et aux aspirations de ses habitants. L'art militaire aussi entrait pour beaucoup dans ses vues : il comprit qu'il devait s'y fortifier, afin de conquérir et de conserver l'indépendance de son pays. Aussi, dans les expéditions qu'il fit en Calabre et en Sicile, alors qu'il était au service de Sa Majesté sicilienne, fit-il preuve d'intelligence et de courage.

Rappelé en Corse par les chefs du gouvernement, qui faisaient volontiers l'abandon de leurs charges pour concentrer le pouvoir dans ses mains, Pascal Paoli débarqua sur le sol de la patrie dans le mois de juillet 1755, à l'âge de trente ans, âge où l'homme est dans toute la force du corps et où les facultés intellectuelles montrent toute leur vigueur. A la beauté des traits et de le taille, à l'élégance des manières et de la pose, à la sonorité de la voix, Pascal réunissait la vivacité de l'esprit, la solidité du jugement, la fermeté du caractère. Il était doué de cette pénétration qui fait connaître les hommes et les choses à première vue : qualité rare et qui est de la plus grande utilité à ceux qui

sont appelés à juger du mérite des hommes. Se présentant à la nation avec de telles qualités, il devait infailliblement s'attirer l'admiration et l'estime des Corses, et plus tard leur amour, amour qui ne lui a jamais fait défaut dans la prospérité comme dans le malheur. Cet amour fut si invétéré, si profond, qu'il fut confondu avec celui de la patrie; et, pour eux, Paoli et Patrie, c'était la même chose. (1)

---

(1) Quelle meilleure preuve pourrait-on en donner qu'en citant la lettre suivante sublime dans son apparente naïveté.

           « Hôpital de Casinca, 20 juillet 1763.

» A mon général Pascal de Paoli, à Furiani.

» Dieu m'appelle vers l'éternité du paradis. Je ne manque » pas de vous donner l'assurance que, pour notre patrie, je » meurs et je mourrais mille fois bien volontiers sans laisser » en paix les infâmes Génois.

» Je vous demande pardon si, dans mes act'ons, je n'ai pas » fait tout ce que je devais ; je demande également pardon à » tous les capitaines si jamais je ne leur ai pas obéi, et je suis » sûr de l'obtenir parce que je n'ai qu'une vie à dépenser pour » la patrie.

» Je vous recommande mon père et ma mère, afin que, dans » l'occurrence, vous en ayez soin comme père de tous.

» Je prierai toujours pour vous le Très-Haut afin qu'il vous » rende toujours victorieux de la République et vous main- » tienne toujours en possession de Notre Royaume, et qu'il » vous donne la force nécessaire contre ceux qui vous font » obstacle ; enfin, je vous souhaite la santé et je vous dis que » c tte lettre je l'écris, aujourd'hui 20 juillet, et demain, 21, je » serai dans la sépulture, parmi les cadavres des autres bons » patriotes qui ont versé leur sang pour la patrie.

           » Son tout affectueux Sergent,
           » ANTONIO CRISTOFANI, di Pietralba. »

(Traduction littérale).

Les Corses, réunis en consulte au couvent de Saint-Antoine de la Casabianca, proclamèrent, le 15 juillet 1755, Pascal Paoli général de la nation et lui attribuèrent tous les pouvoirs qui appartenaient à la magistrature suprême à laquelle il succédait. Une nombreuse députation des principaux membres de l'assemblée fut envoyée à Morosaglia, où il se trouvait, pour lui porter la délibération du conseil et le prier de venir prêter le serment solennel d'exercer avec zèle, affection et désintéressement la charge dont il était investi, et recevoir, en même temps, du peuple, le serment de fidélité et d'obéissance. Paoli ne voulut pas d'abord accepter, alléguant pour excuse l'importance de la charge. Il lui fut répondu qu'il n'aurait que plus de mérite à la remplir. Alors, il demanda qu'on lui adjoignît un collègue; mais on lui répondit que l'expérience avait démontré que la circonstance présente exigeait l'unité d'action et de commandement. Ne pouvant plus se soustraire alors à l'honneur qui lui était, non plus offert, mais imposé par la consulte, au nom de la nation, il se rendit à la Casabianca, où il prêta et reçut les serments prescrits par la constitution.

Paoli prenant en main les rênes de l'Etat se mit à l'œuvre avec la ferme espérance de réussir.

Embrassant d'un coup d'œil les malheurs de la patrie, et reconnaissant que la principale plaie qui avait troublé la tranquillité publique et privée, en rallumant les anciennes inimitiés personnelles, était la division entre les familles, il fixa au 3 août suivant son entrée en tournée. Il serait dans ses courses, assisté de deux conseillers d'Etat et d'une personne notable de chaque province, qui serait remplacée chaque mois. Il se proposa surtout d'apaiser les *vendette,* et, par conséquent, de rétablir partout la tranquillité en faisant prompte justice des criminels de quelque condition qu'ils fussent.

Fortement pénétré de cette vérité que la justice, pour être appréciée et salutaire, doit être sévère et à l'abri de la corruption, il n'hésita pas à en donner un exemple éclatant et efficace en condamnant au supplice un jeune homme, son parent, coupable d'homicide. Il fut inflexible à toutes les supplications de ses parents et de ses amis, et le jeune homme subit la peine de son crime. Un autre jeune homme, appartenant à une famille honorable et dévouée à Paoli, fut condamné à la peine capitale. L'oncle du coupable se présenta au général et demanda la grâce de son neveu, moyennant une somme considérable et la promesse de fournir cinquante hommes aux frais de la famille pendant toute la durée du siége de Furiani, qui se poursuivait alors. Paoli, connaissant l'honnêteté et le patriotisme de ce solliciteur, lui répondit qu'il avait tant de foi dans sa droiture, qu'il lui accordait la grâce de son neveu, pourvu qu'il déclarât publiquement et solennellement que cette grâce était honorable et utile à la patrie. A une telle condition, l'excellent citoyen pâlit, et, les yeux pleins de larmes, il se retira en s'écriant : à Dieu ne plaise que je flétrisse jamais par une telle déclaration mon pays et ma conscience !

A ces deux anecdotes tirées de Renucci, j'ajouterai cette autre rapportée par Tommaseo. Charles Ciavaldini est mis en prison par l'ordre de Paoli qui répond aux parents du prisonnier, venant intercéder pour lui : « Si Louis, son frère, m'écrit un mot, je le mets en liberté. » Louis, brigadier (1) dans les troupes de Parme, croyait tellement en la justice de Paoli que pendant les sept ans que dura la peine, il ne voulut jamais écrire en faveur de son frère. Les souffrances d'un membre de sa famille lui semblaient plus supportables que le discrédit où serait tombé celui à qui étaient confiées les

---

(1) Officier supérieur dont le grade équivalait à peu près à celui de maréchal de camp.

destinées de la patrie, en donnant à la Corse entière un exemple criant et palpable d'injustice.

Cette répression sévère était nécessaire dans un pays où depuis longtemps la vendetta était, pour ainsi dire, la seule justice, le seul moyen d'obtenir réparation d'une offense : car, sous le gouvernement de la sérénissime République, les malfaiteurs, ou trouvaient l'impunité en cherchant un refuge à Gênes, ou ils se libéraient moyennant une certaine somme comme aux premiers siècles de l'invasion des barbares. Mais Paoli comprit qu'il fallait agir avec énergie et sans ménagements. Il le fit, et les populations en furent satisfaites, alors surtout qu'elles virent que rien ne pouvait arrêter le chef de l'Etat dans l'œuvre de pacification et de régénération. D'ailleurs, la rigueur, mais une rigueur impartiale n'irrite personne et ne fait qu'inspirer de la crainte et du respect pour elle ; tandis que les traitements mous, les traitements qui ménagent et les parents, et les amis, et les puissants, ne servent qu'à faire mépriser ou détester l'autorité dont ils émanent, et à lui faire perdre de sa puissance parce qu'on la sait vénale et faible. Paoli était donc ainsi parvenu à rassurer les populations et à se rassurer lui-même. La sécurité dans les états est la première condition du bonheur et de la prospérité. (1)

Il allait porter tous ses soins et toute son activité vers les autres parties de son administration, lorsque son attention fut détournée de ce but par la guerre que lui suscita son rival, Marius-Emmanuel Matra.

Matra aurait voulu, sinon être le seul élu de la nation, au moins partager le commandement avec Paoli. Son amour-propre blessé par la préférence donnée à un compétiteur qu'il ne croyait pas supérieur à lui, à lui qui appartenait à une ancienne, noble et très influente famille, à lui, enfin, qui était bien plus âgé que son rival, lui fit oublier ses devoirs, son nom et son pays. Il ne vit plus que sa personnalité qu'il croyait outragée par le choix fait par la consulte. Son ambition déçue lui fit concevoir une haine violente et implacable contre l'élu de la nation; et cette haine passa de son cœur dans celui de ses adhérents.

A sa voix, Santucci, ancien membre de la suprême magistrature, mécontent de Paoli à

----

(1) De toutes les vertus morales, celle qu'on respecte le plus, c'est la justice. Un magistrat faible devient la risée, un magistrat partial, la haine du peuple.

(*Circulaire de Paoli aux magistrats provinciaux*).

cause d'un refus qu'il en avait éprouvé, les Panzani, les Colombani, les Cotoni et leurs partisans très nombreux dans les pièves comprises entre le Fiumorbo et Orezza, se rassemblent au couvent d'Alesani, et là, déclarant nulle l'élection faite par la consulte de Sant'Antonio de la Casabianca, se proclament plus légitimement convoqués, plus libres dans leurs suffrages, et donnent le titre de général à Marius-Emmanuel Matra. Celui-ci se fondant sur une telle déclaration, déclaration émanant de la minorité en révolte ouverte contre la loi, lève l'étendard de l'insurrection et se prépare au combat.

Déjà tous ses partisans sont en armes, déjà plusieurs pièves ressentent les horreurs de la guerre civile, lorsque Paoli, déplorant une rébellion qui arrête les réformes qu'il est en voie d'opérer, et prévoyant les conséquences fâcheuses qu'elle pourrait entraîner pour son gouvernement encore dans les langes, veut à tout prix rendre au pays la tranquillité gravement compromise par l'ambition du turbulent Matra. Il fait le sacrifice de sa place et propose de se soumettre à l'arbitrage d'une nouvelle assemblée.

Quelques-uns ont dit que cette démarche ne fut faite qu'en vue de gagner du temps, afin d'endormir l'ennemi et pour se préparer à l'anéantir. N'eût-elle eu que ce seul mobile, ce ne serait encore pas trop blâmable, mais cette proposition ne lui fut dictée que par le désir de rendre sa patrie heureuse et tranquille et de ramener un homme distingué qui, aveuglé par son ambition, était sorti du chemin de l'honneur. Qu'avait-il d'ailleurs à redouter? N'était-il pas l'élu de la nation, et n'avait-il pas pour lui la grande majorité de l'île? Avait-il besoin de s'abaisser jusqu'à la conciliation lorsqu'il était convaincu de la supériorité de ses forces et de son talent militaire (les faits l'ont prouvé), s'il n'y était poussé vraiment par la douceur de son caractère et par la grandeur de son âme qu'il montre ici dans son grand jour?

Mais Matra refuse la proposition. Prévoyant qu'une nouvelle assemblée lui serait encore plus défavorable, puisqu'il se présente à ses suffrages les armes à la main et prêt à en faire un usage impie, il persiste dans sa rébellion. Une telle conduite fit connaître aux populations la différence du caractère des deux antagonistes; et, tandis que le cœur des Corses s'enflamme d'amour et de dévouement pour Paoli, il se remplit d'aversion et de haine pour Matra.

Les hostilités déjà commencées continuent avec vigueur, et Matra, à la tête de ses bandes, fait subir quelques échecs à Paoli, d'abord dans les défilés de Portello et de Corniale (1) où Paoli était allé l'attaquer, ensuite au couvent d'Orezza, où le capitaine Piazzole, envoyé par Paoli qui attendait des renforts dans la piève de Tavagna, fut complètement défait et sauva difficilement ses jours. Cependant les populations des pièves fidèles à Paoli, connaissant le danger qui menaçait leur général, envoient de toutes parts leurs contingents, et bientôt Paoli, se trouvant à la tête de forces imposantes, marche sur Matra, et le pourchassant de poste en poste, de piève en piève, il le refoule vers Aleria (2), son dernier asile. Non contents de ces avantages, les Paolistes portent

---

(1) Ces deux défilés se trouvent s'r les limites des cantons de Valle d'Alesani, de Pietra et de Cervione. Le premier sur la rive droite et le second sur la rive gauche de la rivière qui traverse le premier de ces cantons et sépare ensuite celui de Pietra de celui de Cervione.

(2) Aleria, fondée dans les temps les plus reculés, fut colonisée par le dictateur Sylla, à l'effet de contrebalancer l'influence des partisans de Marius, établis à Mariana, ville située plus au nord, vers l'embouchure du Golo. Ce n'est plus aujourd'hui qu'une petite commune composée de quelques maisons groupées autour d'un fort, et d'habitations éparses dans la plaine. Elle est située, non loin de la mer, sur les bords du Tavignano, entre les étangs de Diana sur la rive gauche, et del Sale et d'Urbino sur la rive droite. Elle redeviendra florissante grâce au chemin de fer : l'avenir de la Corse est dans la côte orientale.

la dévastation sur les propriétés de Matra et des Matristes.

Appelant à lui ses partisans d'Aleria et ceux des pièves limitrophes, Matra revient à la charge et tente de pénétrer dans la piève d'Orezza ; mais l'entrée en est défendue par les valeureux Ciavaldini qui sont maîtres des défilés. Il essaye d'autres attaques, partout il est repoussé, et Paoli arrivant à la tête de ses bandes patrioti- ques le poursuit de nouveau jusqu'à Aleria. Voyant que, avec ses seules forces, il ne peut plus tenir contre Paoli et les siens qui devien- nent de jour en jour plus nombreux, il s'em- barque pour Bastia, où il va demander des secours au gouverneur génois. Les fidèles de Paoli, enflammés de colère contre le violent Matra, veulent porter le dernier coup à son parti, et l'empêcher de jamais plus relever la tête, en dévastant partout les propriétés des matristes ; ici, on coupe des châtaigniers, des oliviers, des vignes ; là, on brûle les moissons et l'on égorge les troupeaux ; ailleurs, on incen- die les maisons ; partout des ravages, partout la dévastation.

On se demandera sans doute ici si ces dégâts furent faits par ordre de Paoli. Nous ne pouvons le croire. Amant passionné de sa patrie, mais aussi de la justice et du droit, il ne pouvait commander de pareilles ruines condamnées par la raison; mais il aura pu les tolérer, faute de pouvoir les empêcher. A peine en possession d'une autorité, encore mal affermie, il ne pouvait contenir ni modérer la colère de ses bandes indisciplinées, habituées d'ailleurs depuis longtemps à porter la destruction sur les terres des vaincus, et à voir leurs propriétés subir le même sort lorsque la fortune des armes leur était contraire. Nous jugeons, nous, et avec raison, ces actes-là barbares; mais, peut-être, Paoli pensait-il qu'aux maux extrêmes, il fallait appliquer les remèdes extrêmes.

En arrivant à Bastia, Matra ne pouvait qu'être reçu à bras ouverts par les Génois, qui voyaient avec un plaisir peu dissimulé la division se mêler parmi les Corses qu'ils espéraient, par là, pouvoir soumettre de nouveau. Le gouverneur engage Matra, qu'il comble de flatteries et d'honneurs, à aller en personne solliciter à Gênes le secours du Sénat. Le gouvernement ligurien, saisissant avec empressement l'occasion que lui offrait un Corse de rétablir son autorité dans l'île, donne à Matra des secours de toute espèce, et lui en promet d'autres s'ils deviennent insuffisants.

Matra, le cœur plein du désir de la vengeance et du plaisir de la voir bientôt assouvie, débar-

que avec ses Génois à Aleria, en janvier 1756 ;
et, dès que ses partisans sont réunis, s'empresse
de se mettre en campagne pour en venir aux
mains avec son heureux adversaire, qu'il espère
cette fois anéantir. Paoli, qui, après le départ
de Matra pour Gênes, l'avait déclaré rebelle,
c'est-à-dire ennemi du gouvernement et des
lois, et avec lui tous ses partisans, prévoyant
que son ennemi reviendrait bientôt avec l'appui
des Génois, prit toutes les mesures pour rendre
vaine son entreprise et pour lui porter le coup
fatal, s'il était possible.

Après plusieurs marches des capitaines paolistes, il arrive que Paoli, séparé des siens et
n'ayant avec lui que quelque soixante patriotes,
est poursuivi par Matra ; il précipite alors sa
marche vers Corte, afin de se soustraire à un
ennemi dix fois plus nombreux et de donner
aux siens le temps de le rejoindre. Mais en
arrivant au couvent de Bozio, il s'y arrête, et
là, délibérant avec les siens sur le parti à
prendre dans cette conjoncture, il se décide à
y attendre l'ennemi, espérant cependant qu'il
ne viendrait pas jusque-là. Mais Matra qui est
instruit du peu de monde qui accompagne
Paoli et qui ne veut pas laisser échapper une
si belle occasion, s'avance en courant: point
de repos pour ses troupes ni pour lui, que son

ennemi ne soit atteint ; enfin, il arrive au couvent où Paoli s'était retranché. Le combat s'engage avec un acharnement sans pareil de la part des assaillants, et une résistance incroyable de la part des assiégés. Chaque coup qui part des meurtrières et des fenêtres du couvent porte la mort dans les rangs ennemis ; mais ceux-ci sont trop nombreux et Paoli est dans un danger imminent. Déjà la porte a cédé aux haches ennemies ; déjà Paoli et les siens songent à mourir, mais, au moins, en vendant chèrement leur vie, lorsque du haut des montagnes voisines retentit la conque marine : ce sont les partisans de Paoli qui accourent porter secours à leur général. D'un côté, c'est Clément Paoli et Valentini ; de l'autre, c'est Thomas Cervoni de Soveria qui, quoique mécontent de Paoli, court à l'instigation de sa noble mère sauver le plus zélé défenseur de la liberté de la Corse. La fusillade s'engage entre les nouveaux venus et les soldats liguriens, la lutte est acharnée et le sang coule à flots. Ne pouvant soutenir le choc impétueux des patriotes qui se précipitent sur eux avec rage, les matristes, saisis d'une terreur panique, se débandent, et leur chef, qui combattait vaillamment sur la porte du couvent, est blessé au genou et, enfin, achevé dans la mêlée d'un coup de fusil.

Paoli, dit-on, avait cherché à épargner la vie de Matra ; il le fit chercher après le combat ; mais il ne fut trouvé que parmi les morts. Doué d'une âme sensible et magnanime, Paoli pleura sincèrement la mort de son redoutable adversaire et le fit ensevelir avec pompe.

Ainsi périt Matra, ce vaillant guerrier, digne d'un meilleur sort et d'une meilleure cause. Avec sa bravoure incontestée, ses talents, ses richesses et son influence, de quelle utilité n'aurait-il pas été pour la patrie, et quels malheurs, quelles ruines n'aurait-il pas pu lui épargner ! Malheureusement, il fut dominé par le démon de la jalousie qui le porta à tourner toutes ses facultés contre elle plutôt que de reconnaître, en Corse, un plus haut que lui ! Mais qu'en résulta-t-il ? L'inexorable histoire l'a condamné, et condamné sans retour.

La guerre civile ainsi terminée par la mort tragique de celui qui l'avait commencée, Paoli fit retomber sa juste colère sur les partisans de son ennemi, en envoyant les uns en exil et en jetant les autres dans les prisons de Corte.

Désormais rassuré de ce côté, Paoli peut continuer son œuvre et s'occuper uniquement de l'organisation de son système de gouvernement. C'est sur ce terrain que nous allons le suivre.

CHAPITRE II

GOUVERNEMENT DE PAOLI.

Grâce à l'activité et à l'énergie de Paoli, la tranquillité de l'île, troublée à sa naissance par les ennemis domestiques, se rétablit bien vite après la défaite et la mort de Matra. Rien ne s'opposant plus sérieusement à la marche des affaires, le chef de l'Etat pensa à poursuivre vigoureusement l'œuvre sublime qu'il avait commencée, c'est-à-dire à doter le pays qui lui avait confié ses destinées, des institutions qui convenaient le plus au peuple dont il connaissait le caractère, les besoins et les aspirations. A cet effet, une assemblée, composée des représentants de toutes les communes de l'île, fut convoquée à Corte, laquelle, dirigée par la vaste et profonde intelligence de Paoli, promulgua des lois dignes d'un peuple libre et indépendant.

Le gouvernement établi par les Génois était loin de satisfaire aux besoins et au naturel des Corses, puisque ceux-ci ne pouvant supporter la tyrannie et les injustices de leurs maîtres, luttèrent pendant des siècles et versèrent des torrents de sang pour secouer le joug et conquérir la liberté. Il faut, cependant, reconnaître que dans la constitution génoise tout n'était pas à rejeter, et Paoli, dans sa sagesse politique, fit un heureux triage. En effet, il ne réforma pas la magistrature communale, c'est-à-dire les podestats et les pères du commun ; il laissa intacte la division territoriale de l'île en pièves ; il ne toucha point au syndicat ; les *lieutenants* ou gouverneurs des provinces ne firent que changer de nom et furent appelés *magistrats ;* le Statut, cette transaction passée entre la Corse et Gênes, vers le milieu du XIVe siècle, et qui ne fut réellement observée que vers la fin du XVIe, à cause des guerres incessantes des oppresseurs contre les opprimés, continua à régir le pays. A tout cela, Paoli ajouta la création du *conseil suprême,* de la *rota civile* et des *giunte d'osservazione o di guerra.* Nous allons passer en revue et expliquer en peu de mots les différentes parties qui composaient le système politique établi par Paoli, en commençant par les municipalités qui sont la base et le fondement de toutes les institutions politiques.

Chaque commune était administrée par un

podestat, assisté de deux pères du commun (1) (*padri del commune*), élus tous les ans à la pluralité des voix des habitants qui se réunissaient, à cet effet, sur la place de l'église. L'élection du podestat, dont les fonctions étaient analogues à celles de nos maires, avait besoin de l'acceptation du magistrat de la juridiction, rendu sur les lieux dans ce but, afin d'éviter, ce qui est un très grand avantage, les longueurs, les pertes de temps et l'ennui des correspondances et des rapports. Le podestat et les pères de la commune jouissaient de l'exemption de la taxe pendant la durée de leurs fonctions.

L'approbation du magistrat de la juridiction était nécessaire aussi au *capitaine d'armes* chargé de veiller à la sûreté et à l'ordre publics ainsi qu'à l'exécution des sentences du podestat, et, en outre, d'exercer les hommes valides de la commune aux manœuvres et aux évolutions militaires. Cette approbation, cependant, n'était pas requise lorsque l'élu, podestat ou capitaine d'armes, réunissait l'unanimité des suffrages, *di non compri voti*.

---

(1) « Quel nom pour une magistrature, que celui de père du commnn ! On admire celui de juge de paix en Angleterre ; quelle différence encore ! »

    (Pommereul. *Histoire de l'île de Corse*, 11).

Le podestat jugeait sans appel les différends dont la valeur n'allait pas au-delà de dix livres; assisté du conseil de deux pères du commun, il pouvait juger jusqu'à trente, mais pas au-delà. Lorsque la somme était plus considérable, le jugement appartenait à un commissaire établi dans chaque piève et appelé *podestà della pieve*, dont les fonctions correspondaient à celles des juges de paix de nos jours. Il lui était spécialement recommandé de concilier les parties le plus possible, de remettre les moins graves à des juges arbitres ou à d'amiables compositeurs; d'apporter la plus grande promptitude dans les jugements (1), afin d'épargner les dépenses et les lenteurs, et de rendre justice gratuitement aux veuves et aux orphelins.

Dans les chefs-lieux de juridiction était un magistrat qui, comme nous l'avons déjà dit, tenait la place des anciens lieutenants. Il avait deux assesseurs nommés par la consulte et un avocat public nommé par le conseil suprême. C'était à peu près ce que sont aujourd'hui nos tribunaux de première instance.

Au-dessus de toutes les magistratures que

---

(1) « Je ne conçois pas les délais de la justice humaine dans les châtiments des coupables. »

(*Circulaire de Paoli aux magistrats provinciaux*).

nous venons d'énumérer était la *rota civile,* espèce de cour devant laquelle étaient portées, en appel, les affaires civiles jugées par les tribunaux de juridiction. Elle jugeait directement les affaires criminelles, et, dans ce dernier cas, il fallait l'assistance de six citoyens. Cette cour se composait de trois jurisconsultes distingués, dont la charge était à vie, à moins qu'ils ne tombassent sous la censure du syndicat.

A l'exception du général et des membres de la *rota civile,* tous les autres emplois étaient annuels. Inviolables pendant la durée de leur emploi qui, d'ailleurs, était de courte durée, tous les magistrats et tous les administrateurs étaient jugés, à leur sortie de charge, par le *syndicat,* espèce de haute magistrature temporaire dont les membres étaient nommés par la consulte. Ce syndicat parcourait les communes de l'île à des époques déterminées, recueillait les plaintes des citoyens contre les magistrats et les administrateurs de la localité, donnait de salutaires conseils, adressait des reproches ou des encouragements, et inculquait partout le respect de la loi et des autorités constituées (1).

---

(1) « Savez-vous quel est le pays où l'action de la justice rencontre le moins d'obstacles ? c'est celui où l'homme disparaît pour ne laisser voir que l'organe de la loi. »
(Circulaire aux Podestats, 1762).

Sa surveillance s'étendait encore sur le conseil suprême et sur le général.

Nous avons vu que lorsque Paoli commença à administrer le pays, tout, dans l'île, était en désarroi: des haines et des inimitiés divisaient un grand nombre de communes; des troubles étaient fomentés par les Génois; les mécontents, toujours nombreux au commencement d'un gouvernement, entravaient la marche de l'administration. Force fut donc à Paoli d'employer des moyens énergiques pour ramener la tranquillité et pour assurer l'exécution de la loi. Il créa donc des *juntes d'observation* ou *de guerre*, qui avaient l'obligation de se transporter immédiatement sur les lieux où des troubles avaient éclaté, où des crimes s'étaient commis, pour punir d'une manière exemplaire les criminels et les perturbateurs de l'ordre public. La sévérité était si grande (1) et le châtiment tellement prompt (2) que les familles et les populations en étaient frappées de stupeur et d'effroi. De là est venue cette expression: *giustizia paolina*.

Les *consulte* ou *vedute* qui, sous les Génois, se réunissaient à des temps indéterminés, furent

---

(1) « Dans les mains du magistrat faible et irrésolu, le glaive de la justice n'effraie pas plus que la quenouille d'une femme.»
(*Circulaire aux Podestats, 1761*).

(2) Voir la note de la pag. 39.

convoquées tous les ans par Paoli, et même
plus souvent suivant les circonstances. Sous la
République, le rendez-vous était à Biguglia ;
mais sous Paoli, elle se réunissait à Corte et
quelquefois en d'autres lieux, selon les besoins
ou les nécessités du moment.

La consulte nationale, en qui reposait la
souveraineté du pays, puisqu'elle émanait du
suffrage universel, était composée d'un procureur ou député de chaque commune, de deux
ou trois procureurs des magistrats des provinces et des supérieurs et députés du clergé
régulier et séculier, au nombre de cinquante
environ ; ces derniers, cependant, qui avaient
voix délibérative dans les affaires ecclésiastiques, n'avaient que voix consultative dans les
affaires civiles, afin de n'occuper les hommes
d'église que des choses concernant leur ministère.

C'était une fois par année que tous les habitants de chaque commune se rassemblaient
pour élire leur procureur à la consulte. Ce
député recevait, à titre d'indemnité, une livre
par jour pendant toute la durée de son mandat.
Ce traitement, tout modique qu'il semble, était
cependant suffisant à ces modestes représentants pour qui le luxe de la table et de la
toilette était inconnu, mais il n'en restait pas

moins une lourde charge pour le pays, à cause de sa pauvreté. Aussi, pour épargner les dépenses et pour éviter l'encombrement d'un trop grand nombre de députés (1), à cette forme d'élection en succéda une autre qui s'accomplissait de la manière suivante. Les municipalités nommaient leurs procureurs aux pièves, lesquels nommaient ensuite leurs procureurs à la consulte générale. Ce mode d'élection, cependant, ne fut guère usité, parce que les Corses, jaloux de leurs droits, voulaient voir clair par eux-mêmes dans les choses de l'Etat, et Paoli renonça toujours à l'exiger absolument par respect pour la volonté de la nation, espérant dans l'action lente, mais sûre du temps.

La consulte était une espèce d'assemblée législative chargée de faire et de promulguer les lois que le général, assisté du conseil suprême (*Consiglio supremo del regno di Corsica*) (2),

----

(1) En effet, sans compter la Consulte qui se réunit après la révolution de 1729, où le nombre des députés fut de plus de dix mille, celle de 1761 en compta quelques mille ; et malgré le grand nombre, ces réunions eurent lieu sans trouble et sans confusion.

(2) Le Conseil suprême avait eu, dès le début, pour président l'abbé Ignace Venturini de Vallerustie, qui avait passé de longues années à Rome, et pour lequel Paoli avait une grande affection et beaucoup d'estime. Le ton des nombreuses lettres que nous avons sous les yeux, le prouve d'une manière évidente. Ces lettres nous ont été communiquées par M. Venturini, de Penta-Acquatella, arrière petit-neveu de l'abbé Venturini.

mettait à exécution. A ce conseil incombait la tâche de faire les règlements d'intérêt public et de traiter les questions politiques. Dans des cas très rares et très graves il décidait en dernier ressort les causes civiles ou criminelles. Ce conseil était composé, dans le commencement, de plus de trente membres, sans demeure permanente ; ensuite il ne se composa que de neuf, lesquels étaient remplacés tous les ans. Ils passaient, trois par trois, quatre mois de l'année auprès du général pour l'aider, par leurs conseils et par leur coopération, dans l'exécutiou des lois et dans l'administration des affaires. Ces conseillers devaient être âgés de plus de trente-cinq ans ; ils étaient choisis par la consulte parmi les magistrats ou parmi ceux qui avaient rendu des services signalés au pays. Aucun conseiller ne pouvait être réélu que deux ans après sa sortie de charge. Si le général venait à mourir ou à se démettre de ses fonctions, c'était le plus vieux qui prenait les rênes de l'Etat : il était tenu de convoquer la consulte, dans l'espace d'un mois, afin qu'elle procédât à l'élection d'un nouveau chef. Outre le conseil, auprès du général se trouvaient un grand chancelier et un secrétaire d'Etat.

Le général commandait les troupes et nommait aux différents grades ; dans ses attributions entrait le jugement des litiges de commune à commune, qu'il avait l'art de rendre sans jamais exciter l'aigreur ni le mécontentement. A lui étaient adressés les rapports de tous les fonctionnaires de l'île, et ces rapports étaient, non pas annuels comme cela se pratique presque partout, mais trimestriels, afin de donner au chef de l'Etat une connaissance plus exacte des faits et d'imprimer une plus grande promptitude aux affaires.

D'ailleurs, dans les fréquentes tournées qu'il faisait, soit seul, soit en compagnie des juntes, il exhortait les peuples, tout en leur inspirant des sentiments d'indépendance et de liberté, à être soumis aux lois et à respecter les magistrats ; et ceux-ci à remplir loyalement et exactement leurs devoirs, leur faisant comprendre que le bonheur de l'île dépendait de l'administration prompte et équitable de la justice. Il leur enseignait aussi, par son exemple, à avoir de la dignité dans le caractère et dans les manières, et à en avoir plus de soin que de la vie même.

Il leur recommandait la bonne entente entre tous les fonctionnaires : « Cette concorde, leur disait-il, vous rendra plus forts et plus respectés, et facilitera singulièrement l'accomplissement de tous vos devoirs. » Et si quelqu'un venait à faillir, il s'effaçait pour ne parler qu'au nom de l'indignation publique.

Quelques écrivains français ont dit que Paoli, voyant combien il était aimé de ses compatriotes, et quelle influence il exerçait sur eux, se laissa aller un jour à penser qu'il pourrait ceindre sans opposition la couronne de Théodore, et que, à cet effet, il commença à préparer le chemin qui devait le conduire à son but.

La consulte annuelle se réunissait à Corte, tandis que Paoli assiégeait Maccinaggio, poste très important situé vers l'extrémité du Cap-Corse, et était sur le point de s'en emparer. Au lieu de se rendre lui-même à la consulte, il s'y fit remplacer par Barbaggi, mari de sa nièce, fille de Clément, son frère, afin d'accoutumer les Corses, disait-il, à voir sans jalousie la grandeur de ses parents et la magistrature héréditaire dans sa famille. Cette délégation excita les murmures des représentants qui voulurent y voir une atteinte portée à la souveraineté nationale. Ces murmures n'étaient pas fondés, puisque l'homme dont se servait Paoli pour ce prétendu abus de pouvoir n'était que d'un médiocre mérite et ne devait nullement porter ombrage à la consulte. Néanmoins, la cause de ces murmures étant parvenue jusqu'à l'oreille du général, il s'empressa d'abandonner un poste périlleux, mais où il croyait cependant sa présence opportune, pour se rendre à la capitale afin d'y calmer, par sa présence, l'agitation des esprits.

Voici une autre anecdote qui a plutôt l'apparence d'un conte que d'un fait avéré.

Dans la salle du conseil suprême fut élevé un trône en velours cramoisi, orné de franges d'or et entouré de neuf fauteuils de la même étoffe. Ce trône était le siége de la liberté, tandis qu'un autre plus petit, mais plus élégant, dressé dans la salle voisine de l'appartement de Paoli, était destiné à lui-même. Un jour, dit-on, prenant les allures d'un souverain, il se présenta au conseil suprême, vêtu d'un habit magnifique, (1) l'épée au côté et le chapeau sur la tête. Il sembla aux conseillers que, en entrant, il voulut se diriger vers ce trône ; mais leur morne silence lui fit comprendre quels sentiments animaient l'assemblée.

Quoi qu'en aient dit Germanes et Pomme-

----

(1) C'est là une grosse absurdité. Paoli n'avait qu'un habit pour toutes les saisons. Pour s'en convaincre, il n'y a qu'à lire sa lettre du 23 juillet 1761 à Sébastien Buttafoco, président du Magistrat à Bastia (Voir *Bulletin des Sciences historiques et naturelles de la Côrse*, pag. 89 de la 6ᵉ année, fascicules 64 et 65) où il dit : « Se mi vedessero due abiti nuovi nell'istesso tempo, cosa direbbero di me ? »

reul, (1) Paoli n'a jamais songé à se faire roi : toute sa vie en est une preuve constante et non équivoque. D'ailleurs, qu'aurait-il fait de ce titre qui ne lui aurait rapporté que mépris et ridicule, comme au baron westphalien ? Pour le laisser à sa postérité ? mais il n'était pas marié, et jamais il n'a manifesté l'intention de sortir du célibat : « Mon épouse, répondait-il à ceux qui l'engageaient à se marier, mon unique épouse c'est la patrie », et comme telle il l'aima toujours, jusqu'à son dernier soupir. Même sur la terre étrangère qui lui avait donné l'hospitalité, la liberté de sa patrie fut l'objet de tous ses vœux ; et lorsqu'il crut le bien de son pays assuré par les victoires du premier consul, il écrivit : « Nous sommes libres, c'était dans mes vœux ; quelle que soit la main qui nous accorde ce don, qu'elle soit bénie. (2) » S'il avait eu la pensée d'asservir sa patrie, il aurait peu à peu préparé son terrain ; mais en aucune circonstance de sa vie publique ou privée, il n'a rien

---

(1) Le chanoine Germanes et Pommereul qui ont écrit, le premier en 1774 et le second en 1779, c'est-à-dire quelques années après la conquête de la Corse par les Français, avaient intérêt à atténuer la grande idée que les Corses avaient de leur général.

(2) « Siamo liberi ; *hoc erat in votis :* da qualunque mano il dono ci venga, sia pur benedetta. »

fait qui pût le faire soupçonner d'aspirer à la
tyrannie; au contraire, toutes ses actions ont
tourné au profit de la liberté et de l'indépendance de son pays. (1) Jamais il n'a abusé de
son pouvoir ni de la confiance que les Corses
avaient en sa vertu. Il était impossible au général
de se rendre maître absolu, car la consulte,
véritable souveraine, était là, la consulte à
laquelle le général devait rendre compte de ses
opérations, de ses correspondances avec les
cours étrangères, et même des négociations
secrètes. Il ne faut pas croire, non plus, que
les députés, représentants d'un peuple si jaloux
de ses droits, fussent des instruments aveugles
entre les mains de Paoli : ils se seraient opposés
de toutes leurs forces aux empiétements du
pouvoir exécutif qui, d'ailleurs, ne pouvait pas
même les corrompre, car à lui n'appartenait
pas la distribution des emplois. Et c'est un
bien puissant moyen que celui de pouvoir
amorcer les représentants et les citoyens par

---

(1) « Pour régner sur nous, il débutait par nous rendre libres.
Il me tarde de voir les tyrans adopter cette façon toute nouvelle d'asservir les peuples. Eh! n'accorderons-nous jamais à
la vertu des hommages purs et sincères, et faudra-t-il toujours
l'entourer de soupçons pour la rendre de plus en plus inacces-
sible aux efforts de l'homme? » (POMPEI, *Etat actuel de la
Corse*).

l'appât des emplois, des pensions et des faveurs !
L'idée de devenir tyran n'a donc jamais traversé
son esprit. De plus nobles sentiments dirigèrent
sa conduite : il se glorifiait avec une admirable
modestie de ne s'être jamais départi de ce que
la consulte lui *avait prescrit*.

Paoli, il est vrai, dominait tout de sa haute
intelligence, et les populations donnaient leur
assentiment à tout ce qu'il faisait, persuadées
que tout ce qui émanait de lui était conforme
au bon sens et à la raison. C'est si vrai, qu'après
1765, les difficultés devenant de jour en jour
plus grandes, à cause des vues non équivoques
de la France sur la Corse, il fut confié au
général de plus grands pouvoirs sans qu'il se
rendît pour cela plus indépendant et plus absolu.
Il avait le commandement des troupes de terre
et de mer, la direction du commerce et l'administration des revenus de l'Etat; mais il se fit
un devoir de tenir la consulte nationale au
courant de toutes ses opérations.

Voyons maintenant comment se traitaient les
affaires au sein de la consulte, dont la session
durait environ deux semaines. Le gouvernement
soumettait les projets à la consulte par l'organe
du président de cette assemblée, et le peuple
présentait ses réclamations par la voix de l'orateur de la consulte, lequel, de même que le

président et le chancelier, était élu par les deux tiers des suffrages d'une commission composée de deux députés de chacune des neuf provinces et des juges de la *rota civile*. Le plus souvent, les projets étaient soumis à une commission qui en faisait une étude particulière; puis le projet était mis à la délibération de l'assemblée générale qui l'adoptait par acclamation s'il n'y avait pas d'opposition sérieuse. Mais lorsqu'il y avait divergence notable d'opinions, on allait au scrutin secret, et la motion était adoptée à la moitié des suffrages plus un. Plus tard on exigea les deux tiers des voix afin d'obtenir une plus grande manifestation de la volonté commune.

Le gouvernement, cependant, avait la faculté de refuser de mettre à exécution une loi votée, à la condition pourtant d'expliquer à la session suivante les motifs de son refus. Une motion qui n'aurait obtenu que la moitié des suffrages, pouvait être représentée deux fois pendant le cours de la session; une autre qui aurait été repoussée à une grande majorité pouvait être soumise de nouveau aux délibérations de la consulte à la session prochaine, parce que, comme le dit avec raison Pompei, « Paoli avait senti le danger d'abandonner l'adoption ou la révocation des lois les plus importantes au caprice d'une majorité souvent faible ou mal dirigée. »

Ce fut donc ainsi, à force d'expériences et de modifications, et avec le concours de toutes les capacités de l'île envoyées à la consulte par les communes ou par les pièves, que Paoli parvint à établir un gouvernement libre et fort et à former un code de lois, appelé *Statut,* parfaitement adapté au caractère des Corses, aux besoins des populations et à l'esprit du temps, statut qui lui a fait prendre rang en Europe parmi les plus grands législateurs. Il sut aussi, en inspirant à tous les sentiments dont il était lui-même animé, s'entourer de magistrats intègres, de vaillants guerriers, d'hommes capables, et faire de tous les Corses d'excellents citoyens encore plus occupés de leurs devoirs que de leurs droits.

CHAPITRE III

CONSÉQUENCES ET RÉSULTATS
DE L'ADMINISTRATION DE PAOLI.

La consulte s'occupait, pendant la durée de chaque session, des impôts, des revenus et des dépenses de l'Etat, des moyens de développer l'agriculture, le commerce et l'industrie, et, enfin, de tout ce qui était nécessaire au bien public et à la prospérité de l'île.

Chaque famille payait aux collecteurs publics deux livres par mille de la valeur des biens meubles et immeubles, à l'exception des maisons d'habitation. Cette contribution qui, sous les Génois, était de douze livres, fut réduite à quatre par la consulte de 1768; cependant ceux qui ne possédaient que mille livres n'en payaient qu'une, et on usait même de ménagements envers eux pour le recouvrement.

La papier timbré, les amendes, les mines de plomb, le sel, la pêche du corail (1), les droits

___

(1) La pêche de ce précieux zoophite avait plus d'extension sous Paoli qu'elle n'en a aujourd'hui. Cependant les marins de

sur l'extraction et l'introduction des marchandises et des denrées étaient d'autres sources de revenu. Ajoutez le produit de la confiscation des biens des sujets génois, les revenus des évêques réfugiés dans les villes qui étaient encore sous la domination génoise, les offrandes spontanées du clergé et des couvents, et vous aurez à peu près toutes les branches du revenu public.

Les prêtres et les moines qui avaient tant fait et tant souffert pour la patrie et qui toujours s'étaient montrés au nombre de ses plus zélés défenseurs, ne se démentirent pas sous l'administration de Paoli. Les premiers donnèrent le dixième et le vingtième de leurs revenus, et les couvents 80 livres chacun. En outre, lorsqu'il s'agit de battre monnaie, toutes les paroisses, à la voix de Paoli, se dessaisirent du superflu de leurs ustensiles d'or et d'argent.

Murato fut le lieu choisi pour l'établissement de la Monnaie, et la direction en fut confiée à Barbaggi. Sur les pièces de monnaie était gravée la tête du maure, surmontée d'une couronne,

---

la Corse, qui ont, dit-on, une grande aptitude à cette récolte sous-marine, n'en devraient pas laisser le monopole aux pêcheurs napolitains, car ce serait une source de richesse pour le pays. Le corail est aussi abondant sur les côtes de notre île que sur le rivage africain.

en mémoire de l'ancienne domination des Sarrazins. Cette monnaie cependant, vu la pauvreté du trésor, n'était qu'obsidionale, c'est-à-dire qu'elle avait une valeur plus forte que sa valeur intrinsèque.

Parmi les dépenses, il faut compter le traitement des magistrats, des fonctionnaires et des troupes. Deux bataillons furent recrutés et payés aux frais de l'Etat. Les soldats préposés à la garde d'un fort ou d'une tour étaient payés à raison de huit livres par mois; ceux qui étaient au chef-lieu de province en recevaient. quinze; et les gardes (1) de Paoli n'avaient qu'un. traitement quotidien de huit sous. En· temps de guerre, tous les citoyens étaient soldats, hormis les pasteurs d'âmes: ils étaient divisés en trois

---

(1) Dans un vieux roman, intitulé: *Aspasia e Radamisto,* dont je n'ai pu trouver le nom de l'auteur à.cause du mauvais état du livre, j'ai vu que Paoli, dans l'intention sans doute de stimuler le zèle.de ses soldats et de récompenser le mérite, créa une *compagnie volontaire,* composée de 60 chevaliers, portant, pour insigne, une croix d'argent sur la poitrine. Cette croix ne devait être, cependant, portée ostensiblement qu'après que le chevalier s'était distingué dans une grande action.

Cette compagnie était-elle la garde de Paoli ou constituait-elle un ordre militaire de chevalerie? Je penche volontiers pour la dernière hypothèse. Du reste, Pommereul, mais contredit en cela par Tommaseo, parle d'un ordre de chevalerie qui aurait existé du temps de Paoli, et qui aurait eu pour insignes, entourée des faisceaux, symbole de la concorde, l'effigie de Sainte-Dévote, patronne de la Corse.

bans qui se relevaient successivement à quinze jours d'intervalle, et n'étaient point rétribués, tout au plus leur fournissait-on les munitions de guerre. Quant aux munitions de bouche, chacun portait dans son sac de peau (*zano*), suspendu en bandoulière, du pain de châtaignes (*pisticcine*).

Il est inutile d'énumérer toutes les dépenses pour voir quelle économie apportait Paoli dans l'administration des deniers publics. Il en mettait partout et il veillait même sur les plus petites choses, car il avait pour principe que quiconque méprise les petites ne sait guère s'occuper des grandes. Il menait une vie très frugale; pas de luxe dans ses habillements, et encore moins dans sa maison d'habitation. Il ne voulut jamais qu'on y fit la moindre réparation, et c'est tellement vrai qu'un jour en arrivant à la *Stretta*, il y brisa les carreaux de vitre qu'on avait fait placer aux fenêtres pendant son absence.

L'agriculture, si longtemps négligée sous les dominations que les Corses ont subies, et particulièrement sous le gouvernement génois qui avait intérêt à maintenir les habitants dans la pauvreté, pensant que cet état de misère calmerait leur ardeur pour l'indépendance, l'agriculture, dis-je, reçut une vigoureuse impulsion

sous l'œil vigilant et actif de Paoli et de la
consulte. Mais ce développement rencontrait de
nombreux obstacles : d'abord de la part des
bandits qui, soudoyés par les Génois, infestaient
toute l'île et empêchaient, par conséquent, les
insulaires de se livrer en toute sécurité aux
travaux des champs ; ensuite de l'oisiveté invé-
térée par une trop longue habitude, d'où déri-
vent la dangereuse passion du jeu, le goût de
la chasse et celui des armes, et par dessus
tout, de la manie des places qui emporte à la
recherche d'un emploi incertain et bien mesquin
quelquefois, tant de bras si utiles pour l'agriculture et pour l'industrie. Robiquet n'a que
trop raison, dans ses recherches historiques et
statistiques sur la Corse, quand il dit : « Nulle
part les emplois ne sont plus recherchés qu'en
Corse. »

Oh ! que la Corse serait heureuse et prospère
si, comme le voulait Paoli, les habitants prenaient le goût de l'agriculture et des travaux
des champs ! Le travail, loi sacrée et divine, en
mettant l'homme aux prises avec les grandes
forces de la nature, le rend plus doux et plus
traitable ; en l'occupant de ses intérêts, en le
distrayant par de nobles et bonnes pensées, il
l'empêche de songer aux pensées mauvaises,
suites du désœuvrement et de la fainéantise.

Lorsque les bandits eurent été détruits ou obligés de chercher un asile sur la terre étrangère, par Paoli qui les traquait de près et qui ne leur laissait ni repos ni trève, les Corses, voyant leurs personnes et leurs biens placés sous la protection tutélaire des lois et d'un gouvernement qui se fortifiait de jour en jour, commencèrent à déposer les armes et à sentir avec plaisir et profit leurs mains allourdies et durcies, non plus par le fusil, mais bien par la charrue et la pioche. Les taillis commencèrent à disparaître pour faire place aux terres défrichées ; les plaines, désormais cultivées, donnèrent d'abondantes moissons et rapportèrent de quoi pourvoir amplement aux besoins de la population. Les Corses alors sentant la vie se répandre à flots dans leurs contrées, naguère si malheureuses, ne purent que vénérer et chérir cet homme extraordinaire à qui ils devaient non seulement la sécurité et la liberté, mais aussi l'abondance et le bonheur.

Le commerce de l'île, encore à l'état d'enfance, dût naturellement se ressentir des progrès de l'agriculture. Il prit un accroissement considérable par les soins de Paoli qui pourvut les côtes de magistrats sanitaires chargés de surveiller l'arrivée des bâtiments, l'importation et l'exportation des marchandises (consulte de

1764, § XII). Il visita lui-même les ports; et ce fut dans une de ces courses qu'il vit et choisit un emplacement qui lui parut fort propre à favoriser le commerce de cette partie importante de l'île, la Balagna ; il y jeta les fondements d'une ville, aujourd'hui l'Ile Rousse, qui devait porter un coup fatal à Calvi toujours fidèle aux Génois. Les bienfaits du commerce se firent sentir bien vite : le numéraire circula en abondance dans l'île et les transactions furent plus sûres et plus promptes.

Le commerce fut notablement favorisé par la permission qui fut donnée aux habitants des villes occupées par les Génois, de venir trafiquer aux ports et mouillages de la nation, aussi bien que par celle qui fut accordée aux Français de venir se pourvoir aux marchés corses de ce qui leur était nécessaire. Ce fut seulement lorsque Paoli s'aperçut que les habitants de Bastia contrariaient ses rapports avec le Cap-Corse, qu'il défendit aux habitants de l'île tout trafic avec eux.

Pour un administrateur aussi prévoyant et aussi sagace que Paoli, l'industrie qui était pour ainsi dire nulle en Corse, ne devait pas être oubliée. Aussi lui donna-t-il l'impulsion que comportait la situation du pays et le peu de ressources qu'il possédait. Il établit un moulin à poudre, une fabrique d'armes et une fonderie. Il trouva des armuriers dans la piève d'Orézza ; il fit venir des maîtres artilleurs de l'étranger, et lui-même voulut étudier l'artillerie ; c'est pourquoi en écrivant, le 12 avril 1762, au comte Rivarola, consul de S. M. Sarde, à Livourne, chargé en même temps des affaires de la Corse avec les cours de Piémont et de Toscane, il le priait de lui envoyer quelque traité d'artillerie et quelques instructions sur la science diplomatique.

Paoli, qui demandait des renseignements à un consul, n'était-il donc qu'un apprenti dans cette science ? Non, il possédait la véritable science du droit des gens ; mais il avait besoin d'en connaître le langage, la pratique et les formes.

En mettant de l'économie partout, Paoli parvint à réaliser des épargnes, et il les employa à des choses d'utilité publique ; à acheter des instruments de labourage qu'il distribuait, dans ses visites aux campagnes, à ceux qui se distinguaient dans le perfectionnement des cultures ; à rendre les routes moins scabreuses et plus praticables ; à faire construire des ponts afin de faciliter les communications de pièves à pièves, de communes à communes, dont beaucoup sont séparées entre elles par des ruisseaux qui deviennent d'impétueux torrents pendant la saison des pluies et de la fonte des neiges. Une junte était établie à l'effet de surveiller les voies de communication. De plus, la consulte de 1764 décida que le gouvernement établirait dans chaque province deux ou plusieurs fonctionnaires chargés d'inspecter la culture des terrains, la plantation des vignes et de toute autre sorte d'arbres, spécialement des mûriers (§ XIII). Sentant les inconvénients qui résultent de l'absence d'un même système de poids et mesures, cette même consulte en prescrivait à l'avenir l'uniformité dans tout le royaume (§ XIV). Elle s'occupa aussi d'une foule d'autres prescriptions tendant toutes au bien de la classe pauvre, entre autres de la fixation des honoraires des greffiers, des médecins, des chirurgiens, etc., afin de mettre un terme à un grand nombre d'abus devenus intolérables par la cupidité de tous ces fonctionnaires qui, sous les Génois, n'avaient que trop ajouté, par leurs exactions particulières, au poids énorme des impôts qui écrasaient les pauvres habitants de l'île.

C'est remarquable que dans un pays très pauvre et trop longtemps soumis à une domination oppressive, où il n'y avait pas d'écoles (car on ne peut considérer comme des écoles quelques leçons données isolément par des prêtres ou des moines), et où rares étaient ceux qui pouvaient aller à l'étranger puiser des connaissances, Paoli pût trouver d'excellents magistrats ; c'est qu'il sut les créer et qu'il se contenta de leur équité et de leur bon sens. Ce n'est pas qu'il crût toutefois que l'instruction était inutile, au contraire, il savait qu'elle est indispensable dans toutes les carrières. Les Corses l'avaient compris avant lui, puisque dans toutes leurs réclamations au gouvernement Ligurien ils demandaient, mais toujours en vain, la création d'un établissement d'instruction publique.

Ce fut le 1er novembre 1764 qu'une université fut fondée à Corte, grâce à l'esprit actif et économique de Paoli, qui lui fit surmonter tous les obstacles. De tous côtés la jeunesse de l'île s'empressa d'accourir dans cette ville où l'enseignement était donné gratuitement, afin que cette institution, spécialement destinée aux jeunes gens des familles aisées, fût aussi un bienfait pour les enfants des pauvres qui n'en étaient pas exclus. Le pain de la science y fut dispensé par des professeurs tous Corses, mais d'un grand mérite. Le premier entre tous était le P. Mariani, surnommé *Rosso de Corbara,* de l'ordre des Mineurs réguliers, docteur de Salamanque, professeur émérite de l'université d'Alcala, secrétaire général et chronologiste de son ordre, et membre de l'académie des Conciles. Tous les autres aussi étaient des moines. Les prêtres et les moines étaient alors en Corse presque les seuls qui eussent une solide instruction. Ils l'avaient acquise, non au sein de la patrie qui, comme nous l'avons dit, manquait d'écoles, mais en Italie, en Espagne, en Italie surtout où plusieurs brillèrent en qualité de professeurs aux universités de Rome, de Padoue et de Pise ; plusieurs même firent fortune à Venise où ils étaient en grande estime (1).

Cette université n'eut qu'une bien courte durée à cause de la conquête française qui arriva quatre ans après. Elle rendit de grands services aux Corses, en initiant la jeunesse aux principes du droit naturel et du droit des gens, aux éléments des sciences mathématiques pour

______

(1) Parmi ceux-ci on doit citer particulièrement Pietro Cirneo, natif de Felce d'Alesani, lequel y séjourna longtemps et écrivit même l'histoire de la guerre soutenue par la république de Venise contre Hercule d'Este, duc de Ferrare, en l'an 1482. En rentrant dans sa patrie, il écrivit l'histoire de la Corse jusqu'en 1506; mais son travail resta à l'état de manuscrit jusqu'au règne de Louis XV, où il parut, mais incorporé dans les œuvres du célèbre historien italien Muratori. (Cette petite notice sur P. Cirneo est extraite de LIMPERANI, t. I, pag. VI).

M. l'abbé Letteron, professeur agrégé au lycée de Bastia, a publié en 1884 une traduction en français de *De rebus Corsieis*, de Pietro Cirneo.

lesquelles les Corses ont beaucoup de propension, et aux beautés de la littérature. On y enseignait aussi l'histoire et la théologie dogmatique et morale. Les leçons des professeurs étaient faites en langue latine, et les examens, qui étaient fréquents, avaient lieu en présence des premières autorités du gouvernement, afin que, dit Tommaseo, l'amour du savoir fût ennobli par l'amour de la patrie.

Une conséquence de la création de l'université fut l'établissement d'une imprimerie, qui fut placée d'abord à Cervione, ensuite à Corte, siège du gouvernement. La première œuvre qui sortit de ses presses fut la *Giustificazione della rivoluzione di Corsica*, du chanoine Don Grégoire Salvini, œuvre qui eut un grand retentissement en Italie et en France, et qui démontra péremptoirement à l'Europe la justice de la cause des Corses, et la tyrannie, les injustices et les vexations de toutes sortes que la faible et orgueilleuse république de Gênes fit souffrir à ce malheureux peuple revendiquant, les armes à la main, les droits qu'on refusait depuis tant de siècles à ses justes réclamations.

La République répondit à cette justification ; mais ses efforts furent impuissants à donner le change à l'opinion générale, et n'aboutirent qu'à rendre de plus en plus évidents, aux yeux des nations, et les torts des Génois et la justice de la cause des Corses.

A l'effet de publier les actes du gouvernement et de faire connaître les affaires importantes de l'île, un journal hebdomadaire, sous le titre de *Ragguagli dell'isola di Corsica,* s'imprimait à Corte par les soins de Paoli. Cette publication écrite avec beaucoup de précision et de clarté se distinguait aussi par la noblesse des sentiments. Elle était lue avidement à l'étranger et particulièrement par les Italiens, désireux de connaître les nouvelles de cette petite île qui avait leurs sympathies (1) et qui occupait l'attention de l'Europe.

(1) Les sympathies des Italiens pour les Corses sont noblement exprimées dans le chant lyrique, inspiré au docteur Lorenzo Pignotti par le récit qu'on lui avait fait des institutions de Paoli et du courage de ses compatriotes, chant dont nous donnons ici une strophe avec la traduction en regard :

Italia, Italia mia, se già perdesti
Il reggio serto, e da quel soglio altero,
Onde del mondo intero
Guidasti un giorno il freno, alfin cadesti,
Tutto non hai perduto ; ah ! l'alma grande
Si serba ancora alla sventura in seno !
Nel grembo al mar Tirreno
A' valorosi Corsi il guardo gira,
E l'opre memorande
D'un popolo d'eroi colà rimira,
Eroi che dimostrar sanno col sangue,
Che d'Italia il valor ancor non langue.

Italie, ô mon Italie, si tu as perdu ton auréole royale et si

CHAPITRE IV

ARRIVÉE D'UN VISITEUR APOSTOLIQUE EN CORSE.

Elevé par un père éminemment religieux et dans les pays où la religion catholique était la seule reconnue, Paoli devait nécessairement nourrir un grand respect pour le successeur des apôtres, respect que les populations qu'il gouvernait avaient profondément enraciné dans le cœur depuis les temps les plus reculés ; car il ne faut pas oublier que la Corse fut l'une des premières contrées occidentales qui reçut la lumière évangélique. On dit même que les deux premiers apôtres vinrent y répandre les préceptes et la religion du Christ, et cela ne doit pas nous surprendre, ni nous paraître douteux, puisque dans le Nebbio on trouve les

---

tu es tombée du rang suprême d'où tu as un jour guidé les destinées du monde, tu n'as pas cependant tout perdu, car dans ton malheur tu conserves encore une grande âme. Au sein de la mer Tyrrénéenne, tourne tes regards vers les valeureux Corses et contemple les actions mémorables de ce peuple de héros : Héros qui savent, par leur sang, montrer que la valeur de l'Italie ne languit pas entièrement.

restes d'une église qui remonte à l'an cinquante de Jésus-Christ. Les souverains pontifes ont ensuite possédé longtemps cette île, et les Corses conservèrent avec reconnaissance le souvenir de leur paternelle domination. D'ailleurs, n'est-ce pas sous le pape Léon IV, qu'un grand nombre de familles corses, pour fuir la piraterie des Sarrasins qui, passant de l'Afrique en Espagne, venaient infester l'île et y faisaient de fréquentes incursions, allèrent chercher un refuge à Rome où elles furent très bien accueillies? (1) N'est-ce pas au pape Eugène IV que l'évêque d'Aleria et une grande partie des caporaux offrirent la souveraineté de l'île, fatigués qu'ils étaient et du joug de Gênes et de celui des barons ultramontains? En maintes circonstances, dans la suite, les papes avaient témoigné de leur affection pour le peuple corse, pourquoi donc ce peuple n'aurait-il pas gardé pour eux une vénération, un respect vraiment filial?

Paoli, donc, animé comme ses peuples d'aussi bons sentiments envers le chef de la religion, devait être vivement affligé de voir que, tandis

_____

(1) Ces familles, croit-on, furent envoyées aux environs d'Anagni, dans une vallée qui, aujourd'hui encore, s'appelle la Valle Corsa, où se trouve le village de Carpineto, patrie de Léon XIII (Pecci), pape aujourd'hui régnant. — Un village du nom de Carpineto existe dans la piève d'Orezza (Corse).

que l'unité existait dans son système gouvernemental, l'Eglise seule n'eût plus aucun ordre, et le service du culte aucune règle, par suite de la désertion des évêques qui, abandonnant le troupeau confié à leur sollicitude pastorale et oubliant ainsi les saints devoirs de leur ministère, obéissaient au gouvernement de la République. Ils étaient Génois d'abord, évêques ensuite. Intéressée à maintenir le trouble dans l'île, Gênes croyait par là pouvoir détacher le clergé de la cause de la patrie et de Paoli. Mais les prêtres que nous avons vus toujours animés d'un grand zèle pour le bien de la patrie, et bien souvent donner leur argent et verser leur sang pour l'indépendance ; mais les moines qui, sous le froc, nourrissaient un cœur vraiment corse, désiraient ardemment le rétablissement de la liberté ecclésiastique, et ne cessaient d'adresser leurs réclamations à Paoli, qui se décida enfin à faire, à cet effet, des démarches auprès du Saint-Siège. Ses instances eurent un heureux succès, et le pape Clément XIII (*Rezzonico*) se détermina à faire droit aux instances réitérées des Corses, et envoya dans cette île, avec le titre de visiteur apostolique, Monseigneur Crescenzio de Angelis, évêque de Segni, homme doué de beaucoup de capacité, de zèle et de piété.

La République ne devait être nullement satisfaite de la condescendance du pape envers les
Corses. Elle s'en irrita au point que, oubliant
les services qu'elle avait reçus naguère de ce
même pape qui s'était interposé en sa faveur
dans la guerre austro-sarde, elle promit une
somme de 6,000 écus à quiconque lui amènerait
à Gênes l'envoyé romain. Des croiseurs aussitôt
se mirent en campagne ; mais la volonté de Dieu
permettait que le vent, qui était favorable à
Monseigneur Crescenzio, pour son voyage en
Corse, fût contraire aux Génois, et le visiteur
apostolique débarqua sain et sauf à sa destination en 1760. Paoli envoya à sa rencontre un
chanoine et un *pievano* (curé-doyen), accompa-
gnés par la foule qui reçut le vénérable prélat
avec des transports de joie et des témoignages
non équivoques de respect et de reconnaissance.

Le pape avait différé quelque temps à envoyer
le visiteur qu'il avait promis, épouvanté peut-
être par l'attitude insolente de Gênes qui avait
lancé un manifeste dans lequel elle se plaignait
amèrement de la conduite du Saint-Siége à son
égard dans les affaires de cette île. Paoli, de
son côté, en avait montré quelque peu d'humeur
et d'impatience ; mais après l'arrivée du prélat,
il lui témoigna la plus grande déférence. Après
l'avoir mis au courant des affaires ecclésiasti-

ques de l'île, il lui fit connaître que les revenus des évêchés vacants s'élevaient en tout à 80,000 livres, lesquels revenus avaient été jusqu'alors distribués, du consentement des théologiens, aux chapitres, aux pauvres et à la patrie. Jamais aumône, à mon sens, ne fut mieux appliquée que celle que l'Eglise fit, à cette époque, à la patrie qui était si pauvre, qui avait tant besoin de secours! Et, d'ailleurs, n'est-ce pas vrai que les biens de l'Eglise sont le patrimoine des pauvres!

La consulte nationale, réunie en congrès le 10 mai 1760, décréta, en reconnaissance de la bonté avec laquelle le Saint-Père avait accueilli et exaucé les instances de la population, en envoyant un évêque visiteur, qu'à l'avenir le gouvernement ne s'ingèrerait plus dans l'administration des revenus ecclésiastiques des diocèses soumis à l'autorité de Monseigneur l'évêque visiteur, pour laisser à ce dernier la faculté d'en disposer conformément aux sacrés canons. Quant aux revenus des autres diocèses, pour ne pas en laisser profiter quiconque ne servait pas l'autel et qui en ferait un usage contraire aux besoins de la nation, elle ordonna aux fermiers et à ceux qui étaient chargés de recueillir ces revenus, d'en faire le dépôt intégral jusqu'à la décision du Saint-Père à l'égard de ces diocèses.

Vivement secondé par le chef du pouvoir, l'évêque visiteur, en parcourant l'île, remit le bon ordre partout, rétablit les choses du culte dans un bon état, et, avant de partir, créa un vicaire apostolique chargé de remplacer, pour le spirituel, les évêques absents.

Les capucins dont l'ordre comptait dix-sept couvents dans l'île, les capucins que Jaussin (1) qualifie de rebelles les plus dangereux et les plus remuants, voulaient, et avec raison, dépendre non plus du provincial de Gênes mais de celui de Rome, et ils avaient, en conséquence, adressé leurs pétitions au général de l'ordre, lequel avait tout d'abord accordé que les couvents des capucins de l'île relèveraient d'un autre provincial que celui de Bastia, qui reconnaissait l'autorité de Gênes ; mais, effrayé de la menace que faisait le sénat de Gênes de chasser tous les capucins de ses états, il fit une indigne rétractation. Les moines corses en furent on ne peut plus vexés, et ils étaient résolus à en manifester leur mécontentement d'une manière peu agréable pour leur général, lorsque, par les soins de Monseigneur de Angelis, leur demande fut favorablement accueillie.

_____

(1) *Mémoire sur les principaux événements arrivés dans l'île et royaume de Corse de 1738 à 1741*, tome I, page 508.

Une certaine mésintelligence, mais qui fut bientôt calmée, éclata entre Paoli et le Visiteur, à propos de certaines peines infligées solennellement à des prêtres qui avaient eu des communications avec les évêques des présides, mais encore plus à l'égard de la liberté de conscience que Paoli voulut établir en Corse. Paoli fondait ses raisons sur la liberté que chacun, dans le monde, devrait avoir d'offrir à sa guise au Créateur ses vœux, ses sentiments et ses peines. Cette liberté était, en Corse, la conséquence des principes qui faisaient la base du gouvernement démocratique; elle était d'ailleurs conforme à l'esprit de l'époque, où tous les philosophes, bien nombreux alors, étaient occupés à rechercher les meilleures bases de la liberté humaine. Une autre considération portait Paoli à vouloir la liberté du culte dans l'île; c'est qu'il avait besoin d'y attirer des étrangers pour l'industrie et le commerce, et il devait les accepter à quelque communion qu'ils appartinssent. Il désirait surtout y faire venir les juifs, ces hommes sur lesquels pèsent, depuis dix-huit siècles, la vengeance du Ciel et la persécution des nations, et qui sont cependant si industrieux, si persévérants et si patients dans tout ce qu'ils entreprennent. Ce désir nous est manifesté par une lettre écrite au comte Rivarola, le 26 juin 1760 : « Si les Hébreux voulaient s'établir parmi nous, on leur y accorderait un établissement de naturalisation et les privilèges de se gouverner selon leurs propres lois. Parlez-en à quelque rabbin de crédit. » Les motifs de cette détermination expliqués au clergé qui, tout d'abord, en avait fait grand bruit, suffirent pour calmer tout le monde, et la liberté religieuse fut adoptée conformément au vœu et à la pensée de Paoli.

Une fois sa mission achevée, le vénérable visiteur quitta cette île, objet de ses sympathies et de ses bénédictions. Il avait pu juger de la piété des Corses, du profond recueillement avec lequel ils s'approchaient des temples du Seigneur, de leur amour et de leur vénération pour lui-même et pour le Saint-Père dont il était le représentant. Quel ne fut pas son étonnement de voir que la foi n'avait rien perdu de sa force et s'était conservée intacte et pure à travers tant de malheurs et tant de désordres ! Et ces prêtres qui, sous une soutane grossière, cachaient une âme sublime ornée de toutes les vertus chrétiennes, ces prêtres qui se pressaient respectueux et joyeux autour de lui, le frappèrent de surprise et d'admiration. Il les quitta, mais en emportant une grande idée d'eux et de leur pays, et en se promettant bien de faire goûter une sainte allégresse au Père de tous les fidèles en l'informant exactement de tout ce qu'il avait vu et de tout ce qu'il avait fait. (1)

--- ❊ ---

(1) Pour mieux faire connaître les sentiments religieux de Paoli, nous aimons à rapporter ici, ce qu'en a dit Monseigneur Casanelli d'Istria, évêque d'Ajaccio, dans un discours adressé aux élèves du petit séminaire, à l'occasion de la distribution des prix, le 10 juillet 1865.

« Il (le général Paoli) se montra constamment respectueux pour les lois de l'Eglise dont il s'honorait d'être l'enfant. Dans les conceptions de son génie politique et militaire, il aimait à s'inspirer des souvenirs religieux qu'il allait chercher dans les cloîtres des pieux disciples de Saint François. Tous ses actes portaient l'empreinte du sentiment chrétien qui l'animait. Les assemblées nationales qu'il présidait en souverain s'inauguraient toujours par la prière... »

CHAPITRE V

MÉDIATION ARMÉE FRANÇAISE.
TENTATIVE INUTILE D'ACCOMMODEMENT.

A peine remis de la lutte soutenue contre
Emmanuel Matra, Paoli reprit sa marche progressive, et déjà tout allait bien : les populations
fatiguées des convulsions politiques se livraient
à la joie, à l'espérance, car l'avenir présentait
un horizon sans nuages ; la confiance renaissait ;
les partis se rapprochaient, si non réconciliés,
au moins disposés à l'être facilement. Il le
disait lui-même, dans une lettre adressée au
comte Rivarola, le 4 février 1756 : « ..... Les
affaires du royaume sont en bon état. Les inimitiés et les homicides ont eu fin, et on célèbre
dans tous les pays les fêtes accoutumées de
carnaval, bannies depuis si longtemps..... »
Mais la République voyant, non sans dépit,
l'état florissant de la Corse et sa nationalité
s'affermir de jour en jour, craignant surtout
que les Corses, s'enhardissant de leurs derniers
succès, ne vinssent attaquer les villes maritimes,

commença par augmenter les fortifications des présides qu'elle ne se croyait pas trop sûre de conserver ; puis, reconnaissant son impuissance, elle pria la France de venir à son secours. Celle-ci, soit qu'elle craignît que les Anglais ne s'emparassent de quelques villes du littoral, comme le bruit en courait assez communément, soit qu'elle eût dès lors l'idée de s'emparer de l'île, afin de compenser la perte qu'elle venait de faire de ses colonies, et avoir un établissement maritime à proximité de l'Italie, de l'Espagne, et en vue de Toulon, pouvant lui servir de point d'appui dans la guerre européenne qui était sur le point d'éclater, acquiesça au vœu de Gênes. Cette résolution ne doit pas nous paraître un seul instant douteuse, puisque depuis longtemps l'ancienne monarchie avait regardé la Corse d'un œil de convoitise ; car il ne faut pas croire que le maréchal de Thermes fût envoyé en Corse au XVIe siècle, avec des troupes, seulement pour faire chose agréable à Sampiero, ou pour combattre chevaleresquement en faveur d'un peuple opprimé : la générosité de Henri II n'allait pas si loin, et le temps des expéditions aventureuses des anciens chevaliers n'était plus de saison.

Trois mille hommes donc, commandés successivement par le marquis de Castries et par le comte de Vaux, vinrent occuper, en novembre 1756, le peu de villes maritimes qui étaient encore en possession des Génois. « Le séjour des dites troupes dans l'île ne devait avoir pour objet que de la conserver et de veiller à sa sûreté contre les entreprises des rebelles et autres quelconques. » (1)

« Il est évident que l'intervention de la France dans un démêlé qui ne la touchait ni de près ni de loin, était, au point de vue du droit des gens, un fait condamnable, une atteinte grave portée à l'indépendance d'une nation voisine avec laquelle, à d'autres époques de l'ancienne monarchie, elle s'était trouvée en communauté d'intérêts et de sympathies. Alors les insulaires attendaient du cabinet français des munitions et des soldats ; à présent, ils ne demandent plus des secours, ils se contentent d'une stricte neutralité. » (2)

En effet, l'arrivée des troupes françaises donna naturellement fort à penser aux Corses, et beaucoup d'inquiétude et d'appréhension à leur chef, aussi celui-ci s'empressa-t-il d'envoyer un député au comte de Vaux, afin d'être fixé sur les intentions des Français. Le comte

------

(1) Traité de Compiègne du 14 août 1756.
(2) *Histoire de P. Paoli* par Arrighi. Tome I, page 126.

de Vaux répondit qu'il n'avait pour mission que de surveiller les Anglais ; que quant à ses opérations militaires, elles ne devaient être contraires ni aux Corses, ni aux Génois. Cette déclaration dut rassurer quelque peu le général des Corses ; mais un esprit aussi sagace et aussi pénétrant que le sien n'était pas fait pour se laisser leurrer si facilement et pour croire sincèrement aux assurances de désintéressement et de neutralité du général français ; aussi se tint-il sur ses gardes, sans toutefois faire connaître ses défiances, car il comprenait parfaitement quel était le but de la France ; mais il ne pouvait pas heurter de front une si colossale monarchie : il dut feindre de prendre pour sincères les assurances de de Vaux et attendre. C'est pourquoi, malgré les alarmes et le mécontentement des Génois, des relations amicales s'établirent entre lui et les Français, et ne furent nullement troublées tant que ceux-ci séjournèrent en Corse.

L'arrière-pensée de la France, en occupant les présides pour les Génois, et de leur consentement, sautait aux yeux de quiconque eût voulu observer la marche des affaires avec quelque attention. Les officiers français s'efforçaient de se faire des amis dans l'île, et de former ainsi pour la France un parti qui aurait pu, comme cela arriva en effet, lui être utile en temps opportun. Ce parti se composait évidemment de ceux qui haïssaient Paoli ou qui étaient jaloux de sa gloire et de sa puissance. Tout le monde était tranquille, tout le monde obéissait aux lois, il est vrai, mais des haines anciennes et secrètes couvaient sous la cendre. Les nobles surtout ne pouvaient pardonner à Paoli la perte de leurs privilèges par l'établissement de l'égalité de tous les citoyens, car sous son gouvernement les distinctions étaient seulement accordées au mérite, aux talents et aux services ; et, malheureusement, tout le mérite de quelques-uns de ces aristocrates consistait dans quelques vieux parchemins de famille ou dans quelques armoiries qui tiraient leur origine du roi Théodore.

Il est réellement pénible lorsque, par une longue habitude, on s'est accoutumé à se croire d'un autre sang que le commun des hommes, de se voir, devant l'urne électorale, l'égal de l'ouvrier, du berger et du laboureur : c'est la plus sanglante injure qu'on puisse faire à l'orgueil de la naissance, et ces sortes d'injures ne se pardonnent pas aisément. Ceux-là aussi qui, dévorés par l'ambition et n'étant pas bien partagés sous le gouvernement national, ne trouvaient pas en Corse les moyens de la satisfaire, embrassèrent ce parti et firent des vœux pour que la France fût la souveraine ou au moins la protectrice de leur pays. Comme on le voit, le parti de Paoli c'était le peuple, le peuple avec lequel il s'était pour ainsi dire identifié ; et celui-là ne lui manqua pas. C'est pourquoi le grand homme n'a jamais perdu de sa popularité, de cette faveur publique qui est si inconstante chez la multitude ; mais c'est parce qu'il connaissait son peuple, car il avait fait de l'étude des mœurs et du génie national son occupation de tous les jours.

Les quatre ans que, selon le traité du 14 août 1756, devait durer l'occupation, étant écoulés, les troupes du roi de France remirent, en 1759, aux Génois, les places qu'ils occupaient et rentrèrent en Provence.

Pendant le séjour des Français dans l'île, la tranquillité régna entre les parties belligérantes. Paoli en profita pour améliorer la situation du pays, il organisa comme nous avons vu, les milices, il fonda l'Ile-Rousse, il protégea le commerce et l'industrie, il dota le pays d'utiles créations, enfin « il se passait peu de jours, dit Arrighi, sans qu'il signalât son administration par des projets d'intérêt général, son dévouement à ses compatriotes par la réforme de quelques abus. Il savait qu'en présence d'un ennemi aussi implacable que Gênes, les douceurs d'une paix durable leur étaient interdites. Aussi, n'avait-il garde de s'endormir dans une imprudente indolence. » (1)

Mais ce qui paraît inconcevable, c'est que les Génois ne troublèrent en aucune façon les Corses pendant toute la durée de l'occupation. Ils ne s'opposèrent pas même à ce qu'on fortifiât Furiani, position importante en face de Bastia, qui pouvait leur nuire considérablement dans un temps donné, et qui était pour ainsi dire une sentinelle aux portes de leur principale possession. Faut-il alors penser que les Français étaient venus en Corse seulement pour empêcher toute collision entre les Corses et les Génois ? Mais cette attitude, au lieu d'être utile aux Génois, n'était favorable qu'aux insulaires, puisqu'elle permettait à leur gouvernement, encore naissant, de s'organiser et de se fortifier. Le traité de 1756 promettait cependant d'assurer la domination de l'illustre République. Ou faut-il croire que le gouvernement ligurien était dans l'épuisement le plus complet, et qu'il profitait de ce temps de répit pour remplir son trésor vide et se procurer les trou-

____

(2) Tome I, Ch. V. page 135.

pes qui lui manquaient ? Nous nous arrêterons à cette dernière supposition, et ce qui prouve qu'elle n'est pas sans quelque fondement, c'est que la sérénissime République eut recours à la voie des négociations, après surtout la tentative infructueuse du gouverneur Grimaldi contre Furiani.

Ce poste fortifié incommodait beaucoup les Bastiais. Ne pouvant plus en supporter le voisinage, le gouverneur vint l'assiéger avec deux mille hommes. Après un bombardement de quarante jours, suivi immédiatement d'un assaut général, le gouverneur génois ne put s'emparer des ruines qu'il avait amoncelées, parce que la défense était commandée par l'intrépide Clément Paoli, secondé par les braves André Ciavaldini et Auguste Bonnacorsi qui y trouvèrent la mort. Paoli déplora amèrement la perte de ces deux fidèles amis, de ces deux ardents défenseurs de la patrie. Grimaldi revint à la charge ; mais repoussé une seconde fois, il rentra à Bastia d'où il fut rappelé à Gênes.

Tandis que Paoli relevait les ruines de Furiani et qu'il cherchait inutilement à s'emparer de St-Florent et de Bastia au moyen de quelques intelligences qu'il avait dans ces places avec Gentile et Serpentini, six des plus illustres sénateurs génois faisaient voile pour la Corse.

Ils débarquèrent à Bastia avec une grande pompe, car la République croyait, par cet appareil, imposer du respect aux Corses. Ces sénateurs étaient les messagers de cette Gênes la *Superbe* qui, oubliant son orgueil, venait demander une transaction à ce peuple qu'elle avait jusqu'alors considéré comme un troupeau à exploiter, et qu'elle avait, mais en vain, désigné à l'Europe comme un ramas de malfaiteurs, de rebelles et de sauvages, dignes au moins d'être mis au ban des nations.

A peine débarqués, ces nobles sénateurs entamèrent des négociations avec Paoli et lancèrent une proclamation par laquelle ils promettaient, non seulement prompte justice aux réclamations des Corses, mais encore des franchises, des garanties et surtout des récompenses à quiconque les aurait aidés dans leur œuvre de pacification. Mais les Corses, depuis trop longtemps trompés, ne pouvaient plus croire aux protestations de Gênes, et Paoli, déclinant toute responsabilité, répondit à la commission génoise qu'il allait consulter la Nation, seule maîtresse de décider de la paix ou de la guerre.

En effet, les représentants de la nation se réunirent au nombre de plusieurs milliers au couvent de Saint-François de la Venzolasca, du 11 au 14 mai 1761. On y déclara à l'unanimité

qu'on n'écouterait aucune proposition tant que
les troupes génoises n'auraient pas entièrement
évacué le pays. Voici, d'ailleurs, ce qu'on
trouve au premier article du manifeste du général et du souverain conseil d'Etat du royaume
de Corse à leurs peuples bien-aimés.

« Vescovato, 24 mai 1761.

» I....... Jamais nous ne prêterons l'oreille à
une proposition d'arrangement avec les Génois,
si, préalablement, ils ne reconnaissent notre
gouvernement et ne lui cèdent le peu de places
qu'ils retiennent encore dans le royaume. Une
fois ces préliminaires accordés et exécutés, la
nation Corse et son gouvernement adopteront
les mesures les plus propres et les plus décen-
tes qui leur seront conseillées par leur modération et leur équité naturelles pour accorder
une indemnité convenable aux intérêts de la
république de Gênes. »

Quelques-uns ont voulu croire, ou plutôt
dire, que cette réponse, regardée par eux comme
fière, mais peu prudente, fut l'œuvre de Paoli
voulant repousser la paix qu'on venait lui offrir,
pour ne point faire l'abandon de son autorité
souveraine. Il aurait pu, disaient-ils, en se
mettant d'accord avec Gênes, obtenir pour sa

nation les plus grands priviléges et les plus
sûres garanties, car tout portait à croire que le
sénat génois était réellement revenu de son
système d'oppression à des idées plus justes et
plus modérées ; mais ayant un pouvoir absolu,
il voulait se rendre de plus en plus nécessaire
en ne cessant la guerre qu'à la complète expul-
sion des Génois. Ce reproche tombe devant
l'observation la moins rigoureuse, et tout le
monde comprend que cette déclaration émanait
non de la volonté de Paoli qui, plutôt législateur que guerrier, avait à attendre plus de
gloire dans la paix que dans la guerre, mais
bien de celle de la nation, dont l'irritation contre Gênes était poussée jusqu'au paroxysme.
Cette irritation, la juste défiance des Corses
pour les promesses jusque là toujours falla-
cieuses de Gênes, et le désir de conserver l'indépendance si longtemps souhaitée et désormais conquise, avaient, à mon sens, dicté cette
réponse qui n'était pas tout-à-fait un refus de
négocier, mais qui témoignait d'une ferme
résolution de vouloir avant tout l'indépendance
de la nation, et de ne pas traiter avec leurs
odieux oppresseurs, tant que leurs troupes
occuperaient une partie de l'île, si petite
qu'elle fût.

La Sublime Commission, reconnaissant par

ce refus qu'il devenait désormais impossible de terminer la guerre par la voie des négociations, retourna à Gênes pour y rendre compte de sa mission. On ne s'attendait pas certainement dans le sénat génois au peu de succès de cette tentative de réconciliation qui avait tant coûté à son orgueil. Aussi résolut-il avec colère de se venger exemplairement de ce peuple qui répondait avec tant d'insolence, croyait-il, à ses avances *généreuses*. Mais la réflexion succédant à ce premier mouvement, il s'aperçut bientôt que ses menaces étaient vaines, puisque la République ne pouvait, par elle seule, espérer de réduire à l'obéissance ce peuple enhardi par ses succès et dont le gouvernement solidement assis avait appris à se faire connaître et respecter. Renonçant donc aux moyens coercitifs directs, il eut recours à un moyen peu honorable et qu'il avait déjà employé quelquefois, quoique sans succès : à la guerre civile.

CHAPITRE VI

GUERRE CIVILE SUSCITÉE PAR GÊNES.
ANTOINE MATRA SOULÈVE ALERIA.
ALERIUS MATRA GRAND MARÉCHAL DE GÊNES.
ABBATUCCI, AGITATEUR DANS LE DELA DES MONTS.

Les Corses, après le départ de la Sublime Commission, s'attendaient à un débarquement formidable de troupes et allaient prenant les dispositions nécessaires pour repousser vigoureusement les attaques de Gênes, lorsqu'ils apprirent que la sérénissime République pensait à se faire appuyer dans la guerre par Antoine Matra. Celui-ci se croyait appelé à venger son cousin Emmanuel qui avait payé de sa vie le tort de n'avoir pas su résister à sa folle ambition. Mais quoique aussi ambitieux que lui et disposant des trésors de Gênes, Antoine Matra pouvait encore moins mener à bonne fin son entreprise impie contre le sol sacré de la patrie, par la raison que son parti s'était diminué de beaucoup dans la dernière lutte, et qu'il venait, lui, lever l'étendard de la révolte en faveur des oppresseurs de son pays. D'ailleurs Paoli, dans une lettre écrite au comte Rivarola, le 27 novembre 1761, parle du peu de crainte qu'inspirait cette rébellion, et voici comment il s'exprime : « .... Antonuccio Matra est en mouvement ; mais il ne peut pas nous faire bien du mal. Il m'est pénible qu'il soit votre beau-frère ; du reste, je vous assure qu'il ne pourra faire que peu de bien à Gênes, en comparaison des risques auxquels il s'expose. »

Cependant, confiant dans le concours de Martinetti de Fiumorbo, qu'un grand nombre de bandits reconnaissaient pour leur chef, et dans les intelligences qu'il disait avoir avec le château de Corte, Matra souleva Aleria, Castello et une grande partie de la piève de Serra ; et à la tête de ces hommes, ou mécontents de Paoli, ou séduits par l'appât des récompenses et des grades que Matra promettait, il s'avança du côté de Corte, passant par Tallone et par Moïta, recrutant partout de nouveaux adhérents et grossissant ainsi son armée rebelle. Nicodème Pasqualini, qui commandait les milices stationnées dans cette région, fut obligé de fuir devant l'insurrection toujours croissante et de se réfugier à Zuani où Matra vint l'attaquer.

Mais Clément Paoli n'a pas plus tôt su la marche de Matra et le danger que courait

Pasqualini, qu'il accourt vers Zuani à la tête des milices patriotiques et culbute les Matristes avant même qu'ils aient pu se reconnaître. Matra qui, à tout prix, veut parvenir jusqu'à Corte, se dirige du côté de Venaco où il trouve une résistance à laquelle il ne s'attendait pas, et qui l'oblige à se replier vers Noceta. C'est là qu'il rencontra le vaillant Edouard Ciavaldini et que s'engagea une lutte horrible, où des deux côtés on déploya un courage héroïque. Mais la mort de Ciavaldini découragea tellement les patriotes qu'ils se retirèrent en désordre laissant Matra et les siens maîtres du champ de bataille. Ainsi périt ce vaillant capitaine, l'effroi des Génois et l'un des plus fermes soutiens du gouvernement national. Comme son frère à Furiani, il mourait au champ d'honneur !

Matra songea à tirer parti de l'avantage qu'il venait d'obtenir et à s'avancer vers Corte. Tout en évitant le plateau de St-Pierre, il passa le Tavignano et vint s'établir à Piedicorte.

L'alarme jetée au sein de ces pièves naguère tranquilles, et maintenant en proie à la crainte et à la désolation, par le passage successif des troupes rebelles ou patriotiques, n'avait été que le but des Génois qui avaient tenté cette diversion pour détourner l'attention de Paoli du siége de Macinaggio. Mais cette tentative ne servit qu'à mieux faire connaître à la République, le zèle des populations pour la liberté, et à lui prouver que la nation était dans le cas de poursuivre son engagement avec plus de vigueur que jamais. Paoli abandonna le Cap-Corse pour se porter à la rencontre de Matra, et, secondé par son frère Clément et par Serpentini, il marcha directement sur Piedicorte où se trouvaient encore les rebelles. A peine les patriotes furent-ils à portée des ennemis, que ce cri : mort aux traîtres, honte aux partisans de l'étranger ! annonça le commencement du combat. Ce cri formidable en même temps qu'il glaçait d'épouvante les partisans de Matra, enflammait de courage et de confiance les soldats de la patrie. La bataille fut terrible et sanglante. Matra, qui s'était fortifié dans l'église Ste-Marie, y fit des prodiges de valeur, mais il ne put résister à l'impétueux élan de Clément Paoli et des siens qui parvinrent à le déloger de l'église et à le mettre en fuite. Mais cette fuite n'eut rien de honteux pour le vaincu qui ne céda réellement le terrain que lorsqu'il se vit dans l'impossibilité de s'y maintenir.

Paoli, qui voulait en finir, ne laissa pas de repos aux fuyards : il les rejoignit, le soir même, dans la pière de Campoloro. Ils se replièrent

alors vers Piedicorte, mais les forces que Paoli
y avait laissées les obligèrent à rebrousser chemin ; et après un combat à Tallone, où Panzani, devenu chef de parti, eut le dessous, ils
furent contraints d'aller se renfermer dans le
fort d'Aleria.

Le sénat de Gênes, quoique humilié et pour
ainsi dire anéanti par la tentative infructueuse
d'Antoine Matra, n'en persista pas moins à
rallumer de nouveau le feu de la guerre civile
dans ce pays, objet de toute sa haine, bien que
plusieurs sénateurs, guidés par la raison ou
par leurs sympathies pour les Corses, se fussent
opposés à de nouveaux armements ou à de nouvelles tentatives d'insurrection. Ils avaient même
opiné pour le retrait des troupes génoises qui
étaient encore dans l'île et pour l'abandon final
d'une possession qu'ils prévoyaient leur devoir
échapper infailliblement, soit par la persévé-
rante bravoure des Corses, soit par l'intervention de quelqu'une des puissances européennes
dont presque toutes s'étaient prononcées en
faveur d'un peuple opprimé, combattant pour
ses droits et pour la liberté. Cette diversité
d'opinions suspendit pour quelque temps la
décision ; mais enfin l'avis contraire prévalut,
et la guerre, mais la guerre civile, fut décidée.
Alérius Matra, collègue de J.-P. Gafforj, et en-

suite colonel au service de la Sardaigne, homme
pétri de vanité et jaloux d'honneurs, de distinctions et de titres, fut choisi par la République pour aller tenter un dernier effort contre le
gouvernement que la Corse s'était librement
donné et pour y substituer l'autorité de Gênes.
On lui conféra le titre de *grand-maréchal* et on
lui donna de l'or à profusion pour acheter ceux
qui hésiteraient à s'enrôler sous la bannière de
l'insurrection. Ce fut donc pourvu de titres et
d'or que Matra débarqua à Aleria pendant l'été
de 1762. A son appel, ses partisans de Tavagna
et de Castello se soulèvent et se livrent à des
violences contre les personnes et à des ravages
sur les propriétés ; mais bientôt, vaincus et mis
en fuite, ils n'osent plus se montrer en armes,
accablés qu'ils sont par les rigueurs déployées
à leur égard.

Malgré ce premier insuccès, Alérius ne dé-
sespère pas, et, secondé par le major Bustoro,
il rentre en campagne en janvier 1763. Partant
d'Aleria, il occupe Tallone et toute la piève de
Serra, puis il se dirige vers Antisanti, où il se
croit en sûreté à cause de la situation de ce
village ; mais Jean-Charles Saliceti, qui avait
demandé et obtenu l'honneur de le combattre
à cause d'une lettre qu'Alérius lui avait écrite
pour l'engager à quitter Paoli, lettre qu'il fit

brûler publiquement par les mains du bourreau, alla l'attaquer jusque dans ce lieu que Matra croyait inexpugnable. Il l'obligea à fuir et à mettre les remparts d'Aleria entre lui et les patriotes qui, commandés par Jean-Thomas Arrighi et Luc Alessandrini, le poursuivirent vivement. Désespérant de rallier ses adhérents découragés et écrasés, il se retira à Bastia d'où il ne revint plus troubler la tranquillité publique, trois fois compromise par l'ambition d'une seule famille.

Matra, en fuite, laissa en proie à la colère du vainqueur ses partisans qui, aux termes des statuts criminels, étaient passibles du dernier supplice pour crime de soulèvement à main armée. Déjà on s'attendait aux plus grandes rigueurs : le ton sévère du manifeste du général et du conseil suprême, et les dispositions de la junte de guerre déjà prompte à sévir contre eux, ne le faisaient que trop craindre ; mais Paoli, dont la magnanimité n'était pas ordinaire, sentant que ces malheureux étaient beaucoup plus à plaindre qu'ils n'étaient coupables, fut le premier à élever la voix en leur faveur et à adoucir l'effet des lois à leur égard. Un pardon général leur fut accordé ; on confisqua seulement les biens des principaux rebelles. Paoli avait compris qu'une amnistie ferait de ces complices de l'étranger, ou plutôt de ces hommes séduits ou égarés, des citoyens fidèles et dévoués.

Il est bien douloureux de voir des frères lutter contre des frères et dépenser des trésors de sang et de courage pour favoriser une cause étrangère, et combattre à outrance la patrie, parce que le gouvernement n'est pas entre leurs mains et que c'est un rival qui a obtenu la préférence. Funeste ambition, jusques à quand frapperas-tu les hommes d'aveuglement et leur feras-tu oublier les devoirs les plus sacrés! Au moment où plus que jamais la patrie avait besoin de l'appui et du concours de tous ses enfants, au lieu de se donner la main pour être plus forts, ces enfants se séparent et affaiblissent leurs forces pour donner à leurs éternels ennemis plus de facilité de les dompter et de les soumettre à la plus dure oppression.

Que ceux qui, aujourd'hui, ne reculent pas devant la guerre civile pour assurer le triomphe des idées subversives de l'ordre social, considèrent un peu les malheurs produits, dans notre pays, sous l'administration de Paoli, par ceux qui, préférant leurs propres avantages à l'intérêt général, la satisfaction de leur ambition à la liberté de leur patrie, combattaient pour soumettre de nouveau leur pays à l'abrutissant despotisme de Gênes; que ceux-là, dis-je, apprennent, par l'exemple des Matra, je ne dirai pas à renier leurs idées ou à faire le sacrifice de leurs opinions, mais qu'ils les gardent au fond du cœur plutôt que de troubler le repos public sous le prétexte vrai ou spécieux de faire le bien du peuple. S'ils ne veulent pas voir les avantages du système politique sous lequel nous vivons, qu'ils apprécient au moins la justesse de cet adage : *le mieux est l'ennemi du bien*, et en renonçant à l'adoption immédiate de leurs utopies, ils auront contribué au bonheur du peuple, qu'ils disent être le but de leurs efforts, car ce que le peuple désire avant tout c'est la tranquillité, c'est du pain.

Ce ne furent pas seulement les Matra qui, par ambition, troublèrent la tranquillité publique, mais d'autres aussi, dans la partie ultramontaine, tels que les Colonna et les Abbatucci. Ce dernier surtout la compromit sérieusement : il aspirait à la suprématie dans sa piève de Talavo et dans les pièves limitrophes d'Istria et d'Ornano où il avait pour rival J.-B. Ornano. Lui, au moins, s'abstint de recourir aux armes étrangères. Il voulait primer, mais, dans sa noble fierté, il voulait ne rien devoir à l'étranger, surtout à l'odieuse république de Gênes. Pour éviter toute agitation dans cette partie de l'île, Paoli dut faire usage de tout son pouvoir et prendre des mesures énergiques contre ces perturbateurs; le château de Corte fut le séjour, pendant quelque temps, des deux rivaux ultramontains. Ils furent relâchés lorsque toute défiance eut cessé ou, pour mieux dire, lorsque des précautions suffisantes furent prises par la junte d'observation. Abbatucci, pour ne pas rester sous une surveillance qui le blessait, se retira en Italie; mais ne pouvant supporter l'amertume de l'exil, il vint se présenter en toute confiance au chef de la nation, qui le laissa en liberté. Par ce trait généreux, Paoli s'acquit un ami fidèle et procura à la patrie un courageux et vaillant défenseur.

Tout tendait donc à rentrer dans le calme sous une administration aussi forte que sage et paternelle et à jouir des avantages qu'elle assurait et protégeait. (1) Ecoutons Paoli le dire lui-même au comte Rivarola, en date du 2 dé-

---

> *Parlâr le leggi, ed il delitto sparve,*
> *Fiorir costumi, e de' bei studj al chiaro*
> *Fulgor le cieche d'ignoranza larve*
> *   Si dileguáro.*

Vincenzo Giubega, *Ode pour le retour de Pascal Paoli dans sa patrie en 1790.*

Les lois parlèrent et le crime disparut; les bonnes mœurs fleurirent, et, à la brillante clarté des fortes et belles études, les ténèbres de l'ignorance se dissipèrent.

cembre 1763 : «Hier soir, je suis revenu de delà
des monts, et j'ai laissé ces provinces tranquilles
et administrées dans la même forme que celles
de deçà. Tout le royaume, Dieu merci, est dans
la plus grande harmonie, et obéit au souverain
gouvernement.» Il n'y eut même pas jusqu'aux
bandits de Fiumorbo au nombre d'environ 150,
qui, s'exagérant leur patriotisme parce qu'ils
protestaient de ne jamais embrasser le parti des
Génois, ne voulussent faire leur paix avec le
gouvernement. Ils firent présenter, dans le congrès, tenu à Corte le 24 novembre 1762, une
supplique pour obtenir leur pardon. Mais Paoli
qui avait en haine encore plus les bandits que
les coupables d'homicide, pensant bien que la
forêt, séjour de ces malheureux, était un nid où
se multipliait le crime, ne voulut pas même en
entendre parler. Il voulait qu'ils se soumissent
aux lois pour subir la peine due à leurs méfaits.
La loi ne doit point transiger avec le crime.

Le banditisme et le vol étaient tellement en
horreur sous le gouvernement de Paoli que,
étant parvenu à la connaissance du général et
du conseil suprême que plusieurs proscrits et
bandits, sujets de S. M. Sarde, se livraient au
vol d'abigéat, et que, encouragés par la protection qu'on leur accordait à Ajaccio et à Boni-
faccio, présides encore occupés par Gênes, ils

transportaient même dans l'intérieur de l'île le bétail et les autres choses volées, Paoli, par respect pour le roi de Sardaigne qui toujours avait été bienveillant envers les Corses et leur avait même donné des secours, lança un édit foudroyant contre les receleurs, les menaçant de toute la rigueur des peines arbitraires qu'il avait pouvoir d'appliquer. «Nous ne laissons pas de mettre sous les yeux de nos peuples, y était-il dit, que de l'exact accomplissement de cet ordre dépend encore l'honneur de la nation corse, parce que de cette manière chacun se convainc davantage de l'aversion naturelle que chaque Corse a pour le vol et pour le voleur. — Corti, 11 juin 1763. »

CHAPITRE VII

TRAITÉ DE COMPIÈGNE. — ARRIVÉE EN CORSE DU
COMTE DE MARBEUF AVEC SIX BATAILLONS.
PRISE DE L'ILE DE CAPRAJA PAR LES
CORSES. — AMBASSADE TUNISIENNE.

Si la République voyait échouer toutes ses
tentatives contre le gouvernement de Paoli, elle
ne désespérait pas cependant de reconquérir
dans l'île l'autorité qu'elle y avait perdue depuis
bien longtemps. Quoiqu'elle vît son trésor épuisé
et son armée peu nombreuse et surtout démo-
ralisée, elle se sentait cependant riche en expédients politiques. Mais quelles que fussent ses
ressources en ce genre, elle se voyait toutefois
dans l'impuissance d'attaquer de front ce peuple
qui, depuis 1729 surtout, lui avait fait subir des
échecs sans nombre et l'avait presque réduite à
rappeler le peu de troupes qu'elle avait encore
dans les présides maritimes. Elle résolut de tenter un dernier effort en appelant à son secours
un puissant auxiliaire : elle tourna ses manœuvres vers la France qui déjà plusieurs fois lui

avait donné des preuves de sa protection. Elle
entama donc, à cet effet, des négociations avec
le cabinet de Versailles.

Le duc de Choiseul, principal ministre de
Louis XV, avait déjà bien avant cette époque
tourné des regards avides vers la Corse qui était
si fort à sa convenance, surtout dans les vues
qu'il avait de rendre la France maîtresse de la
Méditerranée, et de la relever, par l'acquisition
de cette île, aux yeux de l'Europe, après la perte
de ses colonies de l'Amérique et des Indes. Il
vit avec plaisir les embarras de son alliée et
s'empressa de prêter l'oreille aux prières de
l'ambassadeur génois, d'autant plus que tout en
offrant à la France le moyen de se libérer d'une
dette de plusieurs millions contractée envers
Gênes, à l'époque de la guerre de sept ans, cette
république courait elle-même au-devant des vues
de la France qui avait conçu l'espoir de la sup-
planter dans ses prétendus droits.

Plein de cette pensée, le chef du cabinet français soumit ses vues à son auguste maître. Celui-ci, plus occupé de ses plaisirs et des intrigues de sa cour que des affaires importantes de
son royaume, lui laissait le soin de se tenir au
timon de l'Etat. Voici, à peu près, la substance
du discours qu'il lui tint en cette circonstance :

« En temps de guerre, cette île serait un point

essentiel pour la protection du commerce de la
France dans le levant. Sa possession nous donnerait la facilité de faire la loi à toutes les côtes
de l'Italie; et les marines de France et d'Espagne (ces deux nations étaient unies par le pacte
de famille) pourraient, à un moment donné,
combattre avantageusement l'Angleterre dans
l'Océan et l'opprimer dans la Méditerranée.
Cette possesion coûterait infiniment moins, tandis qu'elle donnerait beaucoup plus qu'une île
de l'Amérique, très difficile et très coûteuse à
défendre en temps de guerre; elle serait même
plus utile à la France que le Canada, surtout
pour la commodité de ses ports et pour les ressources qu'elle nous offrirait en bois de construction pour la marine. Ces avantages n'ont
pas échappé aux Anglais; mais ils n'ont pu que
témoigner un mécontentement impuissant. »

Les raisons de son ministre, exposées avec
habileté, convainquirent sans peine Louis XV,
qui signa à Compiègne, le 7 août 1764, un traité
avec Gênes, par lequel la France s'engageait à
faire occuper, par ses troupes, pendant quatre
ans, les présides qui étaient encore en possession de Gênes, et à lui garantir les conditions
de la paix qu'elle s'efforcerait de lui procurer
avec le royaume de Corse. La République aussi,
de son côté, s'engageait à fournir aux troupes

d'occupation le logement, le chauffage et le fourrage. Ces troupes devaient se trouver isolées des troupes génoises et garder la plus complète neutralité entre les Génois et les Corses.

Ce traité resta secret pendant quelque temps; mais la rumeur publique en apporta la nouvelle jusqu'aux oreilles du général qui ne pouvait en croire l'existence, tant cela lui semblait contraire au droit des gens et à l'honneur de la France. Cependant, comme cette nouvelle prenait de jour en jour de la consistance, il commença à en être vivement inquiété; tellement vrai qu'en écrivant, le 13 septembre 1764, à donna Maria-Domenica Rivarola, laquelle, animée d'un grand amour de la patrie, se tenait au courant des affaires, quoiqu'elle fût enfermée dans un cloître, Paoli lui exprimait ses sentiments en ces termes : « On assure le prochain débarquement de quelques troupes françaises dans les présides. Voudriez-vous savoir s'il en viendra à Saint-Florent? Pour moi, je ne saurais vous le dire. La raison s'y opposerait; mais très souvent la force est supérieure à la raison. Nous verrons ce qu'il en sera. » Et deux jours plus tard: «Ici l'on croit que la venue des Français est imminente. Je crois cependant que ce ne sera pas de sitôt, et encore moins qu'ils viennent, comme on le proclame, pour traiter à l'amiable

un arrangement entre les Génois et nous. Ceci
ne peut se traiter et encore moins se conclure
qu'avec une force qui nous détruise, ce qui serait injuste et inhumain. »

Les journaux enfin apportèrent la nouvelle
certaine du débarquement des troupes françaises. Paoli croyant nécessaire d'en informer la
nation, convoqua immédiatement en consulte
les notables de l'île, lesquels se réunirent dans
le mois d'octobre 1764. Voici les déterminations
qui y furent prises à l'unanimité : « I. Il sera
formé, par les soins du gouvernement, une junte
de guerre chargée de veiller à l'exacte et rigoureuse observation de l'art. 35 de la dernière consulte générale, portant prohibition du commerce
des nationaux avec les habitants des présides
ennemis, et de ceux-ci avec les ports et mouillages de la nation. — II. Pour éviter les atten-
tats contre la confiance et la bonne foi des Corses, dont les Français se sont rendus coupables,
pendant la dernière occupation, soit par la surprise des tours de Padulella et d'Alziprato, soit
par la remise de St-Florent entre les mains des
ennemis, il sera défendu à tout Français de pénétrer dans l'intérieur de l'île sans être nanti
d'un passeport du général de la nation. — III.
Toute proposition d'accommodement avec la
République sera absolument rejetée si avant tout

on n'a accordé et exécuté les préliminaires proposés par la consulte générale de Casinca, en l'année 1761. — IV. Son Exc. lé général est chargé de faire au nom de la nation une respectueuse remontrance à S. M. T. C. relativement aux dommages causés à la nation corse par la mission de ses troupes dans l'île en un temps où les Corses, profitant de l'extrême faiblesse de leurs ennemis, étaient sur le point de les expulser entièrement de l'île. — V. Et pour que cette remontrance produise son plus grand effet, le général est chargé de s'adresser aux puissances protectrices et amies de la nation en les suppliant de vouloir employer leur médiation auprès de S. M. T. C. et de continuer à la nation leur haut patronage pour la conservation de ses droits et de ses prérogatives de liberté et d'indépendance. »

Six bataillons français, commandés par le comte de Marbeuf, débarquèrent en Corse en décembre 1764. Après avoir laissé à Ajaccio le général de la Tour-du-Pin avec quelques troupes, le général en chef alla mettre garnison à Calvi, à Algajola, à St-Florent en ce moment assiégée par les Corses, et vint établir son quartier général à Bastia.

On sera étonné de voir les puissances européennes de premier ordre sembler ne point s'inquiéter de l'intervention de la France dans les affaires de la Corse, sur lesquelles tous les yeux étaient fixés depuis quelque temps. Elles savaient cependant que cette intervention n'était nullement désintéressée, et qu'au contraire c'était un acheminement vers une possession définitive. Mais en considérant la position dans laquelle se trouvait alors l'Europe, ou du moins les puissances intéressées à contrebalancer l'influence française, on comprendra aisément pourquoi l'Autriche et l'Angleterre n'osèrent en faire une question de guerre. C'est que l'Autriche, quoiqu'elle eût à craindre pour ses dépendances de l'Italie, avait besoin de se maintenir dans les bonnes grâces de la France. L'Angleterre, se relevant de sa longue et désastreuse guerre de *sept ans*, quoique glorieuse pour elle, se trouvait engagée avec la France et l'Espagne par le traité de Paris (1763), et n'avait pas envie de lutter de nouveau contre la France, unie par le pacte de famille avec les souverains d'Espagne et des Deux-Siciles, tous membres de la famille de Bourbon, ni compromettre sa tranquillité pour protéger et soutenir un petit peuple, malgré ses sympathies et son estime pour lui.

Eh ! quel peuple de l'Europe, moins Gênes, n'avait-il pas de sympathies pour les Corses et de l'estime et de l'admiration pour leur général législateur ? Le roi de Prusse, le grand Frédéric, envoyait à Paoli, en témoignage de sa haute estime, une épée dont la lame portait ces mots : *Patria-Libertas*. Un grand poète italien, Vittorio Alfieri, lui dédiait, mais plus tard, une tragédie intitulée : *Il Timoleone*. De toutes parts, enfin, il recevait des manifestations bienveillantes d'approbation et d'encouragement.

Toutes ces adhésions qui, pour plus d'efficacité, auraient dû être accompagnées de secours matériels, suffirent au grand homme pour le maintenir constamment dans la croyance des droits de son peuple et dans la voie du progrès, mais ne suffirent pas pour le tranquilliser sur le résultat de cette invasion de la Corse par les troupes françaises, invasion qui était blâmée et par toute l'Europe et par les hommes d'Etat même de la France, qui reconnaissaient que la force seule était du côté de leur patrie, tandis que la justice et le droit étaient pour la Corse.

Fortement attachés à leurs droits, les Corses durent naturellement s'indigner de la conduite de la France qui venait mettre un terme aux progrès de leurs armes et semblait vouloir leur imposer ses volontés par la force et non par la raison. L'âme du grand homme aussi dut être profondément navrée de voir, au moment où il croyait avoir accompli l'entière délivrance de son pays, une puissance colossale prendre fait et cause pour les oppresseurs, tandis qu'aucune puissance européenne n'osait prendre la défense des opprimés. *Pauvre humanité* ! s'écriait-il, et avec raison.

Ce qui déplaisait le plus à Paoli, ce n'était pas autant le fait que le procédé. Il n'avait rien à espérer de ce silence que gardait la France à justifier son intervention armée. Ce qui était arrivé sous les Maillebois, sous les de Cursay, pensait-il, allait probablement se produire de nouveau sous de Marbeuf, c'est-à-dire que les Corses devaient s'attendre à passer encore sous l'odieuse domination génoise, car on ne pouvait penser que le ministre de France usât de détours pour conserver pour son roi ce que les soldats français n'allaient garder qu'à titre de dépôt. N'aurait-il pas mieux fait d'aborder directement la question? Les Corses n'avaient jamais montré d'antipathie pour la France ; au contraire, ils avaient toujours aimé et respecté le nom français ; ils proclamaient la France la plus vertueuse, la plus honorable et la plus aimable nation du monde ; en s'adressant au roi, ils le disaient maître absolu de leurs personnes et de tout ce qu'ils possédaient. Autrefois même, ils avaient désiré d'être incorporés à la France, ou tout au moins de vivre sous son protectorat, pourquoi l'auraient-ils refusé aujourd'hui ? Mais ce qui blessait l'orgueil des Corses, ce qui choquait leur juste fierté, c'était le manque de franchise de la part du cabinet français, c'était le ton hautain du duc de Choiseul. Ce ne fut que la conduite du ministre qui fit paraître inique aux Corses ce qu'ils avaient autrefois désiré avec ardeur. Ils comprenaient que leur intérêt était d'appartenir à la France, mais leur fierté était froissée et ce fut leur fierté qui les poussa au combat.

Quoique résolus à tout sacrifier plutôt que de reconnaître l'autorité de Gênes, les Corses, en attendant le résultat des démarches du général auprès des cours de France et des autres puissances européennes, firent bon accueil aux troupes de Marbeuf, lorsque surtout celui-ci eut assuré à Paoli qu'il avait ordre de garder la plus parfaite neutralité. Sur les instances du général français, des marchés furent ouverts deux fois par semaine, le mercredi et le samedi, dans les environs des villes occupées par les troupes françaises, afin qu'elles pussent y venir acheter tout ce qu'elles ne pouvaient se procurer dans les présides, tels que viande, gibier, laitage, des fruits et autres comestibles, excepté du blé, des châtaignes, de l'huile et du vin. A ces marchés, surveillés par une garde corse, n'étaient pas admis les habitants des présides; et pour empê-

cher la contrebande des marchandises présidien-
nes, les Français ne pouvaient y acheter qu'au
comptant. Des rapports de bonne amitié s'établirent entre Paoli et de Marbeuf, entre les Corses et les officiers français dont plusieurs obtinrent la permission de voyager dans l'intérieur.
Le général français même, en se rendant par
terre de Bastia à Ajaccio, fut reçu à Corte avec
des honneurs au-dessus de ceux ordinairement
accordés à son rang. La bonne entente enfin ne
cessa de régner entre les Corses et les Français
pendant toute la durée de l'occupation.

Par le fait de la présence des troupes françaises dans l'île, les Corses ne pouvaient plus pousser leurs agressions contre les présides, ni tenter
rien de contraire aux Génois dans l'île ; mais ils
ne renoncèrent pas pour cela à leur causer tout
le mal possible. Déjà, depuis le commencement
de son administration, Paoli avait songé à tirer
profit des immenses forêts de l'île et de ses ports
pour créer une marine qui pût, non seulement
favoriser et protéger le commerce insulaire, mais
encore contrarier celui des Génois s'efforçant
d'interdire l'accès des ports aux navires des autres nations qui venaient y trafiquer et de donner la chasse aux bâtiments corses portant pavillon de la nation. En 1760, un manifeste du
général et du souverain conseil accordait à tout

national qui voudrait armer en course contre les Génois et leur pavillon, la faculté d'arborer le pavillon de la nation après avoir toutefois obtenu des lettres de marque et les instructions nécessaires. La même faculté était accordée à tout étranger qui voudrait armer pour le même but. On lui garantissait tous les privilèges que l'on accorde ordinairement aux armateurs en pareilles circonstances. Ce manifeste, comme pour faire ressortir la loyauté et la générosité des Corses, se terminait ainsi : « Contraints à faire la guerre, même par mer, à la République, notre ennemie, nous protestons néanmoins de vouloir user du plus grand respect et des égards possibles envers les princes de l'Europe, et de vouloir pratiquer et observer les lois et les coutumes introduites et admises dans la guerre maritime, même envers les Génois, quand ceux-ci, par les procédés irréguliers et inhumains qu'ils sont trop habitués à employer, ne nous contraindraient pas à nous départir de cette résolution. ».

Un italien, habitant Livourne et marié à une femme corse, fut le premier qui construisit un bâtiment. Son exemple fut suivi par d'autres, et on se servit ensuite des grosses barques capturées sur les Génois, pour les armer et les tourner contre eux. Le pavillon de la Corse fut reconnu par toutes les puissances et le commandement supérieur des bâtiments de l'île fut donné avec le titre d'amiral à un chevalier de Malte, français d'origine, le comte Pérès, qui donna d'abord une vigoureuse impulsion à la marine corse, mais qui trahit ensuite.

Les progrès de la marine insulaire ne tardèrent pas à alarmer le commerce génois. On vit, chose surprenante, des corsaires sur de frêles barques armées, donner la chasse à de gros navires et leur faire des prises considérables. Aussi, fut-ce sous l'impression de l'effroi qu'éveillait dans leurs cœurs l'apparition de quelques voiles corses sur leurs rivages qu'ils armèrent, mais en vain, contre leur patrie, les deux derniers Matra.

Protégés par leur petite marine qui, comme nous l'avons dit, commençait à devenir importante, et arrêtés à l'intérieur par la présence des Français, les Corses songèrent à porter au dehors la guerre contre la République. L'expédition contre Capraja (1) fut décidée et exécu-

---

(1) Capraja, petite île de huit kilomètres de tour, est située à trente kilomètres nord-est de la Corse. Elle a pour capitale une petite ville du même nom. Le nom de Capraja a été donné à cette île à cause des nombreuses chêvres sauvages que l'on y rencontre.

tée sous le commandement de J.-B. Ristori et d'Achille Murati auquel, selon l'expression de Napoléon dans une lettre écrite en 1793, « il ne manqua pour devenir un Turenne que les circonstances et un théâtre plus vaste. »

Cette île dépendait autrefois de la Corse, comme fief de la famille da Mare, seigneurs très influents du Cap-Corse, dont l'un d'eux, Giacomosanto, périt glorieusement à la bataille de Tenda sous Sampiero. La forteresse qui la dominait, bâtie en 1488, fut attaquée, le 15 février 1767, par deux cents hommes de troupes régulières auxquels s'étaient joints plusieurs jeunes volontaires des principales familles de la Corse. Elle capitula honorablement le 29 mai de la même année, en présence de quarante bâtiments génois de toutes grandeurs qui semblaient, à cause des dispositions prises par les chefs de l'expédition insulaire, n'être venus que pour assister de loin au triomphe des Corses. Parmi les articles de la capitulation, on remarquait celui-ci : « ..... 7° Il sera défendu à M. le commandant (Bernardo Ottone) ainsi qu'aux officiers et soldats présents dans le fort, de servir la République de Gênes pendant un an et un jour, en aucune action contre les Corses, soit par mer soit par terre ; en faisant autrement ils devront encourir les peines militaires ».

— « Il convient, peuples bien-aimés, disait
Paoli dans un manifeste à la nation, le 5 juin
suivant, il convient que cet important événement qui nous donne tant d'avantages sur nos
ennemis, soit accompagné des publiques dé-
monstrations de notre commune allégresse et
des plus solennelles actions de grâces envers
la divine Bonté », et il ordonnait à cet effet des
prières publiques dans toutes les paroisses de
l'île, « afin que le Seigneur continue, disait-il,
à manifester sa divine assistance sur toutes nos
entreprises qui ont pour objet la tranquillité et
la paix de nos peuples. »

Ce fut quelque temps après ce fait d'armes
glorieux pour les Corses que le bey de Tunis
envoya une ambassade extraordinaire au général Paoli, tant pour lui témoigner son admiration pour la manière dont il soutenait la cause
de sa patrie, que pour lui exprimer sa reconnaissance à raison du bien qu'il avait fait à un
bâtiment de sa régence. En effet, ce bâtiment
s'étant échoué sur les côtes de l'île, quelques
paysans les prenant pour des écumeurs de mer,
profitèrent de leur mésaventure pour s'emparer
de la cargaison et retenir prisonnier tout l'équipage. Paoli n'eut pas plus tôt su ce qui était
arrivé qu'il ordonna de remettre en liberté les
marins, de renflouer le bâtiment et de le ra-

douber. Il renvoya ensuite au bey, sous la conduite de deux officiers, l'équipage auquel il avait fait rendre la cargaison. L'envoyé tunisien vint trouver le général à Corte, et en se présentant à lui, il porta, selon l'usage des peuples barbaresques, la main au front et lui dit : *le bey mon maître te salue et te veut du bien*. Il lui offrit ensuite en présent un cheval arabe avec une selle brodée, une bride et des étriers d'argent, un couple d'autruches et un tigre.

Malgré les préoccupations de la guerre soutenue à l'extérieur, malgré les soucis que lui donnait la présence des Français dans l'île, Paoli ne cessa pas un seul instant de s'occuper de la prospérité de son pays. Et tandis que les Corses voyaient aller à merveille les affaires de l'intérieur et qu'ils espéraient être bientôt délivrés et des Génois et de la présence importune des Français, Gênes se trouvait dans la plus profonde consternation par suite de la reddition de Capraja, en présence même de la flotte génoise. Le sénat ne savait plus quels moyens tenter pour conserver une possession qu'il était de son honneur de ne pas abandonner et qui lui coûtait cependant si cher. Accoutumé à tirer parti des temporisations, il espéra dans l'action du temps et dans le savoir-faire de son ambassadeur à Versailles. Paoli, pendant ce temps, entretenait une correspondance avec le ministre dirigeant de France, sur les affaires de l'île, correspondance dont nous allons donner le sommaire dans les deux chapitres suivants.

CHAPITRE VIII

CORRESPONDANCE DE PASCAL PAOLI
AVEC LE DUC DE CHOISEUL, MINISTRE DIRIGEANT DE FRANCE.

Les troupes françaises, comme nous l'avons déjà dit, débarquèrent en Corse dans le mois de décembre 1764. Mais le ministre de France n'eut garde d'en informer le chef de la nation corse. Celui-ci écrivit, le 5 janvier suivant, à la cour de Versailles pour se plaindre de l'occupation française, surtout de l'entrée des Français à St-Florent, assiégée par les nationaux qui étaient sur le point de s'en emparer. Il priait en même temps le duc de Choiseul de lui déclarer quel était le but de cette expédition ; il disait enfin que le gouvernement national se verrait obligé d'en appeler à tous les souverains de l'Europe.

Le ministre français, en répondant à Paoli, le 12 février de la même année, lui disait que le ministère de France avait lieu de croire que M. de Paoli, général de la nation corse, ren-

drait justice avec reconnaissance aux sentiments pacifiques du roi et aux dispositions favorables de S. M. pour calmer définitivement les
troubles qui inquiétaient le royaume de Corse ;
que la république de Gênes avait proposé au
roi, il y avait plus d'une année, de lui prêter
des troupes, mais que le roi, rebuté d'avoir
tenté sans succès à plusieurs reprises la pacification de la Corse, n'avait point acquiescé
aux vives sollicitations de la République ; que
le ministre de Gênes continuant ses instances,
S. M. avait enfin consenti, d'après un traité
conclu avec la République, à faire occuper les
presidii d'où les troupes génoises devaient sortir pour que la pacification éprouvât moins
d'entraves. Cette lettre se terminait ainsi : « Le
ministre du roi ne peut pas dissimuler au général Paoli et à la nation corse que, si par les
effets et par l'établissement de la communication entre les troupes françaises et la nation
Corse, elles n'étaient pas suivies du succès que
S. M. a lieu d'en attendre, le roi prendrait des
mesures pour faire respecter et mettre dans
l'aisance les troupes qu'il a envoyées et qu'il
enverrait en Corse. »

Comme on le voit, le ministre de France ne
ménageait pas beaucoup la fierté du peuple
Corse, et les termes hautains de sa dépêche

n'étaient pas de nature à lui concilier la confiance du général et de la nation. Cependant, Paoli ne se trouvant pas en position de relever ce ton menaçant, et n'ayant aucun intérêt à refuser des approvisionnements aux troupes françaises qu'on lui assurait devoir rester neutres, ouvrit, comme nous l'avons vu, des marchés dans le voisinage des présides.

Et le 12 mars de la même année, il répondait au duc de Choiseul, en italien (la langue française n'était pas encore la langue diplomatique) que, avec tout le désir qu'il avait de répondre à une si gracieuse invitation de travailler à la pacification des deux peuples, il ne pouvait cependant se départir des ordres de la consulte générale de Casinca de 1761, où l'on avait décidé qu'on n'écouterait aucune proposition d'accommodement. avec les Génois que ceux-ci ne reconnussent l'indépendance de la Corse et ne cédassent les places qu'ils possédaient encore dans l'île ; que, dans le cas où la République persistât à ne pas vouloir accepter une si plausible ouverture d'accommodement, il se promettait que S. M. T. C. interposerait son autorité royale pour l'obliger à adhérer aux propositions fondées sur lesdits préliminaires ; mais que, si la médiation du roi ne produisait pas son effet, par le refus de Gênes, il espérait que le ministre voudrait représenter à S. M. combien il serait juste de retirer au plus tôt ses troupes de la Corse, laissant au sort des armes le soin de trancher la grande question qui divisait depuis si longtemps les Corses et les Génois.

Le duc de Choiseul, par sa lettre en date du 21 mai 1765, accusait réception de la dernière lettre de Paoli, à laquelle étaient joints un mémoire que ce dernier comptait adresser à différentes cours étrangères, et un autre mémoire particulier pour le roi, lesquelles pièces le ministre disait avoir remises sous les yeux du souverain et de son conseil. « Sa Majesté, continuait-il, m'a permis de vous répondre de sa part, que l'unique objet de l'envoi de ses troupes dans l'île de Corse est, pendant le temps que les dites troupes doivent y rester, de chercher à procurer à la nation corse, sous sa garantie, la tranquillité et la liberté qu'elle désire d'après la clause du décret solennel de l'assemblée générale tenue en Casinca, en l'année 1761 ; bien entendu que la seconde partie de ce décret, où il est dit que « la nation corse et son gouvernement prendront toutes les mesures propres et convenables, qui leur seront conseillées par leur équité et leur modération naturelle, pour accorder aux Génois tout ce qu'ils croiront nécessaire à la *gloire* et aux intérêts de la République » sera fidèlement observé comme principe dans la négociation et dans ses suites. S. M., en voulant bien mettre sous sa garantie la sûreté et la liberté de la nation corse, veut aussi procurer à la république de Gênes, son ancienne alliée, tout ce qui pourra être accordé à la *gloire* et aux intérêts de la dite République. » Il promettait d'appuyer la clause de l'article du décret solennel de l'assemblée générale de 1761, à moins que le général Paoli et la nation corse ne voulussent perpétuer les troubles pour des intérêts particuliers, car alors le roi n'aurait rien à négocier avec eux.

De Choiseul promettait des secours pécuniaires aux Corses s'ils se montraient dociles aux conseils de S. M. Il offrait au général Paoli ou à son frère la propriété du régiment Royal-Corse, en lui disant que S. M. serait enchantée de le voir entrer à son service. Il lui disait en outre que, pour abréger considérablement la besogne, il serait à propos et sage d'envoyer auprès de lui un homme sûr, informé des intentions du général et de celles de la nation, et il lui désignait pour remplir ces fonctions M. de Buttafoco qu'il estimait beaucoup, disait-il, et auquel le roi comptait donner la place de colonel au commandement du Royal-Corse.

Paoli répondit à cette lettre, le 17 juin suivant, en donnant son adhésion pleine et entière à ce que le ministre lui avait communiqué dans la lettre qui lui annonçait que S. M. prendrait pour base du traité les préliminaires proposés en 1761, mais à la condition, toutefois, disait Paoli, que l'on ne donnerait aux termes de la seconde partie de la clause d'autre signification que celle des termes italiens par lesquels elle était exprimée. Cette réserve s'appliquait spécialement au mot *decoro* que le ministre de France traduisait par *gloire*, ce qui était une anomalie frappante avec la première partie de la clause : car, comment aurait-on pu concilier l'indépendance de la Corse avec la gloire de Gênes ? Ce que les Corses, d'accord avec la véritable signification italienne, entendaient par cette expression, c'était de sauvegarder l'honneur, la dignité de Gênes, en lui accordant une indemnité. Sa lettre se terminait ainsi : « Quant à moi, je suis pénétré de la plus vive et de la plus respectueuse reconnaissance pour la considération que S. M., par un trop grand effet de son auguste bonté, daigne avoir pour ma personne ; et alors seulement je pourrais me flatter de mériter en quelque sorte sa royale estime, s'il m'était accordé, comme je le désire vivement, d'assurer sous sa haute protection la tranquillité et la paix de ma patrie. »

Voilà la réponse simple et modeste de Paoli à l'impertinence du duc de Choiseul qui, pour le faire entrer dans ses vues, lui offre à lui, général et magistrat suprême d'une nation, il est vrai petite d'étendue, mais grande de caractère ; à lui, connu dans toute l'Europe comme le législateur de son pays, une place de colonel d'un régiment. Je ne sais, dit Tommaseo, si en lisant les paroles de Paoli, le duc ne rougit pas, mais peut-être n'était-il pas digne de les entendre.

Cette lettre de Paoli, frappée au coin de la justice et de la raison, causa une certaine interruption dans sa correspondance avec le ministre de France, relativement au projet d'arrangement. Ce ne fut que le 18 mars de l'année suivante que le duc de Choiseul écrivit à Paoli pour lui demander de faire une proposition d'arrangement pour être présentée au ministre de la République. A quoi le général répondit, le 18 mai, par la lettre suivante : « ...... Avant tout, il est nécessaire que la République renonce à tout droit sur la Corse, de manière que celle-ci doive être considérée comme un état entièrement absolu et indépendant, et qu'elle remette entre les mains du gouvernement na-

tional toutes les places qu'elle y occupe encore.
..... La nation corse s'engage à entrer dans
tous les moyens possibles et convenables et à
donner les plus grandes ouvertures afin que
l'arrangement soit également avantageux et
honorable (*decoroso*) à la République ». Il
ajoutait que, les préliminaires susdits une fois
arrêtés, les Corses avaient tellement confiance
dans l'impartialité et l'équité de l'auguste médiateur, qu'ils n'hésiteraient point à le prendre
pour arbitre dans le choix des moyens propres
à indemniser la République.

A cette lettre était joint un mémoire qu'il
adressait au roi et dans lequel Paoli disait que
les Corses, plutôt que de proposer aucun projet qui eût pour base le sacrifice de leur liberté,
étaient résolus à subir les dernières extrémités
et à verser jusqu'à la dernière goutte de leur
sang ; puis, se fondant toujours sur le décret
de la consulte générale de 1761, et pour com-
plaire aux suprêmes volontés de S. M. T. C., il
proposait : 1º de payer aux Génois 40.000 fr.
par an, à titre de tribut pour l'île de Capraja
et pour Bonifacio qui seraient considérés comme
ayant été donnés en fief par Gênes aux Corses ; et pour rendre évident le droit perpétuel
de la République sur ces fiefs, on pourrait convenir que, tous les huit ou dix ans, le chef de

la nation enverrait une députation à Gênes pour en demander l'investiture au sénat ; 2º de conclure un traité d'alliance perpétuelle et de communion d'intérêts entre les deux nations, par lequel traité la République ne serait pas moins respectée et digne de considération, les Corses étant obligés d'être ses amis et ses alliés ; 3º de conclure un traité de commerce qui assurerait aux Génois des avantages plus considérables que si l'île leur était soumise, telle que la commodité d'en retirer les provisions dont ils auraient besoin.

Relativement à la cession des présides exigée par les préliminaires de Casinca, ces présides devraient rester sous la garde des troupes françaises jusqu'à la conclusion du traité ; la République n'y laisserait aucun officier ni aucun représentant dépendant de Gênes, et les magistrats y exerceraient leurs fonctions au nom de la nation, sous la protection de la France. Si toutefois la République voulait n'abandonner Bonifacio qu'à la finale conclusion du traité, par compensation, les Corses occuperaient St-Florent ; ce qui ferait connaître par le fait l'acceptation des dits préliminaires.

La lettre suivante fut la réponse du ministre : « Versailles, le 10 juin 1766..... J'ai reçu, monsieur, avec la lettre que vous m'avez fait l'honneur de m'écrire le 18 du mois dernier, le projet de la partie de la nation corse qui vous a choisi pour son général, et votre mémoire concernant la pacification de l'île. Aussitôt que le gouvernement génois aura envoyé ses observations et sa réponse sur votre mémoire et sur le projet des compatriotes vos adhérents, l'intention de S. M. est de m'autoriser à vous en donner connaissance..... »

Paoli se plaignit de la fausse désignation du ministre en disant : « le projet de la partie de la nation qui vous a choisi ponr son général; » et le ministre en lui répondant lui donna raison.

Le sénat ayant rejeté les propositions des Corses, le général en informa la nation par un manifeste, et adressa un mémoire aux potentats de l'Europe pour les prier d'intercéder auprès du roi de France afin qu'il retirât ses troupes de l'île. Un autre mémoire fut adressé, en même temps, à ce monarque, ce qui motiva la lettre suivante du duc de Choiseul : « Versailles, 23 mars 1767. J'ai mis sous les yeux du roi la lettre dont vous m'avez honoré le 31 janvier de cette année, avec toutes les pièces qui y étaient jointes. Sa Majesté a trouvé que vous exaltiez un peu trop la facilité que la nation corse a apportée à la conclusion de la paix avec la république de Gênes, ainsi que l'obstination de la dite République à s'y refuser, car on ne peut pas disconvenir qu'il ne peut arriver rien de plus fâcheux à la République, en Corse, que de consentir à n'avoir ni possession, ni droits dans ce royaume.

» Effectivement on possède des états par droit et par occupation : quand des revers empêchent l'occupation, il reste le droit, qui est beaucoup et qui laisse l'espérance de le faire valoir selon les circonstances. Si le souverain qui a perdu l'occupation de ses états par la force, abandonne son droit par un traité, il ne lui reste plus rien à jamais. Or, la République a fait la réflexion que, par le traité proposé, elle se trouvait dans ce cas sans indemnité quelconque ; elle a observé que la perte des places de la Corse arrivant après que les Français en seraient sortis, il lui resterait toujours son droit, soit à faire valoir dans l'avenir, soit à en disposer pour ses avantages, et pour se procurer une indemnité ». Il ajoutait qu'après avoir examiné l'affaire avec impartialité, il lui avait fallu convenir que le raisonnement de la République était sans réplique, et que Gênes ne pouvait pas faire l'abandon de son droit de souveraineté sans obtenir une compensation.

Si la nation corse voulait, dans son intérêt et pour le bien de l'humanité et du royaume, consentir à dédommager Gênes de son droit, voici ce que le ministre lui proposait : 1o lui laisser le titre de roi de Corse ; 2o admettre que la République conservât quelques places en Corse ; 3o se soumettre à lui rendre hommage, chaque année, comme le roi de Naples en rendait au Pape. A défaut d'acceptation de part ou d'autre de cette proposition, il faisait la suivante : Une suspension d'armes de dix ou quinze ans pendant laquelle les places seraient partagées entre les Corses et les Génois, et le roi de France, comme garant, en conserverait une. Il terminait en disant : « Si aucun de ces moyens ne réussit, il n'en reste plus à tenter. Les circonstances et le temps détermineront les événements en Corse, et de même que la nation corse s'adresse à tous les souverains de l'Europe pour les faire juges de la situation, et sans doute pour les y intéresser, de même il faudra craindre que la république de Gênes ne s'accommode avec quelque puissance de son droit de souveraineté qui n'est contesté par aucun ; et qu'alors la nation corse, après bien des années de peine, se trouve obligée à se soumettre à une autorité étrangère dont elle ne secouerait pas le joug aussi facilement qu'elle cherche à secouer celui de la République. »

Les intentions de la France commencent à se dessiner ; le but qu'elle se propose n'est plus incertain, il n'est plus un mystère pour personne, surtout pour l'intelligente et jalouse vigilance de Paoli. La France en veut à l'indépendance de la Corse, elle veut en faire sa conquête, et c'est vers ce but qu'elle marche. D'abord, le ministre de Louis XV tente de révoquer en doute la légitimité de l'élection de Paoli ; ensuite, il veut faire valoir le droit de souveraineté de Gènes sur la Corse afin de se l'approprier dans la suite, comme le laissent deviner et le dernier paragraphe que nous avons cité de cette dernière lettre et la demande de conserver une place comme garantie de l'armistice.

La République n'avait aucun droit sur la Corse, l'autorité qu'elle y avait si longtemps conservée pour le malheur des insulaires n'était qu'une autorité usurpée : on sait que les Génois furent appelés dans notre pays, seulement en qualité de protecteurs. D'ailleurs, en admettant même le droit de la République, ne reste-t-il pas aux peuples le droit de disposer de leur sort, et de s'insurger contre la tyrannie ?

CHAPITRE IX

SUITE DE LA CORRESPONDANCE DE P. PAOLI
AVEC LE DUC DE CHOISEUL.

La lettre du duc de Choiseul fut soumise à
l'examen d'un comité spécial choisi par la consulte générale qui se réunit à Corte. Le 3 juin
1767, on y fit à l'unanimité des voix, chose
sans exemple, une réponse dans laquelle on
commença par poser en principe que jamais
les Corses n'avaient reconnu sur leur royaume
le droit de souveraineté revendiqué par la république de Gênes, droit que le cabinet de
Versailles considérait cependant comme incontestable. Néanmoins, pour témoigner l'uniformité de leurs sentiments et de leurs dispositions à préférer un arrangement convenable
aux événements de la guerre, comme aussi
pour donner à S. M. les preuves les moins
équivoques de leur respectueuse déférence
pour les insinuations royales, on répondait par
les propositions suivantes arrêtées par la consulte : « Dès que la sérénissime République
cèdera à perpétuité à la nation corse et à son

gouvernement le droit de souveraineté qu'elle a exercé dans l'île, la nation et le gouvernement susdits reconnaîtront à la République et à son sénat la qualité et le titre de roi de Corse, et dans toutes les occasions, ils auront pour elle les égards qui conviennent à un chef revêtu d'une telle dignité. En outre, par un acte de la perpétuelle reconnaissance des Corses, relativement à la susdite cession, tout général qui sera porté à la tête du gouvernement de la nation prêtera, au moment de son élection, hommage à la sérénissime République, en conformité de la première et de la troisième condition proposées par le ministre de S. M. T. C. »

Relativement à la proposition se référant à l'occupation par Gênes de quelques places fortes dans l'île, une trop longue expérience obligeait les Corses d'y refuser leur adhésion, attendu, disait-on, que par ce fait on laisserait à la République une voie toute préparée pour profiter de toutes les occasions de troubler la tranquillité et le repos des Corses, de fomenter sous main les divisions et les partis, et d'éteindre petit à petit l'esprit de liberté qui y régnait en ce moment. Et une fois ce but atteint, l'asservissement de l'île serait accompli.

La suspension d'armes, qui était le second moyen que proposait le ministre, ne pouvait pas non plus être acceptée, y était-il dit, car elle serait tout à l'avantage de la République qui en profiterait pour se créer de nouvelles ressources, pour remplir son trésor épuisé et pour recommencer la guerre avec plus d'acharnement à l'expiration de la trêve.

Si cependant la République, pour sauvegarder son décorum, voulait à tout prix une place dans l'île, on pourrait, dans le traité d'arranment, faire un article particulier et secret, par lequel on reconnaitrait à perpétuité la domination de la République sur cette place, mais à la condition que, deux ou trois ans après, elle la céderait en fief aux Corses qui en payeraient tous les ans une somme convenable.

Cette réponse finissait ainsi : « Si la République refuse de se prêter à ces conditions qui, en substance, sont les mêmes que celles que propose le ministre de S. M. T. C., et d'entamer les négociations, son refus sera d'autant plus déraisonnable et fera d'autant plus ressortir la modération des Corses, que ceux-ci sont moins en état de craindre les forces des Génois. »

Ces propositions étaient vraiment acceptables, et la République, peut-être, ne les aurait pas refusées sans les insinuations astucieuses de la France qui se plaisait à créer des embarras à son alliée dans le but de voir se réaliser un fait qui s'accomplit en effet plus tard : la cession de ses droits à la France. La conduite de Gênes dans l'affaire des Jésuites vint compliquer la situation et préparer ou, pour mieux dire, rendre imminente sa retraite de l'île.

Par son édit de 1763, le roi, à l'instigation de son ministre, abolit la compagnie de Jésus. Les membres de cette société, chassés de France et d'Espagne, furent recueillis par les Génois qui les transportèrent dans les villes maritimes de la Corse. Le ministre de France qui était loin d'approuver la mesure prise par son alliée en faveur de ceux qu'il bannissait du royaume, donna, de dépit, l'ordre au comte de Marbeuf d'évacuer les places de la Corse, et il écrivit, le 25 juillet 1767, à Paoli pour l'informer de cette détermination, mais il l'engageait, en même temps, à attendre l'expiration des quatre ans du dépôt convenu, avant d'agir contre ces places. Passant ensuite aux négociations avec la République, il disait que l'incident des Jésuites avait retardé l'envoi à Gênes du mémoire des Corses. « Je pense, continuait-il, que l'accommodement proposé par la nation parviendra à une conclusion satisfaisante pour toutes les parties. Vous êtes dans une situation, monsieur, très avantageuse. J'ose vous conseil-

ler d'en augmenter l'avantage par de la patience, et en vous confiant aux bonnes dispositions de la France, qui, seule, à ce que je crois,
dans l'Europe, peut donner de la consistance à
votre gouvernement. » Puis, changeant de ton
et prenant une allure tant soit peu insolente et
présomptueuse à propos du dépôt de Bonifacio
entre les mains de la France, que Paoli avait
proposé dans sa dernière lettre, il disait : « Si
la France, pour le bien général, veut garder
des places en Corse, elle prétendra, pendant le
temps qu'elle les gardera, les posséder sans
avoir à faire ni à la République ni à la nation ;
et le roi, dans ce cas, déciderait celles qu'il
jugerait le plus à sa convenance. » Il finissait
en disant que le mémoire de Paoli avait paru
au roi propre à amener un arrangement, mais
qu'il pensait que l'île de Capraja, dont il n'était
pas question dans ce mémoire, devait être remise à la République.

Le 5 août suivant, Paoli répondit au duc de
Choiseul que la neutralité que l'on exigeait à
l'égard des places évacuées par les troupes françaises était trop désavantageuse à la nation ;
mais que, pour faire chose agréable à S. M.
T. C., on l'accorderait à la condition cependant
que les troupes françaises occupassent de nouveau ces places, parce qu'il était impossible

que les Corses et les Génois mis en présence pussent longtemps se regarder l'arme au bras. Quant à l'île de Capraja, quoiqu'elle fût une ancienne dépendance de la Corse, la nation, qui ne savait rien refuser au roi de France, hormis l'indépendance, le laissait maître d'en disposer à son gré.

Le duc de Choiseul, en répondant à cette lettre, le 12 septembre, après avoir adressé, au nom de son maître, des remerciements au général Paoli pour son empressement à répondre aux désirs de S. M. et à faire tout ce qui pouvait lui être agréable dans l'île, lui disait qu'il espérait parvenir à consolider le bonheur de la nation corse. « Vous ne pouvez pas douter, ajoutait-il, que je n'aie des difficultés sans nombre à surmonter, des reproches injustes à combattre, et des négociations à détruire. » Puis, tout en lui disant qu'il était dans l'attente du mémoire de la république de Gênes sur ses intérêts en Corse, il continuait : « Elle ne se presse pas de me le donner, parce que je crois qu'elle négocie ailleurs qu'en France, mais je doute qu'elle réussisse ; et cette négociation sourde ne produira que quelque retardement, sans empêcher le but que le roi se propose. »

Mais quel était donc le but du roi de France ? Etait-ce celui de conserver l'indépendance des

Corses ? Non, non. C'était celui, au contraire,
de détruire leur nationalité, cette nationalité
conquise au prix de tant de sang, de tant de
désastres et de tant de ruines ; cette nationalité qui était le fruit de tant de luttes, de tant
de sacrifices, de tant de dévouements ; et la
France voulait l'anéantir pour faire sa proie de
l'île, en foulant aux pieds les droits les plus
sacrés ! Etait-ce digne d'un grand peuple comme
la France ?

Il lui notifiait ensuite la rentrée des troupes
françaises dans les présides qu'elles avaient
évacués à cause de la présence des Jésuites.
Ces troupes, au dire du ministre, auraient
mieux conservé la neutralité que les troupes
génoises n'auraient pu le faire et auraient de
plus empêché l'arrivée d'autres troupes étrangères. Ayant à répondre aux deux articles qui
terminaient la dernière lettre de Paoli, le duc
de Choiseul déclarait devoir attendre le mémoire de Gênes pour lui parler plus sûrement,
plus il lui insinuait que pour assurer l'arrangement qui pourrait se faire, il serait nécessaire
que la France eût la propriété de deux places
en Corse ; ensuite, pour tempérer son exigence,
il semblait prendre à cœur les intérêts des Corses, en disant : « Si l'île de Capraja est le seul
obstacle qui vous reste vis-à-vis des Génois, je

crois que *nous pourrons* la sacrifier à la République pour obtenir son consentement libre et catégorique aux arrangements qui assureront la liberté de la nation corse. »

Cette demande que faisait le ministre de France de la propriété de deux places dut naturellement révolter l'âme du général et lui révéler clairement le but que l'on voulait atteindre. Cependant il répondit avec dignité et mesure le 24 du même mois. Après lui avoir dit qu'il trouvait étrange et incompréhensible la conduite de la République pour empêcher le libre cours des négociations, puisqu'il était évident que pour continuer la guerre, ses forces étaient insuffisantes et qu'elle ne pouvait en attendre des puissances étrangères ; après avoir dit aussi qu'il croyait chose facile au ministre français de détruire tous les obstacles, il déclarait, relativement à la demande de propriété des deux places, qu'il n'avait aucune autorité pour y répondre d'une manière absolue ; mais qu'il pensait toujours que pour assurer la conclusion du traité projeté avec la République, point n'était nécessaire que la France eût en Corse deux lieux fortifiés, que la garantie seule de S. M. était plus que suffisante.

Nous voilà au point où les intentions du roi de France deviennent de plus en plus claires.

Ses troupes sont entrées en Corse, elles n'en
sortiront pas sans en tirer profit. Les prétentions de son ministre vont croissant ; et en dé-
butant par la demande d'une place comme garantie, il finira par exiger la totalité de l'île.
Tel était le but que l'on poursuivait avec une
persistance désespérante pour le général des
Corses qui, déjà bien avant cette époque, avait
deviné la pensée du ministre dirigeant. Celui-ci
marche à pas comptés vers son but : il avance
lentement, il est vrai, mais sa marche est sûre
parce qu'il a pour lui, non la justice, mais la
force et l'astuce. Pour mieux arriver à ces fins
il demande, par sa lettre du 20 octobre 1767,
qu'on lui envoie M. de Buttafoco (1), homme
dont il connaissait le dévouement pour la

---

(1) Mathieu Buttafoco, de Vescovato, était entré bien jeune
encore dans le régiment Royal-Corse au service de la France,
en qualité de cadet, sous les ordres de son père, Antoine
Buttafoco, capitaine dans ce régiment. Il conquit tous ses grades dans la guerre pour la succession d'Autriche et dans la
guerre de sept ans. Il fut nommé par le roi colonel commandant le Royal-Corse, dont la propriété lui fut concédée en
1770, c'est-à-dire l'année d'après la conquête de la Corse. Il
fut promu plus tard brigadier d'infanterie, puis maréchal des
camps et armées du roi.
En 1789, il fut élu député de la noblesse de Corse aux Etats-
généraux. Il émigra après la clôture de l'Assemblée nationale ;
mais, contrairement à la plupart des émigrés, il ne porta pas
les armes contre la France. Le premier consul le raya de la
liste des émigrés. Il rentra en Corse et mourut à Bastia en
1806.

France, parce que, disait-il, les affaires de la Corse sont parvenues à un point tel qu'il est difficile de les traiter par lettre en détail, et que plusieurs points sont trop délicats et demandent de trop longues explications pour pouvoir être discutés par écrit ; d'autant plus que la République ne pensant plus comme la France, le roi est mécontent de ses sentiments et de sa conduite, et il ne convient pas de lui marquer son mécontement avant l'expiration du traité qui ne se périmera que dans un an. Il ajoutait qu'il ne trouvait pas que le général s'expliquât assez clairement relativement aux intérêts de la France, ni avec cette même confiance que lui-même avait à l'égard de Paoli ; qu'il n'était point naturel qu'il pensât que S. M. se serait mêlée des affaires de la Corse sans en tirer avantage, avantage qui ne pouvait être autre que celui d'y conserver des places ; et que le roi pensait rendre un grand service à la nation corse en lui assurant à jamais, moyennant cette cession, sa liberté et son indépendance. Il menaçait ensuite d'abandonner les Corses et les Génois et de ne s'occuper d'eux que quand ils auraient pu être utiles à la France, s'ils persistaient de part et d'autre à s'accorder sur un seul point, celui de se méfier de la France et d'en être jaloux.

« Nous sommes arrivés à un terme, poursuivait-il, où il n'est plus question de phrases
ni de mots ; il faut arrêter un plan ; il faut que
ce plan soit combiné de manière que la France,
la République et les Corses soient contents ; il
faut qu'il soit tellement immuable qu'il ne
puisse être dérangé par aucune puissance étrangère. Il est nécessaire que le roi soutienne ce
plan de toutes ses forces. » Puis il engageait
Paoli à lui envoyer au plus tôt M. de Buttafoco,
nanti des instructions nécessaires pour qu'ils
formassent ensemble un projet raisonnable.
Cet envoyé rendrait compte au général des vues
du roi, des avantages que S. M. pourrait procurer aux Corses, et des moyens qu'elle comptait prendre pour assurer sans trouble l'indépendance de l'île. De l'autre côté, le ministre
écouterait les propositions que M. de Buttafoco
pourrait faire, et il les combinerait avec le système du roi pour en faire un tout sérieux et
consistant. « Sans cela, finissait-il, je vous le
répète, nous ne ferons que causer de la défiance ; et les Français sortis de Corse, je vous
prédis qu'il y arrivera une autre nation que
nous ne pouvons pas empêcher de nous relever,
et dont les dispositions ne seront sûrement pas
aussi favorables à la nation corse, que les dispositions du roi.

» Cette lettre est confidentielle pour vous seul, monsieur, et M. de Buttafoco. Je vous prie de ne la communiquer à personne, et de la regarder comme une preuve de l'envie que j'ai d'être utile à votre nation, à vous en particulier...... ».

En conséquence de cette lettre, M. de Buttafoco fut envoyé à Paris, où, dès son arrivée, il eut plusieurs entretiens avec le ministre. De Choiseul lui signifia, de vive voix d'abord et par écrit ensuite, la décision irrévocable du roi de posséder en Corse le territoire du Cap-Corse, la ville de Bastia et celle de St-Florent en toute propriété. Cet article était une condition *sine quâ non* de l'appui que le roi entendait accorder aux Corses, et de la liberté qu'il leur laisserait de se gouverner à leur guise dans le reste de l'île. Il ajoutait, en outre, que le roi était fatigué de garder des places pour d'autres puissances, et que si l'arrangement projeté entre la Corse et les Génois n'allait pas à bonne fin, la France achèterait de la République, qui se prêterait volontiers au marché, les deux places indiquées. Cet achat entraînerait dès lors pour la France l'engagement de secourir les Génois dans la possession des autres places. « Ainsi, Monsieur, poursuivait-il, je crois, malgré les solides objections que vous m'avez faites, qu'il n'y a pas à hésiter pour la nation de se mettre en entier à la disposition du roi, et à ne point faire de difficultés sur une propriété qui, dans le fond, sera plus utile à la nation corse qu'à qui que ce soit. » Puis, il priait M. de Buttafoco de ne confier le contenu de cette lettre qu'au général Paoli auquel il devait recommander la plus grande discrétion, afin que les cours étrangères ignorassent complètement ce qui se passait entre eux.

Ne dirait-on pas, après cela, que le duc de Choiseul oubliait qu'il était le ministre du plus puissant roi de l'Europe et de la nation la plus généreuse et la plus désintéressée du du monde? Ne se ravalait-il pas, lui si orgueilleux, en quêtant pour ainsi dire, la propriété de deux places, et en offrant son appui moyennant un profit? La vénalité semble être contagieuse : peut-être avait-il appris de la République, son alliée, à diriger sa politique par des vues purement mercantiles. N'aurait-il pas mieux fait, et à mon sens il aurait été moins coupable, de dire : — Je veux cela, parce que je suis le plus fort.

A la date du 5 février 1768, en répondant à M. de Buttafoco qui lui avait communiqué la lettre du duc de Choiseul, Paoli exprima son étonnement de la demande que faisait le ministre français de posséder le Cap-Corse et les deux places de Bastia et de Saint-Florent, demande qui, tout en étant une violation manifeste du droit des gens, était aussi de nature à faire évanouir les espérances que les Corses avaient conçues de recouvrer le bonheur et le repos sous les glorieux auspices de la France. Il serait moins douloureux, y disait-il, que l'on exigeât l'entière souveraineté de l'île ; et en refusant d'y accéder, il faisait observer que la séparation d'une partie de l'île, outre qu'elle serait une injure pour les peuples qui avaient payé de leur sang la liberté conquise, et qui se verraient ainsi séparés de leurs frères, serait encore dangereuse pour le commerce, pour les mœurs et pour la liberté de la nation, laquelle serait réduite par cette mutilation à l'état de fantôme. Il est évident que cette partie de la Corse, une fois entre les mains de la France, serait devenue un foyer d'intrigues annexionistes parfaitement disposé pour servir les projets ultérieurs d'incorporation que le ministre ne prenait pas la peine de dissimuler. Il disait ensuite que la Corse avait toujours nourri l'espoir que la France n'aurait entrepris de l'accommoder avec les Génois que dans un but tout-à-fait désintéressé et en vue seulement de sa gloire, comme la promesse lui en avait été faite. Il rappelait d'autre part l'assurance qu'on avait donnée de prendre pour base de l'accommodement les préliminaires de la consulte générale de Casinca. Puis, il engageait son mandataire à suggérer au ministre la pensée que cette acquisition lui serait perpétuellement contestée par les puissances émules de la France. Ces puissances, telles que l'Angleterre, le Piémont, la maison d'Autriche pour la Toscane, les autres états italiens, sans en excepter la république de Gênes elle-même, et l'Espagne, quoique unie à la France par le Pacte de famille, ne verraient certes pas de bon œil et sans jalousie cet accroissement de la puissance française dans la Méditerranée. De plus, cette acquisition ne serait que dispendieuse pour la France et funeste pour tout le pays ; car elle finirait par l'entière oppression et la totale désolation de l'île.

« Ces considérations, poursuivait-il, sont tellement naturelles que je ne doute pas que M. le duc de Choiseul, en consultant son équité naturelle et la générosité de son cœur, ne convienne que la demande qu'il nous fait ne serait qu'un danger fatal pour la sûreté et la tranquillité de cette nation ; et que s'il se trouvait à ma place, il n'hésiterait pas un instant à la rejeter. »

Il engageait M. de Buttafoco à prier le ministre d'employer son crédit et la confiance dont il jouissait auprès du roi pour le porter à adopter des moyens plus convenables à la gloire et à la magnanimité d'un monarque aussi juste et aussi désintéressé ; moyens qui lui acquerraient des droits plus sûrs et plus durables à la reconnaissance et au dévouement des Corses, comme aussi des avantages plus réels et plus considérables qu'en obtenant la propriété convoitée.

Si, cependant, S. M. croyait de son intérêt d'avoir une garnison dans les deux places maritimes en question, jusqu'à ce que la Corse eût solidement assis son système de liberté, il ne sera pas difficile, disait-il, d'en faire convenir la nation. Mais pour ce qui était du démembrement du territoire, on ne devait pas ignorer qu'elle avait pris l'engagement public et solennel de ne conclure aucun traité qui n'eût pour base la liberté et l'indépendance de toute la nation. Les Corses, en effet, ne pouvaient en aucune façon permettre que la France conservât un pied sur leur territoire.

Il ajoutait ensuite que si, pour le malheur de la nation et contre son attente, on persistait dans la demande de souveraineté pour la France ou pour la République, il verrait avec la plus profonde douleur les espérances de ses peuples tout-à-fait déçues. Il espérait toutefois, que S. M., voyant l'impossibilité de concilier les deux parties belligérantes, laisserait au bout des quatre ans du traité la fortune des armes vider la grande querelle entre les Corses et les Génois.

« Et si après cela, finissait-il, il ne vous réussit pas de faire changer de résolution au ministre, vous pouvez vous apercevoir bien vite que quelque grand changement est survenu dans le cabinet de France, et que, peut-être, on y a adopté le projet politique de rejeter sur notre nation toute la faute de la mauvaise issue des négociations, pour avoir par là un motif de l'opprimer. S'il en était ainsi, votre mission serait bien vite terminée ; et nous, sans rien avoir à nous reprocher, nous devons nous abandonner entièrement à la garde de la Providence. »

Le cabinet français persistant à vouloir la possession du Cap-Corse, de Bastia et de Saint-Florent, les négociations furent rompues ; et l'envoyé de la Corse fut congédié par la lettre suivante : « Versailles, le 2 mai 1768.... S. M. voyant par le mémoire que vous m'avez remis du général Paoli, que les principes de ce général sont totalement opposés aux accommode-

ments que le roi croyait pouvoir moyenner entre la République et la nation corse, le roi m'a
chargé de vous mander que vous pouviez retourner en Corse quand bon vous semblerait,
et que S. M. ferait savoir ses intentions au
général Paoli lorsque les circonstances permet-
traient que le roi fasse connaître ce qu'il pense
sur la situation de l'île de Corse. Vous connais-
sez les sentiments avec lesquels... »

Dans toute cette correspondance, le ton de
Paoli fut toujours respectueux mais ferme et
constant dans ses principes : respectueux
parce qu'il n'était que le chef d'un peuple fier
il est vrai, mais petit et faible, tandis qu'il
s'adressait au ministre du plus puissant roi de
ce temps-là ; ferme, parce qu'il avait pour lui
le droit et la justice, et de plus la sympathie
de tous les peuples de l'Europe, dont plusieurs
avaient adressé en sa faveur des notes plus ou
moins énergiques au cabinet de Versailles ;
constant dans ses principes, parce qu'il ne per-
dait jamais de vue la nationalité de sa patrie,
objet de toutes ses pensées et de tous ses vœux.
Au contraire, le langage du duc de Choiseul,
toujours déloyal, fut tantôt doux et tantôt insolent, selon qu'il croyait devoir inspirer de la
confiance ou de la crainte, pour mieux parvenir
à ses fins.

La fermeté, la pénétration et la sérénité du législateur des Corses l'avaient pour ainsi dire humilié, et, dans sa fatuité à la fois présomptueuse et légère, voici ce qu'il écrivait au comte de Buttafoco. « ... Sa lettre (de Paoli) ne signifiait autre chose que de m'engager, par des réponses de ma part, dans un piège. Il est bien fin ; mais cependant il faut qu'il acquière encore un peu de finesse pour que nous tombions aussi grossièrement dans les panneaux. »

N'est-ce pas là un langage peu digne d'un ministre sérieux, et n'est-ce pas aussi l'expression de son infériorité, infériorité qu'il veut cacher s'il est possible, en raillant dédaigneusement celui qu'il n'a pas pu surprendre par sa politique astucieuse et déloyale, et qui l'a obligé à user de la loi du plus fort ?

Il était entré dans les affaires de la Corse avec le beau titre de médiateur ; mais peu soucieux de la gloire de son maître, il voulut être payé de ses peines. Il ne se contenta pas ensuite de prendre comme le peuple romain, dans le litige entre les Ardéates et les Ariciens, une partie du territoire contesté, mais il voulut tout. Remarquez le contraste : le sénat désavoua la conduite du peuple romain, et ici c'est le peuple français qui n'approuve pas le gouvernement.

CHAPITRE X

LA RÉPUBLIQUE DE GÊNES CÈDE A LA FRANCE SES DROITS SUR LA CORSE. — CONVOCATION D'UNE CONSULTE GÉNÉRALE. — DISCOURS EXCITANT A LA RÉSISTANCE.

La durée du traité de Compiègne entre la France et Gênes tirait à sa fin, et rien encore n'avait été décidé. Tout le monde était comme en suspens dans l'attente du dénouement des affaires, lorsque la conduite imprudente de Gênes dans l'affaire des Jésuites, conduite que nous avons déjà signalée, vint donner une autre tournure à la marche des événements. La République qui s'aperçut bien vite de la faute grossière qu'elle venait de commettre, ne vit d'autre moyen de calmer la colère de la France que de renoncer en sa faveur à ses prétentions sur la Corse. Ce fut sur ces bases qu'un nouveau traité fut signé, le 15 mai 1768, par le duc de Choiseul et par l'habile ambassadeur génois, Augustin-Paul-Dominique Sorba.

Ce traité qui, au dire de Dumouriez, coûta

quatre-vingts millions à la France, « outre le
sang des peuples qui malheureusement entre
très rarement dans les calculs de la politique »,
substituait la France à la république de Gênes
dans les droits que celle-ci croyait avoir sur
l'île, à la réserve cependant que cette possession ne pourrait être cédée par la France à
aucune autre puissance, sans le consentement
de Gênes, et que, au contraire, elle serait remise à la République, lorsque celle-ci aurait
remboursé les frais que la France aurait fait
pour la conquérir. (Voir ce traité à l'appen-
dice).

On se demandera, sans doute, sur quel droit
était fondé ce transport de droits. On cherche,
mais en vain, une raison plausible pour le justifier. Si les hommes ont le droit de vendre
des propriétés, des meubles et du bétail, ils
n'ont pas certainement celui de vendre des
hommes, et surtout tout un peuple, à moins
qu'on ne veuille assimiler les procédés des
peuples civilisés à ceux des peuples les plus
sauvages. Au reste, Gênes n'avait de droit sur
l'île que celui qu'elle avait acquis par la force
et l'usurpation, droit que les Corses n'avaient
jamais voulu reconnaître, et qu'ils lui avaient,
au contraire, toujours contesté les armes à la
main. La France, de son côté, n'avait que celui

provenant de la cession que lui en faisait son alliée la République ; mais elle avait de plus le pouvoir de la conquérir et la volonté de le faire, et, dans tous les traités, la sèche raison du droit ne prévaudra jamais contre la froide, mais flatteuse et agaçante raison d'Etat.

Désormais, le rôle de l'armée française est changé : ce n'est plus une armée médiatrice se présentant un rameau d'olivier à la main, mais une armée hostile qui aiguise ses baïonnettes et charge ses canons ; et cependant les Corses n'en savent rien encore. Le duc de Choiseul profite du secret dans lequel est tenu le traité conclu avec Gênes pour faciliter la conquête, en se créant un parti dans l'île. Il engage d'abord de Buttafoco à se séparer de Paoli, puis il cherche des adhérents dans les rangs du Royal-Corse, et bon nombre d'officiers s'empressent de répondre aux avances flatteuses et aux larges promesses du ministre. Préférant des grades, de l'or et des honneurs à l'indépendance de leur patrie, qu'ils avaient déjà presque oubliée par un long éloignement, ils cherchent à dépopulariser le chef de la nation et à anéantir son ascendant moral, en exagérant les avantages que promettait l'alliance française, en faisant ressortir ce qu'il y avait d'insensé, disaient-ils, à vouloir combattre contre la plus puissante monarchie de l'Europe, et en tâchant de leur persuader que Paoli ne cherchait à les exaspérer contre les Français et à les porter à la guerre qu'en vue de se maintenir à la tête de la nation.

Paoli, de son côté, cherchait à prémunir ses compatriotes contre le danger de pareilles séductions et à détourner le torrent qui commençait à grossir et menaçait de déborder : « L'inclination des nôtres, qui est portée à la réflexion, m'inspire des inquiétudes (1) », disait Paoli, dans une de ses lettres ; et en s'exprimant ainsi il entendait parler non de la masse du peuple qui, sublime de dévouement et de sacrifice, demeura toujours fidèle à la patrie et à sa cause, mais de ces hommes accoutumés à calculer les éventualités et à profiter des événements, de ces hommes que l'on appelle *prudents*, et qui savent tourner la voile au vent qui peut leur être favorable.

Tandis que le traité de cession n'était encore connu que des cabinets contractants, le duc de Choiseul envoya de nouvelles troupes dans l'île ; et pour ne pas éveiller les soupçons de Paoli, il écrivit au comte de Buttafoco, quinze

____

(1) « Mi dà apprensione l'indole de' nostri che è portata alla riflessione. »

jours après la conclusion du traité, « que les troupes n'iront point en Corse pour y nuire à la nation corse, que S. M. honore d'une protection particulière. »

Enfin le bruit se répandit dans le public que l'île allait être de nouveau soumise à Gênes par les Français ; mais si les Corses s'abusaient sur le but de la guerre, l'habile général ne s'y trompait pas. Il avait bien su discerner le véritable motif de la France, et il s'indigna qu'on voulût substituer la force à la raison, qu'on voulût faire prévaloir les intérêts de la France sur les droits de l'humanité, et trancher la question par le canon, *ultima ratio*. Cette indignation était partagée par tous les Corses, révoltés de tant d'injustice et de tant de déloyauté. Ils s'excitaient les uns les autres à rester fidèles à la patrie et à son défenseur ; ils s'encourageaient à repousser de toutes leurs forces une agression aussi injuste, venant d'un peuple qui avait eu toutes leurs sympathies ; et ils s'animaient à verser jusqu'à la dernière goutte de leur sang pour la défense de leur indépendance.

A cette indignation s'unissait la désapprobation générale des hommes éclairés de l'Europe et de la France même. L'opinion des novateurs se prononçait sévèrement contre la conduite du ministère français. Et, en effet, ces philosophes, quoique partisans de Choiseul, ministre libéral, mais seulement à Paris, ne devaient-ils pas s'élever contre cette atteinte inouïe aux droits des peuples, contre ce coup porté à la liberté qui était alors la principale aspiration de l'esprit public en France ? La presse anglaise, à son tour, ne cessait de reprocher aux ministres du roi Georges leur insouciance relativement à cet accroissement de la puissance française dans la Méditerranée. Elle allait jusqu'à les accuser de connivence avec la France pour sacrifier l'indépendance d'un peuple qui l'avait conquise après tant de travaux et au prix de tant de sacrifices. Et les journaux anglais ne se trompaient pas beaucoup : le roi d'Angleterre ne pouvait pas certainement voir de bon œil ce nouvel établissement de la France ; mais il n'osait l'inquiéter de crainte de s'attirer sur les bras une puissance redoutable dans la guerre qu'elle voyait devoir soutenir contre ses colonies d'Amérique dont la révolte contre la métropole était imminente.

Il n'y avait pas jusqu'aux officiers français en garnison dans l'île qui ne manifestassent leur mécontentement et leur répugnance à combattre un peuple dont, mieux renseignés, ils reconnaissaient la justice de la cause, un peuple qu'ils avaient appris à estimer dans les fréquentes relations qu'ils avaient eues avec lui. Car Paoli, au lieu de se méfier d'eux, comptant sur la droiture et la loyauté du caractère français, leur permit l'entrée de l'intérieur du pays et les combla de politesse, ordonnant qu'on leur fît partout le meilleur accueil. Ce fut de cette manière que la mauvaise opinion qu'ils avaient des Corses en arrivant dans l'île, opinion qui n'était que le fruit des insinuations mensongères des Génois, s'était changée en admiration. Ils étaient enchantés de l'affabilité de manières avec laquelle on y pratiquait l'hospitalité, de la pureté de leurs mœurs, de la noblesse de leur caractère et de la marche du gouvernement de ce peuple qu'on leur avait dit n'être qu'un ramassis de sauvages et d'assassins.

Ce fut sous l'influence de ces sentiments généraux que les assemblées électorales de toutes les pièves envoyèrent leurs députés à la diète pui se réunit à Corte, le 22 mai 1768. Le Général, après avoir exposé de la manière la plus claire et la plus exacte tout ce qu'il avait fait pour détourner la tempête qui se préparait, et après avoir mis les députés au fait de la correspondance qu'il avait eue avec le ministre de France, leur laissa le choix entre un asservissement volontaire qui serait la répudiation du passé, et la guerre contre la France quelqu'en dût être le résultat. Tout en leur montrant la possibilité que les puissances européennes ne souffriraient pas qu'on sacrifiât la liberté d'un peuple combattant pour une cause dont la justice était manifeste, il ne leur cacha pas la gravité de la situation. Il ne leur dissimula pas non plus ses craintes et les dangers qu'il y aurait à résister aux volontés d'une si grande puissance. Il terminait son discours, dont le ton fut toujours calme et réservé, en disant : « Quelle que soit la résolution que vous prendrez dans l'occurrence présente, je ne doute point qu'elle ne soit conforme au zèle dont vous avez donné tant de preuves et à l'attente des peuples dont vous êtes les mandataires. »

Ces paroles furent accueillies par le cri unanime de *guerre, guerre,* qui retentit longtemps dans l'enceinte. Dès que le calme fut rétabli, le P. Mariani de Corbara, recteur de l'université, monta à la tribune et s'exprima en ces termes : « Guerre, guerre ! et contre qui, messieurs ? contre le roi très chrétien, le plus grand, le plus puissant des monarques. Avez-vous un Moïse pour faire jaillir de l'eau des rochers ? avez-vous un Josué pour arrêter le cours du soleil ? Voilà les miracles qui sont nécessaires pour résister à la plus vaillante nation du monde. Et qui sommes-nous ? une poignée d'hommes dépourvus de tout. Les Corses, il est vrai, sont courageux, mais que peut le courage le plus héroïque contre l'excessive supériorité du nombre et des moyens ? » Puis passant en revue les forces que l'on pouvait opposer à la France, et les trouvant de tous points insuffisantes, il opina pour la soumission.

Son discours, quoique dicté par la prudence et indiquant le seul moyen d'éviter les malheurs de la guerre, fut froidement accueilli par les députés. Indignés, comme tous les Corses, contre la France qu'ils confondaient désormais dans leur haine contre les Génois, ils ne pouvaient pas, dans leur exaltation, calculer les conséquences d'une lutte si inégale contre des bataillons nombreux et aguerris, commandés par des généraux expérimentés et habiles. Aussi quel accueil différent ne fit-on pas au discours du P. Grimaldi de Campoloro, professeur de philosophie et de mathématiques à la même université, qui remplaça immédiatement le P. Mariani à la tribune. Voici ses paroles : « Les Spartiates, messieurs, n'avaient

ni Moïse, ni Josué, ni forteresses, ni argent ;
mais animés de l'enthousiasme de la liberté et
de l'énergie de la vertu, ils surent résister au
plus grand roi de la terre et défendre leur patrie
de l'invasion étrangère. Nous sommes une poignée d'hommes, il est vrai, mais des hommes
qui avons du cœur ; nous sommes une poignée
d'hommes, mais les Athéniens étaient-ils plus
nombreux à Marathon et à Platée ? Ne com-
battez-vous pas aussi pour la patrie, pour vos
pères, vos femmes et vos enfants ? Nous man-
quons d'officiers expérimentés. Quoi ! trente-
neuf ans d'une guerre non interrompue, si
généreusement soutenue aux frais de chaque
citoyen, n'ont-ils pas fait de chaque corse un
soldat expérimenté, un commandant, un général?
Et de tels hommes souffriront que l'on mar-
chande la patrie, qu'on nous vende comme de
viles bêtes de somme ? Et nous ne frémirons
pas d'indignation en voyant un étranger auquel
nous ne devons rien, et pour lequel un grand
nombre de nos compatriotes ont répandu leur
sang pour soutenir ses droits et son trône, nous
appeler rebelles avec une impudence sans égale?
Ah ! que l'on meure une fois, mais que l'on
meure en liberté sur le sol de la patrie ; et que
les envahisseurs de notre pays apprennent que
pour les Corses il est quelque chose de préfé-

rable à la vie, et qu'ils tremblent même au milieu de la victoire. »

En effet, le cri frénétique de *guerre, guerre,* couvrit ces dernières paroles de l'orateur, et ce cri, mille fois répété, fit retentir les voûtes de la salle principale du palais national. La consulte fut unanime à décider qu'on devait opposer à une agression aussi injuste la résistance, et la résistance la plus énergique. Elle décréta la levée en masse de tous les hommes valides de seize à soixante ans, et une imposition extraordinaire pour subvenir aux frais de la guerre et à l'entretien des troupes soudoyées.

La nouvelle de cette décision se répandit vers les quatre coins de l'horizon de l'île avec presque la rapidité de l'éclair ; et elle fut accueillie dans toutes les localités avec un enthousiasme qui tenait du délire, tellement les Corses étaient courroucés contre la France et tellement était grand dans leur cœur l'amour sacré de la liberté. La proclamation que Paoli avait fait afficher aux portes des églises était lue avec avidité. Les villageois les plus lettrés et les plus ardents en faisaient le commentaire, et les expressions, répétées de bouche en bouche jusqu'aux oreilles de chaque personne du village, ne contribuaient pas peu à surexciter leur patriotisme. Les femmes aussi enivrées que les hommes du sentiment le plus héroïque et le moins individuel : l'amour de la patrie, les femmes, toujours généreuses et d'un courage à toute épreuve qui ont souvent pris part aux périls et y ont tenu leur place avec dignité, encourageaient leurs maris, leurs frères, leurs fils à combattre vaillamment pour la patrie ; (1) les prêtres et les moines, toujours les mêmes, toujours ardents de patriotisme, tout en offrant des sacrifices au Dieu des armées pour le triomphe de la bonne cause, bénissaient les armes et les étendards des nationaux partant pour le camp, et jetaient la confiance dans leurs cœurs en leur disant que Dieu combattrait pour

---

(1) J'en trouve un frappant exemple relaté dans le fragment d'une lettre de Paoli à Vinciguerra, le 21 octobre 1763, à l'occasion de la fin tragique de Masseria et de son fils, morts victimes de la trahison d'un sarde, dans un coup de main tenté pour faire tomber entre les mains des patriotes, la citadelle d'Ajaccio qui appartenait encore aux Génois.

« . . . . Lorsque je fus assuré du tragique succès du mari et de son fils, j'allai l'annoncer à sa femme et lui faire mon compliment de condoléance. Elle me répondit avec une héroïque fermeté et avec presque le sourire sur les lèvres : « Mon plus grand regret est celui que le coup n'ait pas réussi. Du reste, mon mari et mon fils sont des victimes glorieuses de la liberté de la Patrie et de l'honneur de Votre Excellence. » (*Traduction littérale*).

Cette femme, par sa sublime réponse, ne surpasse-t-elle pas en héroïsme et en patriotisme, les autres femmes grecques ou romaines dont l'histoire fasse mention ?

le faible contre l'oppresseur, et les jeunes gens surtout, toujours pleins de feu et ne s'arrêtant jamais aux calculs de la prudence qui n'est pas de leur âge, s'animaient et s'excitaient les uns les autres à soutenir l'engagement de leurs ancêtres et à ne pas survivre à la perte de la liberté. Voici d'ailleurs le discours prononcé par un jeune élève de rhétorique :

« Aucun de nous, j'en jure par les mânes de mes ancêtres ! non, aucun de nous n'attendra le second appel ; c'est le cas de montrer à la face du monde que nous méritons d'être appelés valeureux. Si des étrangers abordent nos rivages prêts à livrer des batailles pour soutenir les prétentions de leurs alliés, nous, qui combattons pour notre propre bien-être, pour les intérêts de nos neveux, pour la défense de la patrie, pour le maintien des justes et magnanimes résolutions de nos pères, nous balancerions à braver tous les dangers, à exposer, à sacrifier notre vie ? Valeureux citoyens, la liberté est notre but, et tout ce qu'il y a d'âmes généreuses en Europe nous contemple, s'intéresse à nous et fait des vœux pour le triomphe de notre cause. Que votre résolution dépasse l'attente générale, et que nos ennemis, quel que soit leur nom, apprennent par expérience que la conquête de la Corse n'est pas aussi aisée qu'on le pense. Il y a, en ce pays, des hommes libres, et l'homme libre sait mourir. »

La jeunesse corse de nos jours n'a pas dégénéré : elle est ardente pour le service militaire, et la guerre de Crimée et celle d'Italie les ont vus n'être jamais les derniers à l'assaut ; 30,000 insulaires étaient sous les armes pendant la malheureuse campagne de 1870. Mais aussi combien de jeunes gens, pleins d'avenir, ne sont-ils pas tombés victimes de leur courage ! Il serait bien à désirer que nos jeunes gens calmassent un peu leur ardeur belliqueuse et prissent le goût de l'agriculture : nos terres, plus que jamais, ont besoin de bras, et la France ne manque pas de soldats.

Nous avons dit que Paoli avait vu le danger qu'il y avait à résister à la France, qu'il n'avait pas grand espoir dans le succès, et qu'il voyait au contraire une catastrophe irréparable. Il s'écriait souvent, la douleur dans l'âme : une puissance si colossale contre si peu de pauvres gens ! (1) Pourquoi donc ne se soumettait-il pas ? nous dira-t-on. C'est que d'abord il n'était pas maître de sa volonté. Dans cette circonstance solennelle et à raison de la légitime surexcitation dans laquelle il se trouvait, le

____

(1) Un potentato così grande contro pochi pover'uomini.

peuple ne voulait plus que la liberté ou la mort. Ensuite, il devait lui, chef élu d'un peuple libre, repousser la chaîne qu'on voulait lui imposer ; protester les armes à la main contre d'aussi injustes prétentions ; et sauvegarder à son pays, par cette opposition, le droit de revendiquer, dans des circonstances plus favorables, sa nationalité, en ce moment exposée à de si grands dangers.

CHAPITRE XI

COMMENCEMENT DES HOSTILITÉS.
JOURNÉE DE BORGO. — BATAILLE DE PONTENOVO.

Nous marchons à pas précipités vers un dénouement qui n'est pas difficile à prévoir. Malgré tout, en Corse, on se prépare à la lutte, tandis qu'arrivent de France des renforts considérables. Les Corses et les généraux français attendent également avec impatience le terme de l'armistice de quatre ans qui s'approche, terme fatal. Mais si l'impatience est la même, e but l'est-il aussi ? Oh ! non certainement. La France, abusant de sa force, veut enchaîner un peuple libre ; la Corse, comptant sur son courage, veut repousser les fers qu'on s'apprête à lui donner. Paoli le disait, en dessinant la situation, dans sa lettre écrite de Corte, au comte Rivarola, le 1er juin 1768 : « Quatre bataillons commandés par un maréchal de camp ont débarqué à Ajaccio, d'où trois cents hommes ont été envoyés, par mer, à Bonifacio ; un bataillon est débarqué à Calvi, et les troupes génoises se préparent à se rembarquer pour Gênes. On attend un plus grand nombre de troupes tant à Ajaccio qu'à Calvi, et de plus grandes forces débarqueront à Bastia. Notre peuple montre vraiment de l'ardeur pour la liberté et frémit de cet événement inopiné. Le peu de nos troupes sont en ce moment dans le Nebbio, au Cap-Corse et à Alata, en face d'Ajaccio. »

Le comte de Marbeuf, connaissant les intentions peu flexibles des Corses, et le cri formidable de guerre, répété à outrance de toutes parts, étant parvenu jusqu'à lui, crut prudent de prendre les devants et d'attaquer avant l'expiration de la trève, ne se croyant pas obligé, peut-être, à garder sa parole et sa foi envers un peuple faible et dépourvu de ressources et d'appuis, mais au moins fidèle observateur des règles des armistices. Le 31 juillet donc, cinq jours avant le terme convenu pour pouvoir commencer les hostilités librement et sans déloyauté, une première attaque eut lieu à Patrimonio. Faut-il dire que la valeur de soixante Corses seulement tint longtemps en échec les trois mille soldats, commandés par l'officier supérieur Belaspect qui y trouva la mort, et que ce fut seulement le lendemain que le général Grand-Maison emporta le village, les

nationaux ne pouvant plus tenir contre la supériorité toujours croissante du nombre et contre
l'artillerie bien servie des Français ? (1) A son
tour le général de Marbeuf s'empara de Bar-
baggio, après la vive résistance des nationaux
qui, étant peu nombreux et dépourvus de
canons et de munitions, furent obligés de se
retirer vers Oletta, quelques-uns néanmoins
furent faits prisonniers. Grand-Maison poussa
plus loin vers le nord et se rendit maître de
Farinole, d'Olmeta du Cap-Corse et de Nonza,
où s'immortalisa l'héroïque Jacques Casella, de
Corte.

La tour de Nonza était commandée par ce
noble vétéran qui, par suite des nombreuses
blessures qu'il avait reçues pour la défense de
la patrie, ne pouvait plus se traîner que sur des
béquilles. Ayant appris l'approche des Français,
la garnison se voyant peu nombreuse et peu en

---

(1) Inscription qui se trouve au-dessus de la porte d'entrée
de la maison Calvelli, à Patrimonio.

*Questa casa
fù difesa dai fucili corsi
e sforzata dai cannoni francesi
in tempo di tregua,
Il 1° agosto 1768.*

Cette maison fut défendue par les fusils corses et forcée par
les canons français en temps de trève, le 1er août 1768.

état de résister longtemps aux forces considérables qui s'avançaient, manifesta ses craintes et opina pour l'abandon de la tour. Mais le brave commandant à qui ne convenait pas une pareille résolution, et dont le vœu le plus ardent était de mourir pour la patrie, engagea ses soldats à résister jusqu'à la dernière extrémité et à s'ensevelir sous les ruines de la tour en la faisant sauter lorsqu'il n'y aurait plus d'espoir de la sauver. Personne n'osa le contredire en sa présence, tant on connaissait son inflexibilité ; mais, en secret, les soldats résolurent de se retirer pendant la nuit ; et ils exécutèrent en effet ce projet.

S'apercevant, le lendemain, qu'il était seul, il n'en persista pas moins dans sa résolution, et attendit tranquillement qu'on vînt l'attaquer, c'était le 26 août 1768. Il avait eu soin de braquer la seule pièce d'artillerie vers la principale avenue, et à peine les Français se présentent-ils qu'il met la mèche au canon, et va décharger successivement tous les fusils qu'il avait disposés aux meurtrières. Le général Grand-Maison, pour éviter les lenteurs et l'effusion du sang, envoya un parlementaire pour traiter de la reddition de la tour. Casella y consent et remet au parlementaire un papier contenant les conditions auxquelles il rendrait les fortifications. Il y établissait que la garnison en sortirait, bannière déployée, avec armes et bagages, et qu'on lui fournirait les moyens de transport pour les effets et le canon. Le général accepte, mais quelle n'est pas la surprise de l'officier envoyé pour prendre possession de la tour, de ne point voir sortir la garnison. Ayant interpellé le commandant à ce sujet, celui-ci lui répond : — Voyez en ma personne et la garnison et le chef. — Piqué de cette réponse qu'il croit une raillerie, l'officier français veut frapper de son épée le brave Casella qui, de son côté, dégaîne la sienne et se met en garde ; mais le général français accourt et met fin au conflit, en imposant silence à son subordonné et en serrant la main à l'intrépide commandant corse dont la conduite le frappait d'admiration. Il fait exécuter ponctuellement les clauses de la reddition, et fait escorter le vaillant Casella par un piquet de cavalerie, jusqu'au quartier général de Paoli, établi à Murato.

Sur ces entrefaites, le marquis de Chauvelin qui déjà en arrivant à Toulon avait publié l'ordre de poursuivre comme des pirates les navires portant pavillon corse, débarqua à Saint-Florent avec de nouvelles troupes et poussa les opérations avec vigueur. La flotte qui avait reçu l'ordre de s'emparer de l'île de

Capraja, se rendit devant la place et vint s'embosser devant le fort, mais à peine les sommations furent-elles faites que le commandant Astolfi, déjà habitué à la trahison, rendit la place sans opposer la moindre résistance. Tout autre fut la conduite du capitaine de navire, Ange Franceschi, lequel, partant de Capraja, refusa de baisser pavillon devant les corvettes françaises qui l'avaient poursuivi jusque dans le port de Livourne où il avait cherché un refuge. Le général Paoli instruit de. cette action énergique lui adressa une lettre de compliments qui se terminait ainsi : « S'ils (les ennemis) vous font encore des propositions indignes de votre courage, faites-leur cette seule réponse : *Vive la liberté !* »

Tandis que Paoli se rend avec des forces pour protéger la vallée de Nebbio, qu'il croit devoir être le théâtre de la guerre à en juger par le commencement des hostilités, les troupes françaises sortant de Bastia s'emparent de Biguglia, puis rétrogradant, battent de toutes les forces de leur artillerie la position de Furiani, vaillamment défendue par Giovan-Carlo Saliceti, Pasqualini et le brave Ristori, ce même qui avait puissamment aidé à la prise de Capraja, sous Achille Murati. .

Le combat fut terrible et opiniâtre pendant

sept jours; mais enfin le nombre et la supériorité des moyens l'emportent sur la valeur. Ristori, voyant qu'il est impossible de prolonger la résistance, se rend pendant la nuit à Bastia, pour traiter avec de Marbeuf qui ordonna immédiatement de cesser le feu. Alors les défenseurs de Furiani, qui n'espèrent rien de la mission de leur chef, et auxquels il ne reste plus que l'alternative de s'ensevelir sous les ruines de la place ou de se frayer un passage à travers les rangs ennemis, se décident à sortir et font semblant de se rendre à Bastia, à l'exemple de Ristori. Les agresseurs les laissent passer, croyant qu'ils vont se constituer prisonniers; mais en arrivant près de cette ville, ceux-ci divergent vers la droite, passent l'étang de Biguglia sur des barques de pêcheurs et vont grossir les forces nationales chargées de la défense de la Casinca. Les Français n'ayant trouvé à Furiani qu'un monceau de ruines, s'avancèrent vers le Golo où s'engagea une lutte sanglante qui se termina par la retraite des nationaux, mais qui coûta cher au marquis d'Archambal. Ce ne fut qu'au prix de plusieurs centaines d'hommes qu'il put se rendre maître du pont après deux heures de combat. Les Corses, trop inférieurs en nombre, furent contraints de céder la Casinca où les Français comptaient beaucoup de partisans, adhérents du colonel de Buttafoco. Les troupes d'Archambal se fortifièrent dans Vescovato et dans la Penta, et reçurent la soumission de la piève de Casacconi et des deux pièves maritimes de Tavagna et de Moriani. Bientôt survint Clément Paoli à la tête des milices de la montagne, et le marquis d'Archambal ne pouvant résister à l'impétuosité de ces nouveaux venus, céda le terrain surtout après la glorieuse affaire de La Penta où un officier français se rendit prisonnier avec sa troupe, et se retira à Borgo où se trouvait le colonel de Ludre avec sept cents hommes.

D'un autre côté, une partie des nationaux, chargés de la défense de la montagne de Tenda, font irruption dans le Nebbio, et le capitaine Colle, par une manœuvre hardie, chasse Grand-Maison de Murato, lui fait un grand nombre de prisonniers et lui enlève des bagages et des munitions ; peu s'en fallut même qu'il ne se rendît maître des canons ; car, dans son effroi, le général français avait donné l'ordre de fuir et de les abandonner, mais le commandant Nadal les sauva par son courage et son habileté.

Profitant de la bonne disposition des milices nationales, après ces succès réitérés, Paoli forma le projet de déloger les Français de Borgo, village situé sur une haute colline, où ils s'étaient retranchés pour y attendre l'arrivée des nouveaux renforts qu'on promettait de France. Ferme dans sa résolution et espérant dans le succès, Paoli ordonna que tous les hommes disponibles marchassent dans la direction de Borgo ; et une fois les Corses rassemblés au rendez-vous, il donna l'ordre à ses capitaines d'assaillir le village ; mais, en général prudent, il chargea en même temps, son frère Clément de se porter sur la montagne qui sépare le Nebbio de la Marana, afin d'empêcher le général Grand-Maison, qui se trouvait à Oletta, de venir fondre sur les derrières des assiégeants ; de même qu'il envoya des compagnies, commandées par des chefs habiles et intrépides, sur les collines qui dominent la route conduisant de Bastia à Borgo, afin d'arrêter les secours pouvant venir de cette ville.

En effet, le marquis de Chauvelin, ayant appris la position difficile dans laquelle se trouvait la garnison de Borgo, envoya l'ordre à Grand-Maison de marcher sur ce point, pendant que lui-même, accompagné par de Marbeuf, sort de Bastia avec toutes les forces dont il pouvait disposer et qui se montaient à plus de trois mille hommes.

Dès que toutes les précautions furent prises et que tout fut préparé, Paoli, après avoir

excité l'ardeur des siens par ces paroles :
« Patriotes, rappelez-vous les vêpres corses,
lorsque sur ce même lieu vous détruisîtes les
Français. L'honneur de la patrie et la liberté
publique ont besoin aujourd'hui de toute votre
valeur. L'Europe nous regarde, » ordonna l'assaut général qui commença au point du jour
du 8 octobre 1768. Le combat, qui dura dix
heures, fut sanglant et opiniâtre. Des deux
côtés on fit des prodiges de valeur. En vain
Grand-Maison tenta-t-il de franchir la montagne
pour opérer sa jonction avec le gros de l'armée,
il fut toujours repoussé par les patriotes et
obligé de rester dans le Nebbio. Enfin le marquis de Chauvelin qui avait tenté, à plusieurs
reprises, mais toujours en vain, de pénétrer
dans le village, jugea à propos de battre en
retraite, abandonnant bien à regret le colonel
de Ludre, avec ses braves, au sort qui les attendait. En effet, n'espérant plus d'être dégagé,
celui-ci se rendit à la discrétion avec les siens
qui furent immédiatement dirigés sur Corte.
Ainsi finit la bataille de Borgo, lieu déjà
funeste aux Génois et aux Français. Les Corses
y recueillirent les palmes d'une victoire qui leur
fit le plus grand honneur, puisqu'ils avaient
lutté contre les premiers soldats du monde,
commandés par quatre généraux de grand nom.

Six cents morts, mille blessés, six cents prisonniers, neuf canons dont trois de bronze, un
mortier, mille sept cents fusils, plusieurs caisses
militaires, plusieurs milliers de cartouches et
d'autres effets furent les trophées de cette
mémorable journée.

Autant la bataille de Borgo accrut-elle l'audace et le courage des Corses, autant et plus
elle jeta l'épouvante et le découragement dans
le cœur des soldats français et de Chauvelin.
Aussi celui-ci écrivit-il à la cour pour annoncer
le mauvais résultat de la campagne et pour
obtenir de nouvelles troupes, tout en faisant
comprendre la difficulté de la conquête. Le roi
et la cour furent vivement troublés à cette nouvelle, et l'on dit qu'il fut fortement question au
sein du cabinet d'abandonner l'entreprise ; mais
que le duc de Choiseul, principal moteur de la
chose et dont l'honneur et la place qu'il ne
voulait céder à aucun prix, étaient sérieusement
compromis, employa toute son habileté et toute
son influence pour détourner le torrent. Faisant
valoir et les immenses avantages qu'offrait la
conquête de la Corse, et surtout le déshonneur
qu'il y aurait à s'arrêter à moitié chemin à
cause d'un premier échec, il parvint à anéantir
les suggestions de ceux qui voulaient l'évincer,
et à faire persister le roi dans la résolution de

posséder cette île. Des ordres furent donnés en conséquence pour y envoyer des forces capables d'obtenir le résultat désiré. Le marquis de Chauvelin, à qui on attribua la faute du mauvais succès de la campagne, fut rappelé, et le général de Vaux fut envoyé à la tête des troupes de renfort pour commencer une nouvelle campagne, avec ordre de ne rien épargner pour arriver à soumettre le pays.

Tandis que toutes ces choses se passaient à Versailles, et que tous les peuples de l'Europe, émerveillés des prodiges des Corses, fêtaient leur triomphe et faisaient des vœux pour l'avenir, le marquis de Chauvelin, refoulé dans les places maritimes, demanda à Paoli une suspension d'armes, afin de reprendre les négociations pour arriver à la paix. Celui-ci, plein du désir de procurer le repos à ses peuples et d'obtenir une paix honorable, adhéra, contre l'avis de son frère Clément, à la demande du général français, mais à la condition cependant de chasser des places occupées par les Français les bandits et tous ceux qui étaient en guerre ouverte avec les lois du pays. Ces propositions n'ayant pas été acceptées, Paoli se convainquit de plus en plus qu'il n'y avait plus à traiter les affaires que l'épée à la main, que l'anéantissement de la nationalité corse était une chose arrêtée, et qu'il n'y avait plus d'autre parti honorable que la résistance. Il résolut donc de résister jusqu'au bout, quoiqu'il comprît que sans les secours des puissances européennes, leur intervention ou leur médiation, il fallait tôt ou tard succomber, car il y allait de l'honneur de la France. Il connaissait tout ce dont étaient capables les Corses pour la défense de leur indépendance, il connaissait la force de leur enthousiasme pour la liberté et l'étendue de leur dévouement pour la patrie ; mais il prévoyait que la résistance ne pouvait être de longue durée, parce que les Corses devaient nécessairement se lasser de la vie rude des camps à laquelle ils n'étaient pas habitués, et que l'ennemi, outre la prépondérance des moyens, avait une arme redoutable et infaillible : la corruption. Et, cependant, il devait combattre, car il ne pouvait pas, sans dépasser ses pouvoirs et sans forfaire à l'honneur, accepter des conditions autres que celles qui avaient été posées par la consulte générale de Casinca de 1761, conditions que la France avait garanties ; ou consentir au démembrement de l'île, qui était, comme nous l'avons déjà dit bien des fois, la résolution, et la résolution irrévocable de la France.

Le général Paoli avait désiré l'amitié et la protection de la France ; mais il ne pouvait pas l'acheter au prix des conditions qu'on lui imposait. Dans la réponse qu'il fait à ce Ristori, qui passant de Furiani à Bastia y fut retenu prisonnier et ne sut pas résister aux avances flatteuses du général français, Paoli trouve étrange que la France, après avoir traité pendant quatre ans avec la nation, qu'elle considérait comme indépendante, veuille maintenant ne plus la reconnaître comme telle, et la somme de se soumettre, en vertu d'un traité conclu avec la République, traité qu'on refuse cependant de montrer. Il y déclare que la guerre que les Français font aux Corses est tout-à-fait contraire à leurs intérêts, puisque la Corse est la nation qui a le plus de respect et d'attachement pour la France. Il est surpris aussi qu'on lui fasse un crime de solliciter les potentats de l'Europe à s'intéresser aux affaires de la Corse. « Si j'étais maître du tonnerre, dit-il, je m'en servirais pour défendre la liberté de ma patrie. Mais je persiste toujours dans le désir de la combiner et de l'assurer sous la protection de S. M. T. C. »

Le comte de Vaux qui s'était acquis un nom dans la guerre d'Allemagne, arrivait donc en Corse, à la tête de trente mille hommes d'élite, et ayant de plus la connaissance topographique du pays qu'il y avait acquise sous Maillebois. Il

comprend que, pour arriver à réduire le pays,
il lui faut, non comme ses prédécesseurs, dissé-
miner ses forces pour attaquer les nationaux en
détail, mais bien les tenir concentrées et frapper
un coup décisif en écrasant les Corses en une
seule bataille. Mettant à profit l'exemple de
Maillebois, il veut s'emparer du col de Tenda
et des hauteurs de Lento où consiste, comme
l'a dit l'abbé Germanes, toute la force défen-
sive de l'île ; opinion qui, quoique d'un prêtre,
n'en est pas moins celle d'un grand guerrier,
de Dumouriez, lequel dit : Qui est maître de ce
poste peut prendre l'île en deux heures.

Avant cependant de commencer l'attaque, et
je n'entends pas par attaque les escarmouches
qui eurent lieu autour de Saint-Florent et à
Oletta de Nebbio, le comte de Vaux, en même
temps qu'il fait proposer l'échange des prisonniers, fait demander aussi au général des
Corses s'il veut reconnaître la souveraineté du
roi de France. Paoli, désirant procurer la tranquillité à son pays, mais non toutefois au prix
de l'indépendance, consent à tout, à la condition cependant que l'île ne soit jamais cédée au
sénat ligurien, et que la nationalité corse soit
conservée. Le général français, comme pour
ajouter à l'injustice l'insulte et le mépris, ne
daigne pas même donner une réponse. De même

qu'en 1768, la déclaration du commencement
des hostilités fut remise aux Corses par une
femme ; et cette déclaration écrité n'avait pas
même d'adresse.

Paoli, blessé jusqu'au fond du cœur, assembla,
dans le mois de mars 1769, une consulte générale au couvent de Saint-François de Casinca.
Il y fut décidé que tous les hommes de seize à
soixante ans, capables de porter les armes,
seraient tenus de se trouver au camp dans l'espace de huit jours, et de plus pourvus d'au
moins quarante charges de fusil ; que ces
hommes devraient répondre à l'appel par tiers
se succédant l'un à l'autre, tous les mois ou
tous les deux mois, selon les exigences du service de la patrie, sans distinction de catégorie.
Des peines étaient attachées aux infracteurs de
ces dispositions ; mais il n'y eut pas besoin de
recourir à ces moyens de coercition, tellement
la publication du traité de vente, conclu entre
la République et la France, avait surexcité les
esprits et réchauffé les cœurs.

Le 4 mai, les Français ouvrirent la campagne,
et tandis que de Vaux faisait attaquer par de
Marbeuf le général Paoli dans son quartier
général de Murato, lui-même s'avançait vers le
Borgo, dont le commandant reçut l'ordre de se
retirer au-delà du pont de Golo et d'empêcher

à tout prix les Français d'entrer dans la
Casinca.

De Marbeuf, le premier jour, trouva une vive
résistance dans les rangs des Corses, peu effrayés
du bruit et des effets de l'artillerie sur lesquels
le général français comptait beaucoup; mais, le
lendemain, le général Paoli, trompé par de
fausses attaques, ne pouvant plus se tenir à
Murato, décampa et transporta son quartier
général à Morosaglia, donnant l'ordre à ses
troupes de se concentrer au *Pontenovo,* lieu
que, dans son plan de campagne, il avait choisi
pour être le théâtre d'une grande bataille. En
effet, si ses prévisions s'étaient réalisées et si
ses combinaisons n'avaient pas été détruites par
une sorte de fatalité qui voulut que la Corse
fut effacée du nombre des nations indépendantes, Paoli aurait peut-être anéanti l'armée
française et donné un coup mortel à la gloire
du drapeau des lys, déjà fortement compromise
dans la guerre de sept ans. Mais le sort voulut,
pour notre plus grand bien, peut-être (car Dieu
sait ce qui serait arrivé après Paoli), que l'indépendance de l'île se noyât et se perdît avec le
sang de ses défenseurs dans les eaux du Golo.

Paoli avait confié à Gaffori le soin de défendre
Lento, et à Giocante Grimaldi celui de se tenir
ferme dans Canavaggia. Mais faut-il croire que

ces deux capitaines se laissèrent vaincre par les promesses du général français, ou bien admettre que les habitants de ces deux villages se laissèrent gagner par les embaucheurs, ou qu'ils cédèrent à l'impression de la peur ? Des reproches assez consistants ont été adressés aux uns et aux autres. Un voile épais cependant plane sur ces affaires qui, si elles étaient vraies, ne feraient honneur ni à ces officiers, jusqu'alors fidèles à la patrie, ni aux habitants de ces lieux. On dit que le général Gaffori passa dans l'inaction avec ses troupes la journée du 8 mai à Ponte-Leccia, au lieu de se rendre au col de Tenda, conformément aux ordres qu'il avait reçus pour en disputer le passage aux Français. Ce qu'il y a de positif, c'est que les patriotes rencontrèrent chez ces habitants un accueil hostile, au lieu de l'empressement auquel ils s'attendaient.

Cependant les troupes cantonnées à Pontenovo, impatientes d'en venir aux mains et espérant dans la victoire qui, déjà, leur souriait, puisque les Français se présentaient eux-mêmes dans le lieu où leur défaite semblait être inévitable, passèrent le pont, laissant à peine quelques compagnies pour le défendre, et attaquèrent les Français qui s'étaient engagés dans la vallée du Golo au-dessous de Lento. La lutte s'engage furieuse, et les Français ne pouvant soutenir l'élan des Corses, sont mis en fuite. Ils auraient été infailliblement exterminés soit par les Corses qui les poursuivaient, soit par les habitants des pièves de Costera et de Casacconi qui leur marchaient sus, soit aussi par les troupes nationales qui, venant de Casinca, marchaient sur eux pour leur barrer la sortie de la longue et étroite vallée du Golo, ils auraient été exterminés, disons-nous, sans les forces considérables, qui, descendant des hauteurs de Lento et de Canavaggia, vinrent intercepter les communications des Corses victorieux avec les nationaux se trouvant sur la rive droite du pont ; car, alors, les prenant entre deux feux, c'est-à-dire entre ces nouveaux venus et ceux qui se voyant faiblement poursuivis, revinrent sur leur pas, ils changèrent la victoire en une déroute complète. Alors aussi le cri de trahison se fit entendre et vint mettre le comble à la confusion. Poussés par les Français maintenant victorieux, les Corses tentèrent de repasser le pont ; mais le maréchal de camp Gentili, espérant que les Corses fugitifs trop pressés reviendraient à la charge, avait commandé aux soldats prussiens, préposés à la garde du pont, de faire feu sur quiconque se présenterait du côté opposé. Ceux-ci esclaves de la consigne et exécutant malheureusement trop à la lettre un ordre qui n'avait été donné que pour obliger les fuyards à revenir à l'ennemi, achevaient ceux qu'épargnaient les balles françaises ; et le pont, en un moment, fut jonché de cadavres. On a dit qu'environ deux cent cinquante hommes restèrent sur le pont, autant et peut-être davantage dans les environs ; et ceux qui ne purent échapper au massacre soit en fuyant, soit en se cachant dans les taillis, se noyèrent dans la rivière, en tentant de la passer à la nage. Ce fait mémorable et fatal à l'indépendance de la Corse s'accomplit le 9 mai 1769.

Presque toutes les familles de l'île furent dans le deuil et la désolation, car chacune y eut à déplorer la mort de quelqu'un des siens ; mais si la perte fut considérable du côté des nationaux, elle ne fut pas moindre du côté des Français : plusieurs officiers supérieurs, appartenant à d'illustres familles de la France, payèrent de leur vie le triomphe de leur drapeau. Et s'ils furent victorieux, ils ne durent pas seulement attribuer leur succès à leur valeur incontestable, mais bien plus à la prépondérance de leur nombre et de leurs moyens, et, peut-être, je ne voudrais pas le dire, à la défection de plusieurs des principales familles de la Corse. Le revers des Corses à Pontenovo

ne fut pas pour eux sans gloire : (1) il apprit
aux vainqueurs ce dont étaient capables des
hommes combattant pour la défense de la
patrie. « Les Corses, dit M. Valery, firent un
rempart de leurs morts pour avoir le temps de
charger derrière, et les blessés se traînèrent
d'eux-mêmes jusque parmi les morts pour raf-
fermir ce sanglant rempart. » J'ajouterai à ce
témoignage celui de Dumouriez : « Le combat
téméraire et désespéré de 1,500 Corses contre
l'armée française au Pontenovo montre quel
parti on peut tirer de cette brave nation. »

Que faisait le général Paoli, tandis que les
derniers soutiens de l'indépendance sanctifiaient
par l'effusion de leur sang les derniers moments
de la patrie ? Pourquoi, lui aussi, n'assistait-il
pas à l'heure suprême où s'accomplissaient les
destinées de la Corse ? C'est que connaissant
déjà les défections occultes de plusieurs et
craignant que quelque traître ou quelque

---

(1) *Vide l'Europa l'inegual contrasto,*
    E meglio vide il tuo valor distinto ;
    Biasimo sortì del vincitore il fasto,
    E gloria il vinto.
VINCENZO GIUBEGA.

L'Europe vit l'inégalité de la lutte, et mieux encore elle
admira ta grande valeur : elle décerna un blâme au vainqueur
et la gloire au vaincu.

sicaire n'attentât à sa vie, comme déjà plusieurs fois on l'avait essayé, (1) il voulut, ne pouvant sauver l'indépendance de la Corse, sauvegarder au moins l'honneur national ; et puis, d'ailleurs, même de Morosaglia, ou plutôt de Rascamone, non loin de Pontenovo, il pouvait diriger les opérations de son armée et suivre le cours des événements. Peut-être, en se présentant sur le champ de bataille, aurait-il doublé, comme autrefois à Borgo, l'enthousiasme des siens et balancé la victoire ; mais aussi combien n'aurait pas été plus prompte la défaite, si un fer homicide eût tranché le fil de ses jours ? Mieux que personne de ce temps, et mieux surtout qu'on ne peut le juger à une distance de plus de cent ans, Paoli comprit ce qu'il y avait à faire en cette triste occurrence, et ne prit con-

---

(1) Le jeune Massesi, séduit par des officiers français, avait ourdi une trame contre le général de la nation, son bienfaiteur et l'ami de son père. Le complot ayant été découvert, la junte de guerre, ayant la preuve complète de la culpabilité de ce jeune homme, le condamna au dernier supplice. En vain sa mère sollicita-t-elle son pardon. Paoli touché des larmes d'une mère fut sur le point de lui faire grâce ; mais pensant de quel exemple aurait été l'impunité d'un crime de haute trahison dans des circonstances si critiques, il laissa à la justice son libre cours ; et Mathieu Massesi fut étranglé. Son père perdit avec la confiance du général son emploi de chancelier. Mais les Français lui donnèrent en récompense le titre de conseiller d'Etat.

seil que de la situation. Ce serait une injustice que de le taxer de lâcheté : en d'autres circonstances, quoi qu'en dise l'abbé de Germanes à la page 188, t. II de son Histoire des révolutions de Corse, qui, en somme, n'est, à cet endroit, qu'un odieux et plat pamphlet, il a donné des preuves non équivoques de son courage. Ne lui faisons pas un crime de son absence, et suivons-le dans sa retraite.

CHAPITRE XII

DÉPART DE PAOLI. — SOUMISSION DE LA CORSE.
ADMINISTRATION DU COMTE DE MARBEUF.

Tandis que le comte de Vaux, malgré son succès, n'ose s'aventurer plus avant dans l'intérieur de l'île, et que plusieurs pièves vont par leur soumission relever son courage, Paoli part de Morosaglia et s'arrête à Vivario, où il apprend qu'il est poursuivi par de Marbeuf. Il songe alors à porter un grand coup; et les dispositions qu'il prend et les manœuvres qu'il imagine, en ce moment, sont dignes des plus grands capitaines. Toutes proportions gardées, son plan est gigantesque, car il ne s'agit rien moins que d'écraser, avec peu de monde, le gros de l'armée française qu'il sait déjà en possession de la forteresse de Corte. En effet, le comte de Narbonne venait de s'engager dans la vallée de Celavo, pour de là s'avancer dans l'intérieur de l'île, afin d'opérer sa jonction avec de Marbeuf; Clément Paoli se trouvait près d'Ajaccio occupé à harceler le général français, Pascal lui envoie l'ordre de revenir par Vico, le Niolo jusqu'à Ponte-alla-Leccia, et de là, après avoir appelé aux armes toute la terre des communes, de marcher sur Corte, où lui-même se rendrait avec les milices fidèles qui s'étaient ralliées autour de lui. Mais Clément, manquant de tout, ne put exécuter les ordres de son frère.

Voyant alors qu'il ne pouvait plus se soutenir qu'à l'aide de la guerre civile, Paoli partit de Vivario, se rendit à Porto-Vecchio, d'où il s'embarqua pour la Toscane sur un vaisseau anglais le 13 juin 1769. Son frère et quelques trois cents patriotes, préférant l'exil à la servitude, s'embarquèrent avec lui, en jetant sur leurs montagnes un regard d'adieu qui n'était pas cependant sans espérances.

Au delà des monts plusieurs patriotes, entre autres Abbatucci et le célèbre curé de Guagno, avaient encore les armes à la main et refusaient de se soumettre. Plusieurs familles aussi avaient cherché un refuge sur les hauteurs du Monte Rotondo ; mais apprenant le départ de Paoli, tous acceptèrent les propositions pacifiques des Français, à l'exception, toutefois, du curé de Guagno. Ce prêtre exalté, sourd à la voix de la raison et de la prudence, ne voulut jamais abjurer le serment qu'il avait prêté à l'indépendance de sa patrie ; et, après avoir mené une vie errante dans les forêts, il fut trouvé mort dans une grotte, tenant, spectacle étrange, un crucifix sur les lèvres et sa carabine à ses côtés.

Parmi les corses fugitifs, se trouvaient Charles Bonaparte et Letizia, sa femme, laquelle portait dans son sein depuis sept mois un enfant qui devait étonner le monde par l'immensité de son génie.

Pendant ce temps, Paoli arrivait en Italie où il était reçu comme un triomphateur par les populations qui ne se rassasiaient pas de le contempler. Le grand-duc Léopold s'unissait à l'enthousiasme des Florentins et fêtait le noble exilé. (1) Après s'être séparé de son frère bien-

------

(1) Les poètes italiens célébrèrent, à l'envi, ses louanges. Voici un passage du chant composé par Pignotti :

> *O Paoli, o invitto eroe ! perchè l'ardire*
> *Ch'hai tu nell'opra, io pur non ho nel canto ?*
> *Ma tu di Pindo intanto*
> *Uopo non hai delle follie canore*
> *Per esser grande. Già l'Europa intiera*
> *Suona del nome tuo : freme e t'ammira*
> *Fra lo stupore e l'ira*
> *Anche il Francese, e già quasi si pente*
> *Dell'impresa primiera.*
> *E d'offendere un popolo innocente,*
> *E del Tamigi sull'augusta riva*
> *Londra ti applaude con festosi evviva.*

O Paoli, héros toujours vainqueur ! pourquoi n'ai-je pas dans mes vers la hardiesse que tu as déployée dans tes actes ?

aimé et de ses fidèles, Paoli poursuivit son chemin à travers l'Italie et l'Allemagne, passant par Vienne, et partout recevant les plus touchants témoignages d'estime (1) et d'admiration,

---

Mais pour être grand, tu n'as pas besoin des vains lauriers du Pinde. Déjà l'Europe entière retentit de l'éclat de ton nom. La France elle-même, entre l'étonnement et la colère, frémit et t'admire. Elle se repent presque déjà de son entreprise première et regrette d'offenser un peuple innocent. Londres qui orne les augustes rivages de la Tamise t'applaudit par des ovations et par des fêtes.

(1) A l'appui de cette assertion, nous donnons la lettre que lui écrivit la tzarine Catherine II, de Russie :

« Monsieur le général de Paoli. — J'ai reçu votre lettre de Londres du 15 février. Tout ce que le comte Alexis Orloff vous a fait savoir de mes bonnes intentions envers vous, Monsieur, est une suite des sentiments que m'ont inspirés votre grandeur d'âme et la façon généreuse dont vous avez défendu votre patrie. Le détail de votre séjour à Pise m'est connu. Il contient, entre autres, de l'estime pour tous ceux qui ont eu l'occasion de vous connaître. Telle est la récompense de la vertu dans quelque situation qu'elle se trouve. Soyez assuré que je prendrai toujours une part sincère à la vôtre.

» Le motif de votre voyage en Angleterre était une conséquence naturelle de vos principes envers votre patrie. Il ne manque à la bonté de votre cause que des circonstances heureuses. Les intérêts naturels de notre empire étant aussi liés qu'ils le sont avec ceux de la Grande-Bretagne ; l'amitié réciproque des deux nations qui en résulte ; l'accueil que mes flottes en ont reçu ; celui que mes vaisseaux dans la Méditerranée et le commerce de la Russie auraient à attendre d'un peuple libre et ami des miens, sont des motifs qui ne sauraient que vous être favorables.

» Aussi pouvez-vous être assuré, Monsieur, que je ne négligerai point les occasions qui pourront se présenter de vous rendre tous les bons offices que les conjonctures pour-

jusqu'à Londres où l'attendait le plus généreux accueil, accueil bien différent, mais à la honte éternelle de l'Angleterre, de celui qui, quarante-six ans après, fut fait à cet autre Corse, lequel après avoir porté la plus belle couronne du monde et avoir vaincu l'Europe entière, désirait, une fois abandonné par son étoile, s'asseoir comme Thémistocle au foyer du peuple britannique.

Le roi le reçut en audience particulière, et cette audience ne dura pas moins d'une heure et demie ; les ministres anglais s'empressèrent d'aller le visiter ; les principales familles de l'Angleterre tenaient à honneur de le recevoir et de le fêter ; les hommes d'Etat, tant de l'opposition que du parti ministériel, tâchèrent de l'attirer dans leur sens. Mais il sut toujours se maintenir indépendant des coteries, car, sous

---

ront permettre. Les Turcs m'ont déclaré la guerre la plus injuste qui fut peut-être jamais. Je ne puis en ce moment que me défendre. La bénédiction du Ciel qui a accompagné jusqu'ici la bonté de ma cause, et que je prie Dieu de me vouloir bien continuer, démontre assez que la justice n'est pas longtemps opprimée ; et que la patience, l'espérance et le courage viennent à bout dans le monde des choses les plus difficiles. Je reçois avec plaisir, Monsieur, les assurances d'attachement que vous voulez bien me donner et je vous prie d'être assuré de l'estime avec laquelle je suis

» CATHERINE.

» A St-Pétersbourg, ce 16-27 avril 1770. »

les brumes épaisses et constantes de Londres,
il ne voyait que le ciel bleu et serein de sa
chère patrie; ses seules pensées étaient pour
elle et pour ses compagnons fidèles disséminés
en Italie; il se souciait fort peu, par conséquent, des systèmes des whigts et des torys
dont il n'avait que faire. Malgré le haut rang
qu'on lui assignait, sa vie fut toujours simple,
modeste et austère. Aussi, de la pension
annuelle de 2,000 livres sterling (1) que le
gouvernement lui faisait, employait-il la majeure
partie au soulagement des pauvres expatriés,
lesquels, à l'ennui de vivre sur une terre étrangère, ajoutaient les privations imposées par la
modicité de leurs ressources.

Laissons le magnanime exilé dans l'asile que
lui a offert l'Angleterre, s'occuper de ses rêves
déçus, de ses compagnons objets de sa sollicitude; laissons-le méditer sur les malheurs de
sa patrie opprimée; laissons-le se bercer de
l'espoir de la relever ou de la voir relever un
jour de l'état d'abaissement et de servitude où
il la voyait réduite; et portons nos regards sur
l'état du pays sous l'administration des lieute-
nants-généraux gouverneurs.

---

(1) La livre sterling vaut 20 shilling ; le shilling vaut 1 fr. 25 :
2,000 livres sterling valent environ 50,000 francs.

Le comte de Vaux, une fois la Corse soumise et la pacification faite, s'empressa de retourner sur le continent jouir de son triomphe, recevoir les applaudissements de la cour et surtout les félicitations de Choiseul qui voyait avec une satisfaction indicible son injuste entreprise, cause pour lui de tant de soucis, couronnée enfin de succès. Le comte de Marbeuf qui, jusqu'alors n'avait été employé qu'en sous-ordre, lui succéda dans le soin de gouverner l'île. Mais celui-ci, militaire comme son prédécesseur, ne savait administrer que militairement : aussi le système adopté fut-il un système de compression et de violence. Au lieu d'employer la douceur et la persuasion, deux moyens infaillibles de s'attacher les cœurs, il n'eut recours qu'à la force qui n'est pas de nature à contenir un peuple naturellement fier et indépendant.

Alors le mécontentement, alors les séditions ; mais ces mouvements à peine étaient-ils découverts que les auteurs en étaient punis de mort. La détention d'une arme à feu ou même d'une charge de poudre emmenait la peine du dernier supplice ; et l'on vit le féroce Sionville, lieutenant du gouverneur, se faire un plaisir de désigner les arbres qui lui paraissaient les plus propres à la pendaison de ces âpres montagnards qu'il ne pouvait parvenir à subjuguer et à courber sous son despotisme brutal.

De Marbeuf poursuivant l'organisation des pouvoirs en Corse, conserva les statuts ; mais il y introduisit quelques changements tant soit peu grossiers et qui dénotaient chez lui l'absence de toute idée de législation. Le système établi par Paoli était essentiellement démocratique, et de Marbeuf, en le retouchant, ne pouvait qu'y laisser l'empreinte de l'enduit dont il était lui-même recouvert, c'est-à-dire l'élément aristocratique : il rétablit la commission des douze nobles ; et en cela il blessa vivemen les Corses, habitués à ne reconnaître d'autre suprématie que celle du mérite personnel. Le Corse ne s'incline que devant le génie ; quant à la naissance et à la fortune, elles ne sont pas faites pour commander son respect. La naissance n'est que l'effet du hasard ; la fortune n'est pas le talent et peut n'être que le fruit de l'improbité ; quant aux titres, il ne lui a manqué que les circonstances pour les obtenir et les mériter. Le rétablissement de cette instistution outre qu'elle ne procurait aucun avantage, ne faisait que semer la discorde, en excitant la jalousie des Corses les uns contre les autres, et détruisait par conséquent l'accord, la fraternité, l'harmonie que Paoli, malgré tant d'obstacles, était parvenu à établir. Alors on vit un spectacle curieux : un grand nombre de familles exhumèrent leurs titres de noblesse, en présentant au conseil supérieur de vieux parchemins, vrais ou faux, afin d'être placées sur le tableau des nobles et profiter ainsi des avantages qui y étaient attachés.

Il ne faut pas dire, cependant, que l'administration du comte de Marbeuf ait été tout-à-fait mauvaise ; car, à côté de tout le mal qu'il a fait ou qu'il a laissé faire, il a mérité, et à bien des titres, la reconnaissance des Corses. En effet, il appela la bienveillance du roi sur plusieurs jeunes nobles insulaires qui furent admis dans les écoles militaires de France. Parmi eux, se trouva le jeune Napoléon, né trois mois après la conquête, et fils de Charles Bonaparte, cet ami intime de Paoli. Il favorisa le progrès du commerce extérieur ; il protégea visiblement les arts et l'industrie ; il accorda une protection toute spéciale à l'agriculture par l'établissement de la ferme-modèle de l'Arena, par l'introduction des mûriers, et surtout par l'obtention d'un arrêt du conseil d'Etat portant exemption de tout impôt, pendant vingt ans, pour les taillis que l'on défricherait dans le but de les livrer à l'agriculture. Mais tout cela ne contribua pas beaucoup au bonheur et au bien-être des populations corses, qui se trouvaient écrasées sous le poids des impôts, cependant mieux répartis qu'au temps des Génois, et découragées et abruties par un gouvernement draconien.

Le comte de Marbeuf mourut à Bastia en 1786. Il avait gouverné la Corse pendant seize ans.

CHAPITRE XIII.

RÉVOLUTION DE 1789. — RAPPEL DES EXILÉS. PAOLI A PARIS. — SON ARRIVÉE EN CORSE.

Vingt ans déjà s'étaient écoulés depuis la conquête, et, quoique habitués à l'oppression par ce laps de temps déjà trop long pour la mémoire des peuples, les Corses voyaient avec un dépit peu contenu que la France traitât leur patrie en province conquise ; et, à l'exception de quelques nobles et de quelques privilégiés, ils étaient sur le point de tenter de nouveau, comme en 1729, le recouvrement de leur indépendance, lorsque les premiers symptômes de la grande révolution de 1789 vinrent les apaiser et ouvrir leurs cœurs à l'espérance. Cette révolution, aurore de la liberté pour la France, n'était qu'une éclaircie nouvelle pour la Corse qui, déjà bien des fois, avait de l'indépendance goûté les douceurs et apprécié les avantages. Aussi, la nouvelle du mouvement révolutionnaire fut-elle accueillie dans notre île avec des transports indicibles de joie et d'enthousiasme. « Il semble de toutes parts que le peuple veuille être libre, et peut-être le serons-nous, nous aussi, au moins comme les Français », disait Paoli dans sa lettre du 27 octobre 1789, au père Palmieri ; et le cœur du héros dut tressaillir de joie, si encore un peu d'orgueil ne vint se mêler à ce sentiment, en voyant la France, qui, vingt ans avant, avait écrasé la liberté en Corse, revenir aujourd'hui à l'adoption des principes qu'il avait proclamés et établis dans son pays.

De tous côtés, les Corses coururent à l'urne électorale à l'effet d'envoyer, comme les autres provinces, aux États généraux, des députés pour y prendre part aux délibérations. Parmi les décrets qui émanèrent de cette assemblée souveraine, il y en eut deux de la plus grande importance pour la Corse : le premier, en date du 30 novembre 1789, déclara la Corse partie intégrante de la France ; le second rappela Paoli, et avec lui tous ceux qui avaient été forcés par la conquête de chercher une autre patrie à leur indépendance.

Alors un revirement complet dans les sentiments des insulaires, alors des rapports sympathiques s'établirent entre eux et leurs frères du continent, car la Corse, par le premier décret, était appelée à ne faire plus qu'une seule et même chose avec la France.

Des adresses où se peignaient l'amour et l'enthousiasme, rédigées sur tous les points de l'île, furent les avant-coureurs de la députation nommée pour aller chercher l'illustre exilé. Sans lui, en effet, le bonheur de ses compatriotes ne pouvait être complet.

Pendant que tout se préparait pour la rentrée solennelle de Paoli, la sérénissime république de Gênes protestait formellement, par un mémoire, contre le décret de l'Assemblée nationale qui annexait si intimement la Corse à la France, en revendiquant ses droits de souveraineté sur cette île. Mais les députés, à la voix de Saliceti, appuyé par l'éloquence de Mirabeau, firent justice des prétentions des Génois, en déclarant qu'il n'y avait pas lieu à délibérer sur le mémoire présenté par le ministre plénipotentiaire de Gênes. La conduite du duc de Choiseul fut aussi hautement blâmée, car il était maintenant reconnu qu'il avait à la fois, trompé et la République, et la France et la Corse.

J'ai blâmé et je blâme encore les procédés employés par le gouvernement français, pour parvenir à la conquête de la Corse. Mais je ne suis pas fâché de m'écrier ici : heureuse intrigue de Choiseul qui nous a valu notre annexion, comme en songeant à la faute d'Adam, les chrétiens s'écrient : *Felix culpa* qui nous a valu la venue du Sauveur !

Paoli, qui dès l'abord ne voulait pas revenir pour ne pas donner de suspicion, se laissa enfin entraîner par les invitations réitérées de ses compatriotes et par le désir de revoir le sol chéri de la patrie. Il quitte Londres, débarque en France et arrive à Paris, où, comme partout sur son passage, il est reçu aux acclamations de tout le peuple enthousiasmé, avide de contempler le héros de la liberté. Les ministres de Louis XVI lui font l'accueil le plus favorable ; Lafayette, ce chevaleresque ami de l'indépendance des peuples, se fait un honneur d'être son guide dans la capitale. Deux fois il le présente aux gardes nationales qui le saluent de leurs plus chaleureuses acclamations. Enfin, le 22 avril 1790, il fut admis à l'Assemblée nationale. Les députés de la Corse, moins de Buttafoco, représentant de la noblesse, et Peretti, du clergé, formèrent son cortège avec tous les Corses qui se trouvaient en ce moment à Paris. A son entrée dans la salle, il fut accueilli par les signes les plus évidents de l'admiration, du respect et de l'enthousiasme ; et dès que Panattieri eut, pour ainsi dire, fait sa présentation par un discours qui exprimait noblement les sentiments de ses concitoyens, à savoir : d'abord la reconnaissance des Corses pour la générosité de la France, ensuite la fidélité éternelle de ceux-ci, et enfin leur bonheur en revoyant l'illustre défenseur de leur indépendance, Paoli se leva et prononça le discours suivant, avec une gravité, un ton, une modestie qui commandaient le respect à ceux-là mêmes qui professaient des idées contraires aux siennes :

« Messieurs, ce jour est le plus beau, le plus heureux de ma vie. Je l'ai passée dans la poursuite de la liberté, et j'en trouve ici la plus noble image. J'ai laissé ma patrie dans la servitude et je la retrouve libre. Que me reste-t-il donc encore à désirer ?

» Après une absence de vingt ans, j'ignore si l'oppression a changé mes compatriotes ; les changements n'ont pu être que funestes, car l'oppression ne fait qu'avilir. Mais en brisant leurs fers vous les avez rendus à leur antique vertu.

» Mon retour au sein de la patrie ne saurait vous faire douter de mes sentiments. Vous avez été généreux envers moi et je ne fus jamais esclave. Ma conduite passée que vous avez honorée de votre approbation est le meilleur garant de ma conduite à venir. Ma vie entière, j'ose le dire, a été un serment non interrompu à la liberté. C'est tout comme si je l'eusse déjà prêté à la constitution que vous formez ; mais il me reste à le prêter à la nation qui m'adopte, et au monarque que je m'empresse de reconnaître ».

Par ces derniers mots, Paoli, à la face de la France, justifiait son passé et protestait de nouveau contre les violences que le despotisme déchu avait employées à son égard et envers sa patrie ; et si, en ce jour, il prêtait un serment, ce serment était celui d'un homme libre poussé seulement par la reconnaissance.

A cette profession de foi, le président de l'assemblée répondit par un discours on ne peut plus flatteur pour la Corse et pour Paoli, qu'il se plut à nommer le « *héros et le martyr de la liberté.* »

Une manifestation non moins éclatante lui était réservée par la société des *Amis de la Constitution.* A peine parut-il sur le seuil de la porte que tous les membres de la Société se levèrent, et ne consentirent à s'asseoir que lorsqu'il eut pris place à la droite du président, qui était Robespierre, et qui lui parla en ces termes : « Oui, il fut un temps où nous cherchâmes à opprimer la liberté dans son dernier asile..... Mais, non, ce crime appartient au despotisme. Le peuple français l'a réparé.

Quelle magnifique expiation pour la Corse conquise et l'humanité offensée ! Citoyen généreux, vous avez défendu la liberté à une époque où nous n'osions pas même l'espérer. Vous avez souffert pour elle, vous triomphez avec elle, et votre triomphe est le nôtre. Unissons-nous pour la conserver à jamais, et que ses vils ennemis pâlissent d'effroi à la vue de cette confédération sainte. »

Il lui restait enfin à être présenté au roi Louis XVI. Celui-ci le reçut on ne peut plus gracieusement. Il l'invita à assister à la messe dans sa chapelle et l'honora même d'une place à ses côtés. Ce fut pendant la présentation, que le roi, en parlant des troubles qui agitaient bon nombre de provinces, demanda aux députés corses qui accompagnaient Paoli, des nouvelles sur la situation de leur pays. Ceux-ci lui répondirent que tout y était tranquille et tendait à s'organiser pacifiquement. Le roi, alors, s'écria avec une satisfaction visible : « Mes derniers enfants sont donc les plus sages et les plus fidèles. » Puis il confia à Paoli le soin de conserver dans l'île de Corse le calme qu'on lui assurait y régner, en lui donnant la certitude qu'il n'y aurait désormais aucune distinction entre les deux peuples, comme il n'en existait plus dans son affection paternelle.

Toutes ces fêtes, toutes ces réceptions splendides, tous ces témoignages de respect et d'admiration, qu'il reçut non seulement à Paris, mais à Lyon, mais dans toutes les villes qu'il dût traverser pour se rendre dans l'île, ne le touchèrent pas autant que l'empressement de ses compatriotes à venir à sa rencontre dès qu'on sut qu'il avait débarqué au Cap-Corse. Cette émotion se peint parfaitement dans son premier mouvement en touchant le sol de la patrie. Il se jette à genoux, baise la terre et s'écrie : « O ma patrie, je t'ai laissée esclave et je te retrouve libre. » Il reprit sa marche, marche triomphale qu'une plume plus exercée que la mienne ne pourrait peindre encore qu'impartement, tant l'allégresse fut au comble. Toujours accompagné par la députation de la terre des communes à laquelle s'était jointe, à Marseille, celle d'Ajaccio, dirigée par Joseph Bonaparte et par son frère Napoléon qui, quoique simple officier d'artillerie, laissait entrevoir, dès lors, ce qu'il deviendrait un jour, Paoli arriva par mer à Bastia. De là il s'avança dans l'intérieur de l'île, vers le village qui l'avait vu naître ; et partout mêmes acclamations, mêmes sentiments d'enthousiasme et de joie, si encore l'on ne renchérissait pas sur le passé, si faire se pouvait.

En touchant les rivages de la Corse, il avait adressé à ses concitoyens une lettre-circulaire qui commençait ainsi :

« Mes chers compatriotes. La Providence m'a ramené au sein de la patrie au moment où la plus heureuse et la plus étonnante des révolutions, après l'avoir tirée de l'état d'oppression et d'avilissement, ouvre devant elle la perspective d'un bonheur plus grand que nous n'aurions osé l'espérer.

» Je m'applaudis de me trouver encore une fois au milieu de mes compatriotes et de pouvoir, en m'associant à leurs efforts, concourir à l'établissement du calme et de la tranquillité, sur la base immuable d'une liberté commune que garantit à jamais la plus belle, la plus sage des constitutions.

» Pour demeurer fidèle à la liberté je me séparai de ma patrie qui m'était si chère, et si j'y reviens, c'est encore pour m'occuper avec vous de ce qui peut la rendre heureuse. Méprisant de méchantes insinuations..., je n'en travaillerai pas moins avec ardeur à la prospérité de ce peuple ; mais en conservant le caractère de simple citoyen, n'ayant plus à lui offrir que du zèle et des conseils. Le titre de citoyen, le seul dont je m'honore, est aussi le seul qui convienne à des hommes vraiment libres, ani-

més de l'amour de la patrie et du bien public.
Incompatible avec l'esprit d'individualisme aussi
bien qu'avec tout intérêt de parti et de faction,
traces funestes des temps de despotisme et de
violence, ce beau titre de citoyen commande
un respect inviolable et l'observation la plus
scrupuleuse des lois constitutionnelles. »

Parlant ensuite des bienveillantes dispositions de l'auguste Assemblée nationale et de la
royale propension du souverain pour la Corse,
dont il avait reçu tant de témoignages pendant
son séjour dans la capitale, il en prenait motif,
pour le bonheur de la patrie et dans l'intérêt
de tous, d'engager ses compatriotes à faire taire
désormais les dissentiments et les rivalités qui
ont agité le pays, et à se montrer dignes du
bienfait inappréciable de la liberté reconquise.

« Si dans ces réunions électorales, finissait-
il, les suffrages libres des citoyens actifs appelés à voter sont uniquement déterminés par des
considérations d'intérêt public, avec impartialité et sans vues personnelles, si les élus choisis
pour remplir dans l'administration publique
les divers emplois qui leur seront confiés se
distinguent par les lumières, la probité et le
dévouement au pays, je ne doute pas que son
bonheur ne soit assuré. Quant à moi, je trou-
verai toujours dans l'accroissement et la

durée de sa prospérité une douce compensation à..... »

Quelques jours après, les populations de l'île élisaient les représentants qui devaient siéger à l'assemblée d'Orezza, chargée d'organiser l'administration départementale.

CHAPITRE XIV.

RÉUNION DE L'ASSEMBLÉE PRIMAIRE D'OREZZA.
DISCOURS DE PAOLI.
RÉSUMÉ DES DÉLIBÉRATIONS DE L'ASSEMBLÉE.

L'Assemblée nationale, considérant que l'ancienne division de la France en provinces était un obstacle à l'entente de tous les citoyens et à l'unité qui doit exister entre tous les membres d'un même peuple, décréta la division de la France en 86 départements. Chaque département se divisa en districts qui prirent ensuite le nom d'arrondissements ; chaque arrondissement se divisa en cantons, formés de plusieurs communes. Il y eut en Corse 9 districts dont les chefs-lieux furent : Bastia, Oletta, Porta, Cervione, Ile-Rousse, Corte, Ajaccio, Vico, Tallano. L'administration départementale était confiée à un conseil composé de 36 membres dont 8 formaient le *Directoire* chargé de l'exécution des délibérations du conseil. Cette même organisation se reproduisait dans chaque district où les conseillers cependant n'étaient qu'au nombre de 12, dont 5 avaient le pouvoir directorial pour la circonscription. Dans chaque canton le juge de paix remplaça le podestat. Tous ces magistrats devaient être le produit de l'élection.

Le 9 septembre 1790, 419 députés se réunirent au couvent d'Orezza et élurent à l'unanimité Pascal Paoli, président de l'assemblée et général des gardes nationales de l'île. Après que cette assemblée se fut légalement constituée, le président lut un discours qui fut écouté avec le religieux recueillement que méritaient les paroles sorties de la bouche du patriarche de la liberté.

Après avoir fait le résumé de sa vie politique et énuméré les sacrifices que le pays s'était imposés, les périls qu'il avait bravés, les luttes qu'il avait soutenues pour secouer le joug odieux de la république de Gênes et conquérir ainsi l'indépendance ; après avoir exprimé le désappointement des nationaux en se voyant dépouiller de cette indépendance par la nation même pour laquelle ils avaient le plus de sympathies ; après, enfin, leur avoir rappelé toutes les souffrances qu'ils avaient endurées pendant tout le règne du régime oppresseur qui venait de s'éteindre, Paoli vint à parler des sentiments de reconnaissance que les Corses devaient désormais nourrir pour la France, qui, par le mémorable décret du 30 novembre, réparait le mal passé en associant la Corse à ses destinées ; et il prit de là motif de témoigner de nouveau de sa fidélité à la France, à la constitution et au roi-citoyen.

Il n'oublia pas, dans son discours, la nation qui lui avait donné asile et consolation pendant les vingt années de son exil ; et en prononçant des paroles d'éloge et de gratitude envers l'Angleterre et son roi, il ne craignit pas de blesser, en cela, les Français, « car, disait-il, les grandes nations savent respecter les vertus et l'honneur, et elles estimeraient peu le caractère public d'un peuple capable de les oublier. » Aussi faisait-il des vœux pour que ces deux grandes puissances, qui, pendant trop longtemps avaient, par leur rivalité, affligé l'humanité, marchassent dorénavant en émules dans la voie des améliorations sociales et assurassent ainsi la tranquillité du monde entier.

Le président ayant fini son discours, plusieurs fois interrompu par les plus vifs applaudissements, l'assemblée, sur la motion d'Arena, qui avait été élu secrétaire, vota deux adresses, l'une aux représentants de la nation française, l'autre au roi Louis XVI : la première manifestant les sentiments de reconnaissance des Corses pour le décret qui incorporait leur île à la France, et la seconde offrant à l'auguste souverain français l'hommage de leur soumission volontaire et l'assurance de leur fidélité.

Après que l'assemblée eut adopté la proposition faite par Pietri de Fozzano de fêter, chaque année, le 30 novembre, jour où l'Assemblée nationale avait brisé à jamais les chaînes de la Corse, Paul Pompei monta à la tribune et fit deux propositions qui furent unanimement accueillies par les électeurs, mais qui furent repoussées par la personne qui en était l'objet. Il s'agissait d'abord de voter à Pascal Paoli une pension convenable à son rang et propre à suffire aux besoins de sa vieillesse ; ensuite, de lui ériger une statue afin de transmettre à la postérité la plus reculée l'image de ses traits et la mémoire de ses vertus.

Paoli en exprimant son généreux refus, allégua pour excuse qu'il lui restait encore quelques biens et quelques économies ; et relativement à la statue il leur dit qu'il se contentait de leur affection. « Le monument le plus précieux pour moi, disait-il, est celui que vous m'avez élevé dans vos cœurs. » On ne tint aucun compte de ses refus et de ses observations : une pension de 50 mille livres fut votée, ainsi que le monument à ériger en son honneur.

Dans le courant de la session, on vota le licenciement du *Provincial*, régiment entaché de dépravation de mœurs et de trop de servilité envers le despotisme militaire ; des témoignages de satisfaction aux députés du tiers état Cesari et Saliceti, et un blâme sévère à ceux des ordres privilégiés, les déclarant indignes de la confiance publique ; la demande à l'Assemblée nationale de l'élargissement des condamnés contumaces corses qui, pour cause de politique, languissaient dans les forts de Toulon, comme aussi celle de la réhabilitation de la mémoire des victimes de la tyrannie du pouvoir absolu renversé. On prit en considération les réclamations des réfugiés pour la confiscation de leurs biens, et l'on supplia l'Assemblée nationale d'ordonner la levée des sequestres sur leurs propriétés et de leur accorder une indemnité proportionnelle à leurs pertes ; on décréta la révocation des concessions faites à des particuliers des domaines nationaux depuis 1768. On n'approuva pas cependant entièrement la motion d'un électeur tendant à engager l'assemblée départementale à prendre des mesures de surveillance contre ceux qui chercheraient d'une manière quelconque à amener la contre-révolution, et à les dénoncer immédiatement à l'Assemblée nationale. C'était, comme le dit

M. Arrighi (1) préluder de loin à la loi des suspects, loi qui, une fois admise par l'Assemblée nationale, produisit de si grands malheurs en Corse comme en France. On se contenta de voter les fonds nécessaires à la solde d'une partie de la garde civique, afin de la mettre à même de comprimer toute espèce de trouble et de machination contre l'ordre public.

L'idée de graver sur la porte du couvent une inscription qui rappelât à la postérité que, dans cette église, s'était tenue, sous les auspices de la liberté, la première assemblée de la Corse devenue française, fut adoptée à l'unanimité.

Désormais libres, les Corses, par l'organe de leurs députés au congrès du département, voulurent effacer jusqu'aux derniers vestiges de leur servage, ou, pour mieux dire, de leur humiliation et de leur dégradation pendant les vingt années qui s'étaient écoulées depuis la conquête. Aussi cette assemblée décida-t-elle qu'on arracherait du registre des délibérations toutes celles qui avaient été prises en faveur de Marbeuf, de Sionville et de Narbonne, parce que, disaient-ils et avec raison, elles ne pouvaient être que le produit de la crainte, ou de

_____

(1) Page 111, tome II.

l'adulation, sentiment encore plus condamnable.

Des éloges furent votés au comité supérieur pour sa gestion en l'absence de tout autre pouvoir constitué, de même qu'à MM. Belgodere, Panattieri, Casabianca et Murati pour la manière dont ils avaient rempli la double mission qui leur avaient été confiée, savoir : de présenter à l'Assemblée nationale l'hommage de fidélité des Corses, et d'aller chercher à Londres le général Paoli. On laissa au président la faculté de choisir les deux députés chargés de porter les deux adresses des Corses à l'Assemblée nationale et au roi. Le choix de Paoli tomba sur Antoine Gentile et Pozzo-di-Borgo.

L'assemblée remarquant que le général Paoli étant déjà sur l'âge et ayant de nombreuses et importantes occupations, ne pourrait se charger, sans trop s'en ressentir, du commandement de toutes les gardes nationales de l'île, pensa à lui donner un commandant en second. A ces fonctions fut appelé Colonna-Cesari, homme qui avait donné des preuves non équivoques de son dévouement à la liberté.

On adressa ensuite une demande au gouvernement, à l'effet d'obtenir un nombre suffisant de fusils pour armer les gardes nationales et les mettre ainsi à même de s'opposer à toute

attaque venant de l'extérieur ou de l'intérieur ;
car depuis le désarmement ordonné par de
Vaux, immédiatement après la conquête, en vue
de ramener la sécurité et de mettre un terme
aux vengeances qui décimaient les populations,
les Corses se trouvaient dépourvus de toutes
armes.

Pour donner une preuve de sa sympathie à
M. de Volney, (1) ami de Paoli et de beaucoup
d'entre les principaux de l'île, l'assemblée décida
que, si elle était appelée à nommer le directeur
du commerce de l'île, cette place lui serait
donnée préférablement à tout autre. Cet homme
qui alors se montrait si plein de bonnes dispositions pour le pays qui lui donnait de si touchants témoignages d'estime, tourna toute sa
haine contre ce même pays et contre le général
Paoli dont il s'était honoré d'être l'ami, lorsque

---

(1) Volney, (comte de) savant français, (1757-1820) voyagea en
Orient de 1782 à 1787 ; publia une relation de son voyage, qui
lui fit une grande réputation. Envoyé aux Etats généraux, il y
sontint les idées nouvelles. Enfermé, sous Robespierre, pour
cause de royalisme, il fut sauvé par le 9 thermidor. Il se
déclara pour la révolution du 18 brumaire et fut nommé
membre du sénat conservateur, où il montra cependant de
l'indépendance. Napoléon le fit plus tard comte de l'empire.
Parmi ses œuvres qui sont nombreuses, on distingue LES
RUINES (1791), ouvrage philosophique, bien écrit, mais conçu
dans un esprit irréligieux.

(Tiré du dictionnaire universel d'histoire et de géographie,
de Bouillet).

son ambition y reçut un cruel échec pour la représentation nationale.

La session de l'assemblée touchait à son terme. Elle ne pouvait mieux terminer ses opérations qu'en adressant des remerciements à son président pour le zèle et l'intelligence dont il avait fait preuve dans la direction des travaux. A cet effet, une députation de douze électeurs fut chargée de lui porter l'expression des sentiments de dévouement et de reconnaissance de toute l'assemblée.

Le lendemain un *Te Deum* solennel fut chanté dans l'église conventuelle devant tous les membres du congrès et d'un concours immense de citoyens.

CHAPITRE XV.

ORGANISATION
DE L'ADMINISTRATION DÉPARTEMENTALE.
FOMENTATION DES PARTIS. — ORGANISATION
DE L'ORDRE JUDICIAIRE ET ÉTABLISSEMENT DU JURY.
CLUBS. — PREMIERS DOUTES SUR LES
INTENTIONS DE PAOLI.

A peine la réunion d'Orezza, que l'on pourrait jusqu'à un certain point considérer comme l'assemblée constituante de l'île, fut-elle close, que l'administration départementale, composée, ainsi qu'il a été déjà dit, de trente-six membres, ouvrit ses séances à Bastia, le premier octobre 1790, sous la présidence de Paoli, dans l'ancien palais occupé jadis successivement par le gouverneur génois et par le conseil supérieur. Elle procéda immédiatement à l'organisation des districts.

Le directoire de Bastia qui avait la haute direction des affaires générales, était composé d'Arena, Gentili, Mattei, Multedo, Pietri, Pompei, Pozzo-di-Borgo et Taddei. Quant aux directeurs de chacun des districts, le choix des

électeurs tomba sur des hommes intègres, ver-
sés dans la connaissance des lois, et animés
des meilleurs sentiments pour la chose publique.
« Bonne volonté et désintéressement, voilà surtout ce que l'on demande pour que la machine,
qui est montée, aille bien », disait Paoli dans
une lettre adressée à Suzzoni, juge royal et
membre du directoire exécutif. Aussi, dès le
début, la main intelligente et ferme du pouvoir
dirigeant se manifesta-t-elle clairement dans la
marche des affaires du département. En effet,
les contributions, depuis longtemps arriérées,
furent recouvrées sans difficultés sérieuses ;
l'ancienne intendance, chargée de l'administration des intérêts économiques de l'île, rendait
ses comptes ; les derniers vestiges du despotisme, c'est-à-dire, ces inscriptions qui rappe-
laient, d'un côté, l'orgueil de la noblesse
génoise, de l'autre les humiliations et les
malheurs, comme aussi la servitude des Corses,
disparaissaient sous les coups de la colère du
peuple renaissant à la liberté ; le commerce si
peu développé qu'il fût, reprenait son activité
première, grâce à la sécurité qui renaissait
sous la protection puissante de Paoli, chargé de
commander les milices nationales et de veiller
à la sûreté publique.

Quant à l'administration départementale, ce

chef vénérable ne voulut y prendre aucune part active ; d'abord, parce que, peut-être, il ne le trouvait pas convenable au rang qu'il avait autrefois occupé dans l'île ; ensuite, parce qu'il avait besoin de rétablir sa santé quelque peu altérée. Il se réserva, cependant, de donner des avis et des conseils aux administrateurs qui voudraient bien venir lui en demander.

Tout semblait donc, dans l'île, marcher comme par enchantement et au gré des populations. Mais les royalistes, trouvant leur intérêt dans le renversement de l'ordre actuel qui était loin d'être le régime de leurs affections, vinrent troubler la tranquillité par leurs ignobles menées. En accusant Paoli d'entretenir des intelligences avec l'Angleterre et de ne tendre qu'à mettre la Corse dans les mains de cette puissance toujours ennemie de la France ; en le traitant d'hypocrite et d'ambitieux traînant son pays dans l'anarchie et l'esclavage, ils ne pouvaient que réveiller les haines qui semblaient assoupies, et semer la discorde au sein des populations qui avaient tant besoin de calme et de repos. Saliceti (1) se fit l'intrépide défenseur

---

(1) Il était député à l'Assemblée constituante, il le fut aussi à la Convention ; il devint membre du conseil des Cinq-Cents, ensuite ministre de la police et de la guerre à Naples sous le roi Joseph, et puis sous son successeur Murat. Il mourut subitement à Naples en 1809.

de Paoli, et du haut de la tribune, il se déchaîna contre ses détracteurs et repoussa les injustes soupçons et les malveillantes insinuations des royalistes, en se rendant garant de la sincérité des sentiments de Paoli pour la France. De leur côté Pozzo-di-Borgo et Gentili, députés extraordinaires de la réunion d'Orezza, ne ménagèrent nullement, au sein de l'Assemblée nationale, ni Buttafoco, représentant de la noblesse, ni Peretti, député du clergé, lesquels dans une lettre-circulaire, en date du 6 septembre, à leurs mandants, avaient cherché à justifier leur conduite, tout en lançant des allusions blessantes contre le président de l'administration départementale.

Il y eut trouble au sein de la Constituante, après leurs discours ; mais raison resta aux députés extraordinaires qui obtinrent l'honneur d'assister aux séances de l'Assemblée, malgré l'opposition des représentants du côté droit, où siégeaient les aristocrates.

A son tour le jeune Napoléon écrivait une lettre (1) à Buttafoco, lettre qui suffit pour le

---

(1) Cette lettre imprimée à Dôle, en 1790, et envoyée par Bonaparte au club d'Ajaccio, excita une vive irritation contre le malencontreux député ; amplification éloquente, spirituelle, bizarre, injurieuse en partie, cette lettre a déjà tous les caractères des harangues ou des interpellations du Consulat et de l'Empire. — (Valery, Voyages en Corse, L. I, chap. LV, p. 174).

mettre en relief aux yeux des populations corses qui ne le connaissaient pas encore, et pour faire concevoir de lui les plus grandes espérances, dans laquelle avec toute la fougue de son âge et le langage exalté de l'époque, il foudroya et le député de la noblesse, et avec lui Choiseul, de Narbonne et Sionville.

Tandis que ces choses se passaient, un mouvement contre-révolutionnaire avait lieu à Bastia, sous la conduite de Frédien Vidau, secondé par les aristocrates de la ville, par les prêtres dépossédés de leurs avantages temporels et par les dévots de la paroisse de Saint-Jean. L'assemblée populaire eut lieu dans l'église, le 2 juin 1791, jour de Saint-Erasme, fête des marins qui formaient alors une corporation très puissante. La maison de l'évêque constitutionnel Monseigneur Guasco, est envahie et dévastée par le peuple surexcité par les prédications de l'abbé Salvadori et par l'attitude menaçante et quelque peu imprudente des membres du directoire. Arena, procureur-syndic par intérim, et Panattieri, secrétaire du directoire, auxquels quelques paroles inconvenantes étaient échappées contre les prêtres et la religion, furent arrêtés et embarqués pour l'Italie, ainsi que le florentin Buonarroti, descendant du fameux Michel-Ange, et rédacteur d'un journal ultra-républicain et supposé même anti-catholique. Quant aux autres membres du directoire, ils cherchèrent un refuge dans l'intérieur de l'île.

Un tel acte d'hostilité contre le pouvoir établi devait naturellement être réprimé avec sévérité ; mais la punition infligée à cette ville fut par trop rigoureuse. D'abord le transfert de l'administration centrale à Corte ; ensuite des impositions forcées, l'arrivée en ville de plusieurs milliers de gardes nationaux, nourris, pendant plus d'un mois, aux frais des habitants ; enfin, l'arrestation des principaux moteurs de la sédition, à l'exception de Vidau qui trouva un asile en Sardaigne, et de Petriconi, colonel des gardes nationales, affligé d'un flux de sang.

On a voulu dire que Paoli n'agit de la sorte envers la première et la plus importante ville de la Corse que pour la punir de ce que, pendant le gouvernement national, elle avait toujours été fidèle, comme la plupart des villes maritimes, à Gênes ou à la France. Nous pensons, nous, que Paoli n'a pas été guidé par ce sentiment qui serait à bon droit condamnable, mais plutôt par un désir exagéré de répression, en vue de donner un exemple et d'empêcher tout autre mouvement réactionnaire portant à la guerre civile, vers laquelle trop de tendances se manifestaient, malheureusement en Corse, comme en France.

Les actions des grands hommes ne sont pas toujours envisagées sous leur véritable point de vue, et très souvent elles sont retournées par les malveillants et les jaloux pour y chercher la face de l'égoïsme et, ici, de la vengeance. En politique surtout on ne croit guère à une démarche purement désintéressée.

La municipalité de Bastia se plaignit amèrement des sévices exercés contre la ville ; mais ses doléances ne furent nullement prises en considération par l'Assemblée nationale et n'aboutirent, au contraire, qu'à donner plus d'éclat et de force aux mesures prises contre elle.

Sur ces entrefaites, les collèges électoraux de la Corse étaient convoqués pour nommer les deux premiers magistrats de l'ordre judiciaire : c'est-à-dire le président et l'accusateur public du tribunal criminel. La première de ces éminentes fonctions fut décernée au docteur Rossi, d'Ajaccio, et la seconde à Jean-François Galeazzi, de la Penta-di-Casinca, tous deux hommes d'un grand mérite et d'une grande popularité. Quant aux trois juges qui devaient compléter le personnel de ce tribunal, ils n'étaient pas soumis au suffrage des électeurs, mais pris, par la voie

du sort, parmi les membres des tribunaux de
district. Leurs fonctions n'étaient que semes-
trielles. Dans leurs opérations intervenaient des
magistrats populaires, appelés jurés.

Ce fut alors que l'on vit, pour la première
fois, de simples particuliers être appelés à con-
damner ou à absoudre leurs pairs, accusés de
délits ou de crimes. Mais, malheureusement,
bon nombre de ces jurés ne se pénétrèrent pas
suffisamment de leurs terribles et difficiles
fonctions. Ils rendirent des verdicts, produits
des pressions de l'amitié, des passions, de l'opinion publique ou de l'influence des partis. Des
acquittements scandaleux firent bientôt désirer
la suppression de cette institution ; et, par
décret consulaire en date du 22 novembre 1800,
l'empire de la constitution fut suspendu en
Corse, ainsi que dans quatorze autres départements, jusqu'à la paix maritime. Ce ne fut que
le 12 novembre 1830 que la Corse fut remise
en possession du jury, de cette « institution qui
est l'une des plus belles conquêtes des idées
libérales et la plus ferme garantie de la liberté
individuelle (1) ».

Aux menées incessantes des royalistes contre

---

(1) SORBIER, *Esquisse de l'histoire et des mœurs de la Corse,*
page 229.

Paoli, venaient maintenant s'ajouter les attaques violentes et passionnées de la jeunesse fougueuse et ardente qui, suivant avec entraînement le cours des idées révolutionnaires, ou, pour mieux dire, le débordement des idées subversives de l'ordre social, ne pouvait être satisfaite de la marche modérée du général. Celui-ci comprenait que les institutions nouvelles, pour être durables, avaient essentiellement besoin du calme des esprits. Aussi, la jeunesse ne tarda-t-elle pas à le traiter de despote et à le dénoncer comme tel à la France, et surtout au parti ultra-républicain qui tendait à prendre le dessus dans les décisions de l'Assemblée constituante, et qui devait enfin dominer en maître, à l'aide des clubs, dans l'Assemblée législative appelée à succéder bientôt à la Constituante.

Les clubs politiques qui avaient envahi la France s'étaient multipliés même en Corse. Après l'établissement de celui d'Ajaccio, qui fut le plus renommé entre tous, on en vit surgir non seulement dans les villes principales, telles que Bastia et Corte, mais encore à Bonifacio, à Sartene, à Calvi et à Cervione. Ces réunions périodiques avaient pour but de former l'éducation politique du peuple, c'est-à-dire de l'instruire de ses droits comme de ses devoirs. Mais au lieu de se borner à cette louable fin, elles s'érigèrent en assemblées délibérantes voulant dominer la situation et donner des ordres plutôt que des conseils aux pouvoirs constitués. Aussi que d'inconvénients, de désordres et de ruines ne s'en suivit-il pas ! Heureusement que, en Corse, ces mauvaises doctrines ne firent pas trop de prise, combattues qu'elles y furent, d'abord par le bon sens des habitants qui comprenaient la liberté autrement que les suppôts de ces foyers de la terreur, ensuite par les soins vigilants de Paoli qui voyait avec peine la liberté faire fausse route et s'acheminer, à pas précipités, vers la licence la plus effrénée et la plus regrettable.

CHAPITRE XVI

REPRÉSENTANTS A L'ASSEMBLÉE LÉGISLATIVE.
POZZO-DI-BORGO. — ARENA, ENNEMI DE PAOLI.
SES MENÉES CONTRE CELUI-CI.
EXPÉDITION CONTRE L'ILE DE SARDAIGNE.
ELLE ÉCHOUE. — LES MARSEILLAIS EN CORSE.
SCÈNES DE DÉSORDRE.

Le 29 septembre 1791, l'Assemblée nationale qui avait décrété la convocation d'une nouvelle législature, mettait fin à ses importants travaux et à ses utiles réformes ; et le 1er octobre suivant, les nouveaux représentants de la nation, presque tous de la démocratie, se réunissaient à Paris, pour hâter la ruine de la royauté et attirer sur la France les colères de toutes les puissances européennes. Les Corses choisirent pour les y représenter Arena Barthélemy, Boerio Don-Pierre, Pietri François-Marie, Pozzo-di-Borgo Charles-André, Peraldi Marius et Leonetti Félix-Antoine, neveu de Paoli ; et pour jurés à la haute-cour d'Orléans, Pasqualini Jacques et

Tartaroli Jean-Baptiste, celui-ci avocat à Ajaccio, celui-là à Bastia.

Les plus marquants parmi ces députés étaient sans contredit, Pozzo-di-Borgo et Arena. Pozzo-di-Borgo, comme Arena, était républicain ; mais comme celui-ci il ne fut pas constant dans ses principes ; il les répudia pour devenir l'un des plus célèbres diplomates du monde, et pour se faire l'adversaire le plus acharné et le plus terrible de Napoléon. C'est lui qui soutint le courage défaillant de ces potentats, depuis vingt ans toujours vaincus, qui raviva leurs espérances languissantes, qui excita leurs haines endormies, et qui les engagea à ne pas perdre de temps et à courir sur Paris où devaient se décider les destinées du monde. C'est là aussi que fut assouvie sa haine contre son compatriote, haine qu'il lui avait jurée dès que ce génie avait commencé à poindre.

Arena plus franc et plus sincère que Pozzo-di-Borgo dont on a dit qu'il y avait en lui autant de finesse dans l'esprit que dans la taille, Arena, disons-nous, resta fidèle à son passé, mais, violent par caractère, il se fit l'ennemi de Paoli et s'empressa de donner, par ses affirmations personnelles, de la consistance et du retentissement aux accusations et aux soupçons qui planaient sur la tête de celui qu'il voulait perdre. (1) Il le haïssait parce qu'il aurait favorisé sous main l'incendie de sa maison et la dévastation de son jardin à l'Ile-Rousse, ou tout au moins, parce que, alors qu'il se trouvait à quelques kilomètres de là, il n'aurait pas empêché ces dégâts faits par les habitants de la localité, courroucés de la conduite d'Arena hostile à cet ancien chef de la nation, et objet de toute leur vénération.

Que Paoli ait commandé un pareil attentat, c'est chose incroyable, à moins qu'on ne le suppose frappé d'aliénation mentale. Qu'il n'ait rien fait pour arrêter le désordre, voici ce qui le justifie : c'est le fragment d'une lettre écrite de Monticello, en date du 7 mars 1792, en même temps qu'il informait Barthélemy Arena de tout ce qui s'était passé à l'Ile-Rousse.

« Les A.... confiant dans la protection de Corte (c'est-à-dire du directoire supérieur) et dans la prépondérance qu'ils espéraient avoir dans la province (de Balagna) ont voulu se cogner au directoire du district ; mais ils ont connu leur nullité. S'ils avaient écouté ce que

____

(1) On sait qu'Arena disait que la Corse, alors, était divisée en trois partis : un qui était pour la constitution, l'autre aristocratique, le troisième (bien entendu celui de Paoli) qui n'était ni l'un ni l'autre, et qui, avec le doux nom de liberté, cherchait toutes les occasions de séparer la Corse d'avec la France.

je leur écrivis, les choses n'auraient pas pris cette tournure. Heureusement, j'ai pu sauver leur maison et leur jardin........ »

Une enquête judiciaire fut ouverte contre les coupables, et le directoire de l'Ile-Rousse fut provisoirement suspendu ; mais tout s'arrêta là. On pensa que l'influence de Paoli empêchait la justice de suivre son cours ; mais cette présomption est dénuée de fondement. On doit plutôt attribuer ce résultat à la mauvaise tournure que prenaient les affaires en France : tout le monde était en suspens ; on ne savait que faire, on ne savait que penser.

Car, entre ce temps, les *sections de Paris,* ensuite des déplorables journées des 20 juin et 10 août, dans lesquelles la majesté royale fut bafouée et outragée par la populace des faubourgs de la capitale, demandèrent, par l'organe de leur maire Pétion, la déposition du roi et la convocation d'une nouvelle assemblée nationale, qui prit le nom de *Convention.*

Les colléges électoraux, réunis à Corte, envoyèrent à cette terrible assemblée Saliceti Christophe qui, déjà, avait siégé à l'Assemblée nationale, le chanoine Multedo, l'abbé Andrei, Casabianca Luce, (1) Chiappe et Bozio, tous

____

(1) Capitaine de vaisseau, élu par la Corse député à la Con-

appartenant au parti modéré. Car, il faut le dire, si en France les tragiques événements qui s'étaient succédé, avaient été frénétiquement applaudis, il n'en fut pas de même en Corse, où l'on déplora en silence ces tristes scènes, et où l'on s'affligea sur le sort malheureux de l'infortuné Louis XVI dont le nom y était vénéré.

Au milieu de ces désordres, les attaques contre Paoli des républicains exaltés allaient toujours croissant. Paoli vieillissait : quelques-uns des représentants anciens et nouveaux voulaient se créer un parti, et ils ne pouvaient le faire qu'au détriment de celui de Paoli. C'est pourquoi ils renchérirent sur leurs accusations, ils inventèrent calomnies sur calomnies pour le discréditer et pour le faire tomber du haut de l'immense popularité dont il jouissait depuis le moment qu'il avait été appelé à donner l'indépendance à son pays. Il avait beau protester de son dévouement à la France, et réitérer les assurances de sa sincérité, Arena et Saliceti ne démordaient pas de leurs assertions, et continuaient à vouloir faire croire à la France

---

vention, fut membre du conseil des Cinq-Cents. Il prit le commandement du vaisseau l'*Orient* dans l'expédition d'Egypte, et périt au combat naval d'Aboukir avec son jeune fils qui, voyant le vaisseau prêt à sauter, ne voulut point abandonner son père mortellement blessé.

que Paoli ne tendait qu'à faire passer l'île sous la domination de l'Angleterre. L'insuccès de l'expédition tentée par le gouvernement républicain contre l'île de Sardaigne vint ajouter à leurs clameurs et faire croire que, décidément, Paoli trahissait. Cependant, il fut nommé lieutenant-général commandant la division militaire de la Corse, qui était alors la 23e de la République.

Ce poste, quelque honorable qu'il fût, n'était pas, cependant, convenable au rang que Paoli avait autrefois occupé en Corse, et plusieurs pensèrent qu'il refuserait l'offre du gouvernement ; lui-même fut quelque temps dans l'indécision.

On dit que Laurent Giubega, à qui il demanda son avis, lui répondit : « Moi Giubega, j'accepterais ; à votre place je refuserais. » Mais l'opinion favorable à l'acceptation de la plupart de ses amis, et surtout la croyance qu'il avait de pouvoir, par ce moyen, être utile à son pays qu'il voyait s'acheminer vers l'abîme, l'emporta sur tout autre sentiment, et il accepta. Cette place de confiance était de nature à anéantir les accusations dirigées contre lui, et à montrer que le gouvernement ne prêtait pas foi à ses incorrigibles et intéressés détracteurs.

Le 21 septembre 1792, la République avait

été proclamée. L'Europe alarmée de la marche gigantesque des idées en France, armait de toutes parts et marchait en masse pour écraser la révolution. La France, en même temps qu'elle mettait ses frontières en état de défense, pensa à mettre l'île de Corse à l'abri d'un coup de main, et elle croyait n'y parvenir qu'en s'emparant de l'île de Sardaigne, séparée de la Corse par les bouches de Bonifacio, larges à peine de douze à quinze kilomètres, et où elle croyait avoir des intelligences. A cet effet, l'amiral Truguet partit de Toulon au commencement de janvier 1793, avec une flotte composée de 22 vaisseaux de guerre, dont 19 de ligne. Six mille hommes, commandés par le général Raphaël Casabianca, formaient les troupes de débarquement. Sur la réquisition de l'amiral, le général Paoli fournit environ six mille hommes de milices nationales soldées et de volontaires du pays, sous les ordres de Rocca-Cesari.

Le bataillon d'Ajaccio, qui en faisait partie, avait pour commandant en second le jeune Napoléon Bonaparte. Ces troupes, pour faire diversion, devaient opérer dans le nord de l'île, tandis que la flotte se présenterait devant Cagliari, qui en est la capitale. La flotte y fut reçue à coups de canon, et les montagnards

tombèrent à bras raccourcis sur ces républicains
qui leur apportaient la liberté, liberté qu'ils ne
pouvaient comprendre, abrutis qu'ils étaient par
le despotisme séculaire du gouvernement des
moines et des prêtres. L'amiral reconnaissant
son impuissance de s'emparer de Cagliari, prit
le large et ramena sa flotte très endommagée
dans la rade de Toulon.

L'expédition échoua donc complètement ;
mais il faut dire que ce fut en grande partie
par suite du peu de courage qui y fut déployé
et de l'indiscipline des troupes de débarquement, spécialement des provençaux qui étaient
en très grand nombre parmi ces troupes. En
effet, ces bandes terroristes étaient plus redoutables aux paisibles citoyens qu'elles n'étaient
braves sur le champ de bataille. Elles avaient
signalé leur férocité à Saint-Florent, à Bastia
et à Ajaccio où elles séjournèrent quelque
temps. Ces sans-culottes éhontés ne voulaient
rien moins que mettre à la lanterne les prêtres
et les aristocrates, et, avec eux, tous ceux qui
n'étaient pas en tous points de leur avis. Mais
ils durent contenir leurs goûts sanguinaires
devant l'attitude peu accommodante des insulaires et des quelques compagnies corses commandées par Giampietri, que Paoli envoya au
secours de Bastia.

En arrivant au poste de St-Joseph, occupé par ces Marseillais, les milices corses furent arrêtées par le *qui-vive?* accoutumé. Après avoir répondu : *France ;* il leur fut demandé : *Quel régiment? — Régiment de la mort,* répondit d'une voix de tonnerre, l'intrépide Giampietri. Cette réponse, le costume (1), l'attitude fière et courageuse de ces montagnards, les glaça d'épouvante.

Ils continuèrent, cependant, à menacer les jours des citoyens, à attenter à la sûreté personnelle et à l'honneur des individus. Un jour, sous la conduite d'un habitant de cette ville, surnommé *Boja-longu,* ces sans-culottes avaient dressé une potence sur la Marine, et, après avoir fait des simagrées autour de cet échafaud, ils se mirent à faire le tour de la ville. Tout en dansant la farandole, ils voulaient pénétrer dans la citadelle et s'en rendre maîtres. Mais Giampietri, qui n'était pas homme à être trompé, était là. Dès qu'ils se présentèrent à la porte de la citadelle, le poste composé de quatorze hommes de ce fameux régiment de la mort, cria : *arrière,* et voyant que ces individus ne se

---

(1) Un bonnet corse conique de velours noir, le stylet passé dans la cartouchière (carchera), le pistolet pendu sur le flanc gauche et la carabine sur le bras.

retiraient pas, mais que, au contraire, ils avançaient en gambadant et en chantant, ces montagnards couchèrent en joue et firent feu. Huit
ou dix de ces Marseillais mordirent la poussière
et les autres reculèrent épouvantés. Ils rentrèrent dans leurs casernes pour reprendre le chemin de St-Florent, d'où ils repartirent pour
Ajaccio où la flotte était à l'ancre.

Si, durant cette expédition, l'armée manqua
de courage et de discipline, le jeune Napoléon
s'y conduisit noblement. A lui avait été confié
le soin de s'emparer successivement des îles
St-Etienne et la Madeleine, et déjà tout était
disposé pour que ses opérations fussent couron-
nées de succès, lorsque le colonel Rocca-Cesari,
voyant la confusion qui régnait parmi les troupes,
et entendant crier à la trahison, cri qui accompagne ou amène les désastres, donna le signal
de la retraite. Ce ne fut pas sans en témoigner
hautement son étonnement que le commandant
en second obéit à cet ordre ; mais le chef à qui
s'adressaient ces vives observations ne répondit
que par un silence plein de dédain. Piqué dans
son amour-propre, Napoléon dit, en s'adressant
à ceux qui étaient là présents : — Il ne me
comprend pas. — Vous êtes un insolent, lui
répartit durement son chef. Les lois de la discipline lui imposaient silence, et il se tut ; mais

il n'en riait pas moins avec ses camarades, en disant qu'on ne leur avait donné pour chef qu'un cheval de parade. Il était rare, en effet, de trouver un plus bel homme.

CHAPITRE XVII

LES CLUBS SE DÉCHAINENT CONTRE PAOLI.
IL EST ACCUSÉ D'AVOIR FAIT ÉCHOUER L'EXPÉDITION
CONTRE LA SARDAIGNE. — PLUSIEURS DÉPUTÉS
FONT SON PROCÈS AU SEIN DE LA
CONVENTION. — IL EST DÉCRÉTÉ DE PRISE
DE CORPS. — DÉMARCHES POUR LE JUSTIFIER.

Barthélemy Arena avait été chargé par le pouvoir exécutif de surveiller l'expédition contre la Sardaigne. Pour être conséquent avec lui-même, il devait faire retomber sur Paoli, son ennemi, la cause de l'insuccès de cette entreprise. A sa voix, les républicains du midi s'agitèrent dans les clubs de Toulon et de Marseille ; ils accusèrent le général d'avoir, par les ordres qu'il avait donnés à Rocca-Cesari, fait échouer l'expédition dans le but de faire passer la Corse sous la domination de l'Angleterre, nation à laquelle, disaient-ils, Paoli avait une dette de reconnaissance à payer. N'est-ce pas dans ce but, insinuaient-ils, qu'il a fait partir, par toutes sortes de moyens, les soldats républicains, capables de démasquer ses secrètes menées, de s'opposer à ses coupables intentions et de dénoncer les turpitudes qui se commettaient dans l'île, sous les auspices de cet homme parjure à ses serments et ennemi systématique de la France et de la liberté ? N'était-ce pas lui qui prêchait ouvertement la révolte et qui engageait ses partisans, obéissant aveuglément à ses volontés, à précipiter au fond de la mer les Saliceti, les Arena, les Casabianca et avec eux leurs infâmes satellites, parce que ceux-ci étaient fidèles à la France et voulaient à tout prix la liberté? C'est un ambitieux incorrigible; c'est le tyran de son pays, ajoutaient-ils. Qu'on se débarrasse de lui ou au moins qu'on le mette dans l'impossibilité de mettre à exécution ses intentions criminelles.

Si ces insinuations trouvèrent créance auprès de la Convention nationale, elles n'en restent pas moins sans fondements pour tout homme impartial qui a lu l'histoire de notre héros. Croire, en effet, que Paoli fut jamais un tyran, c'est absurdité ou folie. L'affection que le peuple corse lui témoigna en tout temps prouve péremptoirement le contraire : car chacun sait qu'on craint mais qu'on n'aime pas les oppresseurs.

On n'aurait pu, à juste titre, si une pareille accusation pouvait porter atteinte à sa réputation, l'accuser de réprouver ce que tout le monde appelle encore les horreurs de ce temps. Et n'avait-il pas raison de les abhorrer? Quoiqu'il aimât passionément la liberté, mais non celle « qui établit le pouvoir sur le droit de le renverser, la propriété sur la spoliation, la sûreté personnelle sur les intérêts sanguinaires de la multitude, les lois sur les caprices (1) », il ne pouvait pas vouloir les abominations de cette époque calamiteuse, ces abominations qui effrayaient les honnêtes gens de ce temps-là, et dont le récit nous fait frémir encore aujourd'hui.

Paoli, par sa position de chef de la force armée de l'île, se trouvait dans l'alternative ou de tolérer ces atrocités pour plaire aux républicains exaltés, et ce faisant il violait les lois qu'il était chargé de défendre, ou de les combattre pour obéir à sa conscience et au désir qu'il avait de maintenir la liberté intacte et la tranquillité au sein des populations qu'il avait charge de gouverner.

Si, Paoli, pour avoir rempli son devoir, subit le sort des suspects, il préserva du moins son pays de ces spectacles hideux qui souillèrent

_____

(1) De Lamennais. — Essai sur l'indifférence en matière de religion. (Chap. II, T. 1).

tant de contrées de la France, dans les journées de septembre, et jetèrent tant de familles dans le deuil et la désolation.

Va-t-on croire, par hasard, que les ennemis de Paoli lui en voulussent parce qu'il contrariait leurs goûts sanguinaires et leurs idées subversives de l'ordre social? Qu'on se détrompe. Ils lui avaient voué une haine implacable, parce que son influence, toujours la même sur les populations de l'île, était un obstacle au progrès de la leur, et mettait par conséquent un frein à leur ambition insatiable. Ils s'attachèrent donc, par la voie de la presse qu'ils avaient ameutée contre lui, à le faire descendre du piédestal sur lequel l'opinion publique l'avait placé depuis si longtemps. Mais leurs clameurs, mais leurs insinuations malveillantes, mais leurs calomnies ne purent atteindre le but qu'ils s'étaient proposé, parce que la réputation de Paoli était trop bien assise dans le cœur des Corses.

Enfin, les plaintes parties des assemblées tumultueuses et insensées du midi, où elles étaient provoquées par Lucien Bonaparte, trouvèrent de l'écho au sein de la Convention. Les députés Escudier, La Source et Marat renchérirent les uns sur les autres dans leurs accusations contre Paoli.

Le premier, en montant à la tribune, parla
de traitres qui étaient sur le point de consommer leur trahison. Il lut la dénonciation des
clubs provençaux signalant l'oppression dans
laquelle les Corses gémissaient sous un lieutenant-général auquel la nation française avait
accordé sa confiance ; les actes arbitraires qui
y étaient exercés avec plus d'audace et de barbarie que sous l'ancien régime ; l'existence d'un
régiment suisse, à la solde de la France, pour
favoriser les assassinats et les brigandages, de
même que pour jeter, au mépris des droits de
l'homme, dans de sombres cachots, les citoyens sacrifiés à la plus violente des aristocra-
ties, et n'ayant pas même pour les protéger,
sous le régime de la liberté, l'institution tutélaire du jury.

Le second vint appuyer la proposition de son
collègue qui, après avoir retracé le tableau des
scélératesses qu'il attribuait à Paoli et à l'administration départementale, avait proposé, de
crainte qu'il ne se rendît souverain de l'île, de
lui retirer sa place de lieutenant-général qui
lui en facilitait les moyens.

Le troisième, Marat l'athée, ou pour mieux
dire le grand-prêtre de la divinité éphémère la
Raison, s'empressa d'apporter son tribut d'in-
solences et d'injures contre le général des Cor-

ses : « Qui ne connaît Paoli, dit-il, cet homme extravagant et sanguinaire, vil intrigant qui prit les armes pour mettre sa patrie dans les fers et fit le sorcier pour tromper le peuple ? Craignez qu'il ne livre la Corse aux Anglais, pour payer les secours qu'il en a reçus. Décrétez-le d'accusation et licenciez le régiment suisse. »

A celui-ci succéda Cambon, qui proposa et emporta le décret suivant, malgré les protestations énergiques de l'abbé Andrei, le seul des six députés corses qui osa prendre la défense de Paoli : « La Convention nationale décrète que les commissaires qui se trouvent actuellement dans l'île de Corse, puissent, s'ils le jugent convenable, s'assurer de Paoli par tous les moyens possibles et le traduire devant la Convention, conjointement au procureur-général syndic. Le présent décret leur sera porté par un courrier extraordinaire. »

Le conseil exécutif ordonna aux trois commissaires Saliceti, Delcher et Lacombe-St-Michel de mettre à exécution les dispositions du décret de la Convention portant la date du 2 avril 1793.

Déjà et pour éclaircir les imputations dirigées contre le général commandant la division militaire de la Corse, ces trois commissaires avaient été envoyés dans l'île. Première faute d'un gouvernement trop ombrageux qui aurait dû rejeter, comme calomnieuses, les dénonciations lancées contre Paoli. Le témoignage de tout un peuple, par son conseil général, ne justifiait-il pas assez de la conduite sans tache et des sentiments patriotiques de l'honnête homme indignement attaqué? En effet, instruit de l'intention dans laquelle était le général Paoli de se démettre de ses fonctions, le conseil général du département lui écrivit, en date du 19 février, une lettre dont copie fut, en même temps, envoyée aux députés de la Corse à Paris, dans le but de détourner le général de la détermination qu'il semblait avoir prise. Voici la teneur de cette adresse :

« Le conseil général du département de la Corse au citoyen Paoli, commandant général de la 23e division en Corse.

» Corte, le 19 février 1793. — L'administration du département vient d'être informée que la calomnie la plus révoltante a osé vous dénoncer aux sociétés populaires de Marseille et de Toulon, comme un ennemi de la liberté. Nous croirions offenser votre délicatesse si nous devions vous entretenir de l'extravagante immoralité qui a produit une pareille démarche. Quand on a mérité de la patrie autant que vous, citoyen général, on doit se reposer sur ses vertus.

» L'administration aperçoit dans le projet des calomniateurs, deux objets : par l'un, ils espèrent atténuer la confiance que le peuple a toujours mise dans celui qui en a été le plus zélé défenseur ; par l'autre, ils voudraient vous dégoûter des fonctions publiques que vous remplissez dans cette circonstance pour le bonheur de votre patrie. Le premier n'est qu'insensé ; mais le second est astucieux : car il est dirigé contre votre délicatesse qu'ils espèrent irriter.

» Nous sommes convaincus, citoyen, que vous apprécierez au juste ces menées produites par l'astuce et la faiblesse, et que vous les regarderez avec mépris et avec indifférence. Cependant nous pensons servir notre pays et nos administrés en vous priant de faire encore pour quelque temps le sacrifice de votre repos personnnel à la sûreté et à la tranquillité de la Corse, qui dépendent essentiellement de la continuation de votre commandement...

» Nous vous le demandons, citoyen général, quel serait l'homme nouveau qui pourrait rallier le peuple autour de lui pour le mener au combat si les ennemis se présentent ? Quel serait l'homme, dans la crise violente où nous sommes, dont la conduite passée serait un garant de celle qu'il tiendra? Et si la méfiance vient glacer le cœur des patriotes, quels malheurs n'avons-nous pas à craindre des mésintelligences et des divisions?

» Quant aux calomniateurs, l'administration prend l'engagement solennel de les dénoncer à la France entière, et de les dévoiler dans toute leur turpitude..... »

Paoli, sans doute, dégoûté des méfiances du pouvoir exécutif, des tracasseries incessantes du parti ultra-républicain et des attaques réitérées des feuilles périodiques, se décidait à quitter le pouvoir quoiqu'il fût dans la persuasion, bien juste d'ailleurs, que sa présence à la tête de la force armée était sinon indispensable, du moins d'une grande nécessité pour le bien de son pays, surtout à une époque où l'agitation était portée au plus haut degré, et où les passions sanguinaires n'avaient plus de frein. Aussi, dans cette intention, avait-il écrit au ministre de la guerre, le 28 janvier 1793, la lettre suivante :

« ..... Je suis informé que des ambitieux effrénés s'efforcent depuis quelque temps, soit par la voie des journaux, soit par celle des informations obscures, de répandre des soupçons sur la sincérité (de mon patriotisme) (1). Fort de mes sentiments, confiant dans leur pureté, j'eusse été indifférent à de si basses manœuvres si je n'avais lieu de croire qu'elles ont principalement pour auteurs des citoyens honorés de la confiance publique, en qui le sentiment de l'ambition fait taire celui de la justice, et rend peut-être odieux celui de la reconnaissance.

» Quels que soient donc les motifs, citoyen ministre, que l'on cherche à faire valoir pour accréditer ces soupçons injustes et vils, j'espère qu'ils ne seront jamais accueillis par ceux qui ont assez d'élévation d'âme pour croire à l'existence des vertus publiques, et chez qui le cri momentané de l'envie ne saurait prévaloir au sacrifice réel d'une vie entière dévouée constamment au bonheur du peuple.....

» Ces assurances, dont la solidité n'est sujette ni à l'influence des circonstances ni à celle des événements éphémères, et que je vous prie de vouloir bien renouveler au conseil exécutif national, doivent fermer la bouche, je ne dis pas à la délation obscure, mais à la délation la plus effrontée. Si après tout, ci-

____

(1) Les mots — de mon patriotisme — ont été ajoutés pour compléter la pensée ; ils sont absents dans l'original.

toyen ministre, elles étaient insuffisantes pour garantir les derniers jours de ma carrière du poison de la calomnie, j'abandonnerai des fonctions rendues inutiles par la méfiance ; je reprendrai sans regret, comme sans remords, la qualité de simple citoyen, à laquelle les Corses sont habitués à attacher quelque prix. »

L'adresse pressante du conseil général avait produit son effet, et Paoli, cédant aux instances de tous ses amis, se résignait à se tenir encore pour quelque temps à la direction des affaires. Mais cela ne faisait pas le compte de Saliceti, ni des deux autres commissaires qui, sans être sortis de Bastia, et n'avoir pris aucun renseignement auprès de personnes dignes de foi, s'étaient passionnés pour le parti ultra-républicain dont Saliceti était le chef, donnant ainsi raison aux calomnies des détracteurs de Paoli, et de la consistance aux soupçons de la Convention. Aussi, d'après leurs rapports, y eut-il tant de tumulte dans l'Assemblée nationale, et en résulta-t-il le décret du 2 avril.

Dire la sensation douloureuse produite en Corse par ce décret est presque chose impossible. Tous les Corses se sentirent frappés par ce décret menaçant la tête de celui qui était la véritable personnification de la nationalité et de la liberté de l'île. Et les observations publiées en même temps qu'un extrait du *Moniteur* ayant trait aux affaires de la Corse, trouvèrent de l'écho au sein des populations et ne furent même pas trop désagréables à quelques républicains qui n'étaient pas tout-à-fait au diapason des Saliceti, des Arena et des Bonaparte. Ces observations réduisaient à néant les accusations portées contre Paoli à la tribune et répétées, avec commentaires plus ou moins envenimés, par la presse française. Nous ne reproduisons pas en entier cette publication réfutatoire, qui était, en même temps, un appel au peuple : « Peuples de la Corse, tenez-vous sur vos gardes et soyez prêts à serrer vos rangs pour défendre vos droits ; montrez au monde que ceux qui combattirent avec Sampiero et furent libres sous Paoli, sont aussi scrupuleux à remplir leurs engagements que redoutables quand on veut les opprimer. »

Paoli, à son tour, voulut, en s'adressant à ses concitoyens, déclarer à la France et au monde quelle avait toujours été sa conduite, quels avaient été les principes qu'il avait toujours professés et dont il ne s'était jamais départi. Après avoir passé en revue les événements qui avaient précédé en Corse la grande révolution ; après avoir rappelé le plaisir et l'attendrissement qu'il avait éprouvés en revoyant la patrie, comme aussi les témoignages de joie, d'enthousiasme et de vénération dont il avait été l'objet, à son retour, de la part de ses compatriotes ; après avoir redit ce qu'il devait à l'Angleterre pour l'asile généreux qu'il en avait reçu, mais plus encore à la France pour l'appel de la Corse au partage de la liberté et de ses destinées ; après avoir exposé l'état d'agitation dans lequel il avait retrouvé son pays, ce qu'il avait tenté pour le sauver des périls de l'anarchie et lui redonner la tranquillité et le bien-être ; après avoir, non sans regret, parlé des accusations injustes portées contre lui jusqu'au sein de la Convention, accusations qui n'avaient d'autre mobile que la jalousie et la malveillance de ses détracteurs, et qui avaient amené le décret de prise de corps lancé contre lui et contre le procureur-général syndic Pozzo-di-Borgo ; après, enfin, avoir montré la facilité qu'il aurait à confondre la calomnie, si son grand âge, ses infirmités et d'autres raisons ne l'empêchaient de se rendre à l'appel de la Convention, il terminait en disant : « Veillez au maintien de votre liberté : jamais elle ne fut plus sérieusement menacée. Si cependant vos ennemis et les miens nous connaissaient mieux, s'ils connaissaient la justice du peuple français, combien ne trembleraient-ils pas en prévoyant le jour où l'indignation publique les vouera au mépris et à la honte ? Si la division ne vient point affaiblir vos forces, si vous conservez la constance, le courage et la loyauté dont vous avez donné tant de preuves à toutes les époques de notre histoire, bientôt la Convention nationale, soyez-en sûrs, rendra un témoignage éclatant à vos vertus, à ces vertus que ne peuvent vous ravir ni les intrigues des conspirateurs, ni les erreurs d'un gouvernement séduit ou trompé. »

Le conseil général du département crut de son devoir de prendre ouvertement la défense du général Paoli, de cet homme objet de sa vénération, et dans la vertu duquel, comme l'immense majorité des Corses, il avait la plus grande confiance. Il voulut essayer de détruire auprès des commissaires de la Convention, les cabales odieuses ourdies contre Paoli, et de les prémunir surtout contre les intrigues de leur collègue Saliceti, dont les vues ambitieuses n'étaient plus dans l'île un mystère pour personne. En effet, le commissaire Saliceti ne fut guère traité avec ménagements, dans la lettre qui fut adressée par le conseil aux commissaires. On l'y accusait franchement et publiquement, mais non sous le voile de la vile délation, de rapacité, d'indélicatesse et de malversation dans la gestion des fonds publics qu'il avait administrés ; il y était traité d'homme vindicatif et ambitieux, se servant de tous moyens pour parvenir à ses fins, qui étaient d'établir en Corse sa prépondérance, aux dépens surtout de celle de Paoli, dont l'influence, toujours la même sur les populations de l'île, lui causait des insomnies.

Cette lettre n'eut pas le sort qu'elle méritait. Au lieu d'être prise en considération et soumise à un sérieux examen, elle fut mal accueillie par Delcher et Lacombe et vouée à l'oubli, sinon au dédain et au mépris. Devait-il en être autrement ? Non certes. Delcher et Lacombe n'étaient-ils pas les amis et les collègues de Saliceti, et comme lui appartenant au même parti, au parti de la Terreur ? Qui sait même s'ils n'étaient pas sous sa dépendance, car Saliceti, naturellement impérieux, n'était pas d'humeur à se laisser mener par d'autres.

De toutes parts aussi les conseils des communes profondément contristées de ce décret qui les frappait dans ce qu'elles avaient de plus cher et de plus vénéré, firent entendre de justes plaintes et adressèrent d'énergiques représentations à la Convention. Il n'y eut pas jusqu'au jeune Napoléon (dont les sentiments et le cœur étaient toujours pour la France) qui ne fut affligé du décret du 2 avril et qui ne voulut protester contre son exécution, encore plus en son nom (il plaidait en faveur du vieil ami de son père), qu'en celui des citoyens d'Ajaccio. Voici cette protestation qui est vraiment remarquable et par la générosité des intentions et par la beauté du style :

« Représentants, vous êtes les vrais organes de la souveraineté du peuple. Tous vos décrets sont dictés par la nation ou immédiatement ratifiés par elle. Chacune de vos lois est un bienfait et vous acquiert un nouveau titre à la reconnaissance de la postérité qui vous doit la république, et à celle du monde qui datera de vous sa liberté.

» Un seul de vos décrets a profondément affligé les citoyens de la ville d'Ajaccio : c'est celui qui ordonne à un vieillard septuagénaire, accablé d'infirmités, de se traîner à votre barre, confondu un instant avec le scélérat corrupteur ou le vil ambitieux.

» Paoli serait-il donc corrupteur ou ambitieux ?

» Corrupteur ! et pourquoi ? Est-ce pour se venger de la famille des Bourbons, dont la perfide politique accabla sa patrie de maux et l'obligea à l'exil ? Mais ne vient-elle pas de périr

avec la tyrannie et ne venez-vous pas d'assou-
vir son ressentiment, s'il en conserve, dans le
sang de Louis ?

» Corrupteur ! et pourquoi ? Est-ce pour rétablir l'aristocratie nobiliaire et sacerdotale ?
Lui qui, dès l'âge de treize ans (1).., lui qui, à
peine arrivé à la tête des affaires, détruisit les
fiefs qui existaient, et ne connut d'autres distinctions que celle de citoyen ? Lui qui lutta,
il y a trente ans, contre Rome, et fut excom-
munié (2) ; s'empara des biens des évêques,
enfin, qui donna après Venise... en Italie...

» Corrupteur ! et pourquoi ? Pour donner la
Corse à l'Angleterre, lui qui ne l'a pas voulu
donner à la France, malgré les efforts de Chauvelin, qui ne lui eût épargné ni titres ni faveurs.

» Livrer la Corse à l'Angleterre ! Qu'y ga-
gnerait-il, de vivre dans la fange de Londres ?
Que n'y restait-il pas lorsqu'il y était exilé !

» Paoli serait-il ambitieux ? Si Paoli est
ambitieux, que peut-il désirer de plus ? Il est
l'objet de l'amour de ses compatriotes, qui ne

---

(1) L'écriture de Napoléon Ier n'a jamais été d'une lecture
facile, et M. Libri qui a trouvé et reproduit le manuscrit de
ce document n'a pu le déchiffrer en entier : de là quelques
lacunes.

(2) Ici, il y a exagération. Paoli eut quelques divergences
d'opinion avec le pape Clément XIII, lequel ne l'excommunia
pas, mais lui donna raison, au contraire.

lui refusent rien ; il est à la tête de l'armée et
se trouve à la veille de devoir défendre le pays
contre une agression étrangère.

» Si Paoli était ambitieux, il a tout gagné
à la république ; et s'il se montra attaché à....
lors de la Constituante, que ne doit-il faire aujourd'hui que le peuple est tout ?

» Paoli ambitieux ! Représentants, lorsque
les Français étaient gouvernés par une cour
corrompue, lorsqu'on ne croyait ni à la vertu
ni à l'amour de la patrie, l'on a dû sans doute
dire que Paoli était ambitieux. Nous avons fait
la guerre aux tyrans ; cela n'a pas dû être
pour l'amour de la patrie et de la liberté, mais
pour l'ambition des chefs ! C'est donc à Coblentz
que Paoli doit passer pour ambitieux ; mais à
Paris, dans le centre de la liberté française,
Paoli, s'il est bien connu, sera le patriarche de
la liberté, le précurseur de la république française ; ainsi pensera la postérité, ainsi le croit
le peuple. Rendez-vous à ma voix ; faites taire
la calomnie et les hommes profondément pervers qui l'employent. Représentants ! Paoli est
plus que septuagénaire, il est infirme ; sans
quoi il serait allé à votre barre pour confondre
ses ennemis. Nous lui devons tout, jusqu'au
bonheur d'être République Française. Il jouit
toujours de notre confiance ; rapportez, en ce

qui le concerne, votre décret du 2 avril, et rendez à tout ce peuple la joie..... »

Non content de toutes les démarches que l'on faisait, mais certainement sans succès, pour établir son innocence aux yeux de la Convention et de ses mandataires, mais non aux yeux de la Corse, il n'en avait pas besoin, Paoli crut devoir adresser directement à la Convention un mémoire, dans lequel il cherchait, non à se justifier, une justification aurait été une humiliation pour lui, mais à expliquer sa conduite et ses sentiments, à réfuter, ou, pour mieux dire, à anéantir toutes les calomnies entassées les unes sur les autres contre sa réputation, qu'il prétendait, à juste titre, être encore intacte.

Il l'affirmait, dans une lettre intime adressée le 12 avril 1793 à l'abbé Andrei, représentant du peuple, lequel, seul de tous ses collègues de la Corse, avait osé hasarder quelques mots de justification en faveur de Paoli, alors que celui-ci était si violemment attaqué à la tribune par les plus féroces des conventionnels, et qu'ils emportèrent le décret de prise de corps contre lui : « J'ai l'honneur au front, disait-il, comme déjà une première fois il l'avait écrit dans une autre lettre au même, j'ai l'honneur au front et la liberté dans le cœur. Le bien de la patrie sera toujours mon objet, avec le plus vif désir de le voir combiné avec celui de la République dont nous faisons partie.

» S'ils pensaient bien, ils ne devraient avoir aucun soupçon sur un homme menacé de si près par son heure dernière,. et qui a l'heureuse conviction de se croire inattaquable par des patriotes nés d'il y a quatre jours. »

Quelques jours plus tard, c'est-à-dire le 19 du même mois, il lui disait de nouveau : « ... Mes sentiments pour la liberté sont héréditaires et habituels ; mais ils sont aussi fondés sur les plus sérieuses considérations politiques. Quelle que soit la situation dans laquelle me jette une nécessaire défense, vous pouvez dire à ceux qui ne me connaissent pas assez, que la liberté de la France ne sera jamais, pour moi, un objet d'indifférence. Si ce pays retombe dans la servitude, adieu pour toujours toute espérance de liberté, spécialement pour les petits états. » La Corse dans cette idée était comprise.

Voici le mémoire adressé par Paoli à la Convention. Nous le donnons dans toute son étendue, comme méritant la plus grande attention du lecteur. Nous ferions perdre à ce document tout son intérêt, si nous essayions de l'analyser ou de le tronquer.

« Après les protestations solennelles, à la

face de la nation, de mes principes et de mes sentiments, je ne devais pas m'attendre à ce que votre religion pût être aussi facilement surprise, au point de lancer contre moi un décret d'arrestation, avec ordre de me traduire à votre barre en employant toutes les précautions usitées contre un criminel d'Etat, appelé à rendre compte de ses prévarications et de ses méfaits.

» Je suis désolé que mon âge avancé et les indispositions dont je suis affecté, me mettent dans l'impossibilité de traverser la mer et franchir une distance de deux cents lieues pour me présenter à votre barre. Certes, il ne me serait pas difficile de confondre la haine et la calomnie, cherchant depuis longtemps à souiller de leur haleine impure les dernières années de ma vie, pour m'enlever ainsi l'estime et la bienveillance d'une nation grande et généreuse de qui je sentais si vivement le besoin d'être aimé ! Et de quel crime faut-il que je me justifie ? Quelles sont les imputations que l'on met en avant ? Par quels faits essaye-t-on de les appuyer ? Je n'en trouve point dans votre décret, et ne vois dans les journaux qui rapportent la discussion dont il a été précédé, que soupçons vagues, contes absurdes et conjectures immorales.

» On vous a dit que mon ambition soupirait

après un trône et que ce n'était pas sans regret
que j'avais renoncé à ce rêve devant la conquête
de la Corse par les armées de la cour de Versailles ; mais c'est là un mensonge emprunté
aux historiens stipendiés par cette cour, ima-
giné pour se faire pardonner cette odieuse usurpation et jeter de la défaveur sur tout ce que
j'avais tenté d'efforts à la tête de mes compatriotes dans l'intérêt de la liberté et la défense
de la patrie. Auraient-ils pu penser alors, ceux
qui par des fables pareilles servaient l'injustice
et la politique des tyrans sous lesquels la Corse
gémissait, que l'on viendrait les reproduire, un
jour, au sein de la République française, que
l'on ferait semblant d'y croire et l'on accueille-
rait avec complaisance tout ce qui pourrait flé-
trir la réputation d'un peuple, le seul qui,
dans ce siècle, ait lutté pendant quarante ans
et avec quelques succès contre la tyrannie, et
le nom d'un homme qui, partageant ses périls,
avait noblement dirigé ses efforts durant cette
longue lutte de la liberté ?

» On vous a parlé de la reconnaissance que
je dois à l'Angleterre et du motif que vous avez
de craindre que je me dévoue à ses intérêts, au
détriment de ceux de la République. Certes, je
ne suis pas un ingrat, mais je suis encore moins
un parjure. Il faut avoir l'âme profondément

immorale et étrangère à tout sentiment de vertu et d'honnêteté, pour croire que, même réduit à opter entre ces deux partis, mon choix pût être incertain un seul instant, et qu'oubliant mes serments, mes devoirs envers la patrie et les engagements qui me lient à la cause de la liberté et de l'égalité, je renoncerais à l'estime de la nation au milieu de laquelle j'ai vécu pendant vingt ans, et lui fournir ainsi l'occasion de rougir de l'intérêt généreux qu'elle m'a témoigné et de l'opinion qu'elle s'était formée de mes principes et de mon caractère.

» On vous a enfin parlé de l'influence que j'exerce dans ce pays, et l'on a cherché à vous persuader que j'en abuse quelquefois pour faire taire les lois ou pour servir les passions haineuses du parti qui m'est dévoué. Si des témoignages d'amour de la part de nos concitoyens suffisent pour donner à un homme qui n'a du reste ni de l'or à prodiguer, ni d'autres moyens de séduction pour se former un parti, j'avoue d'avoir assez d'influence dans ce pays, de cette influence du moins qu'un homme de bien peut désirer. Ma conscience me dit que je ne l'ai jamais employée dans un intérêt particulier ; mais uniquement pour le soutien de la veuve et de l'orphelin, pour l'affermissement de la liberté nationale, pour comprimer le fanatisme, pour assurer l'exécution de celles d'entre les lois nouvelles qui heurtaient les opinions et les préjugés invétérés du peuple, pour le maintien de la paix et la tranquillité dans le département, au milieu des agitations inséparables d'un mouvement révolutionnaire, en un mot, pour préserver cette île des horreurs et des atrocités par lesquelles les ennemis de la liberté ont déshonoré la révolution sur plusieurs points de la République.

» Mes ennemis se sont efforcés de vous représenter cette influence comme dangereuse et subversive de l'égalité que nous avons tous jurée ; pourquoi ne cherchent-ils pas à l'acquérir ? Les mêmes voies leur sont ouvertes ; je leur désire le même succès, et je m'en féliciterai par anticipation avec eux et le peuple, alors que l'affection qu'ils m'envient aura pour base une vie entière consacrée à sa défense et à sa prospérité.

» Au surplus, si cette prétendue influence est un crime, si vous croyez, citoyens représentants, que pour assurer la paix et la sûreté de ce pays, l'affermissement de la liberté et de l'égalité, il soit nécessaire que ma présence ne serve plus de prétexte ni à la haine, ni à la défiance, ni à la jalousie, parlez. Je m'éloignerai sans murmure du pays natal qui a toujours honoré ma vie et mon nom. Je mettrai le com-

plément, par ce nouveau sacrifice, à tous ceux
que j'ai déjà eu la satisfaction d'offrir à la révolution et à la patrie, emportant avec moi,
pour unique consolation de mes derniers jours,
d'une part, l'estime et les regrets de mes compatriotes, et, de l'autre, une conscience pure et
sans reproche. »

Oui, ô Paoli, en suivant cette inspiration, qui
était la meilleure, sinon la seule bonne, tu aurais emporté les regrets éternels de tes compatriotes, lesquels auraient vu en toi un autre
Aristide condamné à l'exil, mais à un exil volontaire, parce que si, comme pour cet illustre
athénien, on était ennuyé de l'entendre appeler le *Juste,* les envieux de ta gloire étaient fatigués de te voir toujours l'objet de la vénération des Corses et de l'admiration de l'Europe !
Oui, ces regrets auraient été justement mérités
et jamais aucune tache n'aurait obscurci ton
nom !

Mais que l'on ne croie pas, cependant, que,
en apostrophant ainsi Paoli, je veuille lui faire
un crime impardonnable de sa conduite à
l'égard de la France, après le décret inique
qui l'appelait à la barre, ou plutôt à l'échafaud (d'autres têtes aussi innocentes étaient
déjà tombées sous la hache révolutionnaire).
Car, il me semble que ce soit dans la nature

de veiller à sa conservation et à sa propre défense. D'ailleurs, c'est inscrit dans la *déclaration des droits de l'homme,* que tout citoyen était autorisé à résister aux actes arbitraires et injustes du pouvoir.

D'autre part, si Paoli songeait à sa conservation, il ne songeait pas moins à sa patrie qu'il voulait toujours libre. Oui, il la voulait libre : cela avait été le constant objet de ses vœux et de ses efforts. Que la liberté de sa patrie fût combinée avec la liberté de la nation française, il ne demandait pas mieux ; mais il ne voulait pas la laisser périr, si les Français n'en voulaient plus. Et chacun sait que ce n'était pas le régime de la liberté que celui de la Terreur : ce n'était que persécution religieuse, massacre et pillage.

Ce que je n'approuve pas entièrement, c'est qu'il ait, comme nous le verrons plus tard, appelé les Anglais en Corse : il aurait dû reprendre volontairement le chemin de l'exil. Ce que je trouve, en quelque sorte, excusable alors, ne le serait plus aujourd'hui. Alors, la France, après avoir, pendant vingt ans, traité la Corse en pays conquis, venait à peine de se l'annexer et d'en faire un département français. Les liens qui unissaient les deux pays n'avaient pas encore eu le temps de s'affermir. Aujourd'hui, l'union a été cimentée en cent combats où le sang des deux peuples s'est mêlé pour la patrie commune. La France ne dédaignera pas, je l'espère, d'avouer qu'elle doit une grande partie de sa gloire au génie de Napoléon. Désormais les Corses sont, s'il est possible, plus français que les Français.

CHAPITRE XVIII

CONSÉQUENCES DU DÉCRET DU 2 AVRIL

De ce concert unanime de plaintes et de protestations, le comité de Salut public comprit que, en lançant un ordre d'arrêt contre un homme tel que Paoli, la Convention avait agi sans réflexion suffisante et avec trop de précipitation. Il commanda donc de suspendre l'exécution du décret jusqu'à plus ample information. C'était déjà beaucoup pour pallier la faute de la Convention et pour rassurer quelque peu les populations de l'île, qui ne voyaient que par les yeux de Paoli, qui ne pensaient que par lui, qui ne juraient que par lui ; mais ce n'était pas assez pour ramener la tranquillité en Corse, ou du moins pour l'y conserver une fois qu'elle serait rétablie. Il aurait fallu rappeler les commissaires qui, loin d'avoir les sympathies des insulaires, n'étaient considérés par ceux-ci que comme les émissaires de la Terreur, spectre épouvantable qui les faisait tous frémir d'horreur et d'effroi. On aurait dû, sinon laisser à Paoli, dont les intentions étaient encore pures, le soin d'affermir, en Corse, le règne de la liberté, du moins remplacer Saliceti et consorts par d'autres commissaires moins connus des Corses et auxquels ils auraient, à défaut de toute confiance, prêté des intentions moins hostiles contre Paoli qui, pour eux, était l'arche sainte.

Au point où en était arrivée la défiance réciproque entre les commissaires et Paoli, l'entente ne pouvait plus revenir. On sait que la défiance précède de bien près la haine et que la haine engendre et amène la lutte. C'est ce qui arriva en effet.

Les partisans de Paoli firent, peut-être, un peu trop de bruit en manifestant la joie qu'ils ressentirent de la suspension du décret. Les commissaires tenaient, cependant, à sa mise à exécution, quoique, par l'organe de Saliceti, ils eussent exprimé le regret de voir Paoli appelé à la barre de la Convention et qu'ils eussent dit que « sans ce décret tout se serait arrangé » et que « les affaires de la Corse se seraient très bien « passées (1) ». Aussi, s'emparant avec plaisir mais sans motif sérieux, de

____

(1) Lettre de Salicoti à Andrei. — Bastia, 28 avril 1793.

l'expression de ces transports d'allégresse, ils la prirent pour une injure personnellement adressée à eux-mêmes, et, la représentant comme une atteinte portée au respect dû aux décrets de la Convention, ils la qualifièrent de démonstration séditieuse. Alors, à l'instigation de Saliceti, qui profita de la fougue de l'impétueux et irréfléchi Lacombe-Saint-Michel, un envoyé fut expédié vers Paoli à Corte, à l'effet de lui notifier officiellement le décret de la Convention. Dans le dessein de soulever des troubles au sein même de la cité où se tenait Paoli, on choisit, pour remplir cette mission, un émissaire qui, natif de cette ville, y avait des amis et de nombreux parents. C'était Arrighi de Casanova, alors commandant d'un des nouveaux bataillons organisés par Saliceti, et devenu ensuite général de division et duc de Padoue. Cette mission faillit coûter cher à l'émissaire républicain. Elle se termina par l'incarcération de quelques-uns des siens, lesquels avaient montré du mécontentement, le lendemain de la poursuite qui avait été faite contre lui.

Saliceti, en homme habile, avait calculé, à l'avance, l'effet que produirait la démarche qu'il faisait par le moyen d'Arrighi. Connaissant le caractère de Paoli, il comprenait que, blessé dans son amour-propre, ce général refuserait d'obéir au décret de la Convention, et que, ce faisant, c'était se mettre en révolte contre le pouvoir. Il ne se trompait pas. Paoli, en effet, avait trop l'expérience des choses de la vie et prévoyait parfaitement ce qui allait lui arriver, pour exécuter ponctuellement les ordres qui lui étaient donnés et pour attendre avec insouciance le résultat de son refus. Il se mit donc en mesure de répondre par la force à cet appel par trop significatif de la Convention. Comptant qu'avec le dévouement des Corses, il pouvait repousser les premiers efforts des républicains, il se mit, pour s'assurer de l'avenir, en rapport avec l'amiral Hood, commandant en chef la flotte anglaise dans la Méditerranée. Cet amiral s'empressa, au nom de son souverain, de lui promettre secours et protection.

Malgré les précautions qu'il avait prises et qu'il ne cessait de prendre, Paoli ne voulut pas commencer les hostilités ; il attendit qu'on le forçât à se défendre.

Les trois commissaires connaissant le dévouement des membres de l'administration départementale pour Paoli, prononcèrent sa dissolution et la remplacèrent par neuf membres choisis par eux, mais qui n'étaient pas l'expression du suffrage des électeurs. C'était, comme on le voit, une injure directe à la souveraineté nationale. Paoli alors convoqua, en consulte extraordinaire, les députés de toutes les communes, qui se réunirent à Corte, au nombre de 1.009.

L'assemblée fut ouverte solennellement le 27 mai dans le couvent de Saint-François. Paoli et Pozzo-di-Borgo s'abstinrent de s'y rendre. Il ne fallut rien moins qu'une députation de l'assemblée pour contraindre le général à venir prendre part aux délibérations, afin d'aider les députés de ses lumières et de sa sagesse. Accompagné de la députation et du procureur-syndic, également invité par l'assemblée, il se rendit dans le local de la réunion où il fut reçu au milieu des acclamations du peuple, au bruit de la mousqueterie et des applaudissements des députés. A peine se fut-il assis et le silence rétabli qu'il lut un discours, discours étudié, sans doute, car Paoli devait s'attendre à se voir appelé au sein du congrès, mais où il exprimait les sentiments constants de sa fidélité et de son affection pour la République française, et où il rendait compte des absurdes calomnies dont il avait été l'objet.

Après lui, le président du conseil général, Jean-François Galeazzi, prit la parole. Dans un

discours violent et peu mesuré, parce qu'il
n'obéissait qu'à l'indignation de son âme, il
montra les malheurs dont la Corse était menacée. Il rappela le zèle que ses collègues et lui
avaient déployé pour mettre de l'ordre dans
toutes les parties de l'administration et pour
préserver l'île de toutes les horreurs de la
guerre civile. Que, malgré cela, ils avaient été
jugés par les commissaires de la Convention,
sans avoir, au préalable, été entendus. Il ré-
véla les espérances et les projets des ennemis
pervers du peuple corse et de sa liberté, système atroce suivi en France et que l'on voulait
mettre en pratique dans l'île, système qui consistait à détruire tout pouvoir légal, en jetant
de la diffamation sur les fonctionnaires publics ; à qualifier de rebelles et de séditieux les
vrais patriotes, et de patriotes les séditieux et
les anarchistes; à diviser la force publique,
parce qu'on ne pouvait corrompre la volonté
générale; à aiguiser, enfin, le fer homicide
pour en frapper les têtes des meilleurs citoyens.

« Commissaires de l'administration supérieure
auprès de ceux de la Convention, poursuivait-il,
les citoyens Giacomoni, Bertolacci et moi avons
découvert ces perfides trames. Nous en avons
frémi, et les avons dévoilées, dès notre arrivée
dans ce chef-lieu, au conseil général qui ne vit

d'autre moyen pour empêcher tant de désastres, que de convoquer le peuple souverain, afin que lui-même sauvât sa liberté en péril, et qu'il prît toutes les mesures que réclamait la gravité des circonstances. Le peuple a entendu la voix de ses administrateurs et s'est levé tout entier. C'est vous qu'il a choisis pour ses députés, afin que, par votre sagesse, vous préserviez le pays des maux incalculables de l'anarchie et de la guerre civile, prêt, s'il sera nécessaire, à exécuter, les armes à la main, vos déterminations.

» A vous donc, mandataires de ce bon peuple, de tirer vengeance des ennemis qui ont tramé sa perte. Frappez sans pitié ces factieux, ces patriotes hypocrites qui, jusqu'ici, se parant d'un si beau nom, ont cherché dans le malheur public à satisfaire leurs passions privées, et à s'arroger un pouvoir de circonstance, dangereux à la fois pour la liberté et la prospérité générale..... »

Il terminait en déclarant que, par son organe, le conseil général déposait entre les mains de la consulte les pouvoirs que l'assemblée électorale du mois de décembre précédent lui avait délégués. « Tous les membres qui composent ce conseil, en rentrant dans les rangs de simples citoyens, disait-il en terminant, attendent de vous et du peuple que vous représentez si dignement, un châtiment sévère, s'ils ont démérité, ou votre approbation si, gardiens fidèles de la loi et de la volonté générale, ils se sont montrés dignes de la confiance publique. »

Ces paroles furent accueillies par des applaudissements unanimes ; et la consulte, en signe de satisfaction pour la conduite de l'administration départementale, formula la déclaration suivante, qui n'était autre chose qu'un bill d'indemnité :

« Le conseil général et le directoire du département ayant bien mérité de la Corse, le mandat qu'ils tiennent du peuple leur sera continué. »

Ce fut le tour de Pozzo-di-Borgo à monter à la tribune. Il prononça, selon son habitude, un discours pompeux et virulent qui ne respirait que haine contre la France et acharnement contre ses calomniateurs et ceux de Paoli. Par des conclusions habilement tirées il amena l'assemblée à prendre des résolutions hardies contre les commissaires et contre les députés de la Corse à Paris.

Voici ces résolutions : — 1º On ne doit plus reconnaître comme commissaires les citoyens Saliceti, Delcher et Lacombe-St-Michel, et leur enlever l'autorité dont ils ont été investis, sous peine par les citoyens, les fonctionnaires et les

troupes qui leur prêteraient obéissance et fidélité, d'être considérés comme autant d'instruments de l'oppression. Ordre, en conséquence
est donné aux soldats de rentrer dans leurs
foyers dans le terme de quatre jours. — 2º Pour
avoir conspiré contre la liberté de leurs com-
mettants et contre le mandat qu'ils ont reçu de
leur confiance, on retire aux députés Saliceti,
Multedo et Luce Casabianca les pouvoirs qui
leur avaient été donnés par le peuple. —
3º Ces résolutions émanées des mandataires
d'un peuple juste qui ne sait ni ne veut souffrir
le despotisme, sous quelque forme qu'il se présente, seront soumises au congrès national,
imprimées et publiées dans toutes les communes
du département pour être exécutées jusqu'à la
décision finale de la Convention.

La consulte termina ses opérations, en décidant qu'une souscription patriotique serait
ouverte dans toutes les communes de l'île, afin
de pourvoir aux besoins de la circonstance.
Séance tenante, on ramassa, dans l'assemblée,
trente mille quatre cents francs, sans compter
les autres objets précieux qui furent offerts par
les députés.

C'en est donc fait : la Corse se sépare d'avec
la France, Paoli a beau y mettre des formes et
essayer de dénouer les liens qui l'unissent à la

France, ses partisans plus emportés et moins prudents les rompent violemment. Les commissaires de la Convention semblent eux-mêmes vouloir consommer la séparation. En effet, à la nouvelle des décisions prises par la consulte de Corte, ils déclarent traître à la patrie quiconque obéirait aux ordres de Paoli et de la consulte. Comme on le voit, des deux côtés, on faisait assaut de violence.

Ne pouvant, malgré leurs proclamations dans lesquelles se mêlaient les menaces et les moyens de persuasion, arrêter le mouvement contre-révolutionnaire que leur conduite avait provoqué, et voyant l'impuissance de leurs efforts pour faire reconnaître l'autorité de la Convention, Saliceti et Delcher, laissant à leur collègue Lacombe-St-Michel la direction des affaires et le soin de combattre l'insurrection, quittent la Corse et se rendent à Paris pour informer le comité de salut public de la situation dans laquelle se trouve la Corse. Sur leur rapport, le comité de salut public obtient de l'Assemblée nationale le décret du 17 juillet 1793 par lequel Paoli était déclaré traître à la patrie et mis hors la loi. Dans la même mesure était compris Pozzo-di-Borgo et tous les membres du conseil général. Ordre aussi était donné au conseil exécutif d'employer toutes les forces de terre et de mer pour mettre l'île à l'abri d'une invasion étrangère.

Mais les vaisseaux de l'amiral anglais Hood étaient là pour empêcher les efforts de la République, et bientôt Lacombe-Saint-Michel et les républicains devaient être aux abois. En effet, à la voix toujours aimée et toujours écoutée de Paoli, les populations de l'intérieur de l'île furent en armes. Les hostilités commencèrent dans les environs de Bastia et de St-Florent, et les républicains, battus de tous côtés, furent contraints de se replier vers les villes maritimes.

Justifierai-je Paoli de sa conduite à l'égard de la France, de cette France qui, appréciant l'importance de l'île et le caractère de ses habitants, l'avait, par un décret solennel, affranchie de l'odieuse domination de Gênes et associée à ses destinées, en l'élevant au rang de département français ? Je ne l'essayerai pas. L'engagement solennel qu'il avait pris devant l'Assemblée nationale de ne plus séparer le sort de la Corse de celui de la France est là pour m'en empêcher; mais d'autres raisons veulent que je ne le blâme pas trop sévèrement.

Il est des circonstances dans la vie où l'homme, chef d'un État, est pour ainsi dire contraint, malgré la foi jurée, de mettre à couvert sa vie et le bonheur de son peuple : *Salus populi suprema lex esto.* Paoli, que les envieux de sa gloire et de son influence avaient calomnié auprès de la Convention et qu'ils avaient, par leurs ignobles menées, fait décréter coupable de haute trahison, devait-il se laisser prendre comme un criminel et se laisser conduire à l'échafaud ? Devait-il, à en juger par la marche rapide que semblait suivre la France vers sa ruine, devait-il laisser son pays s'engloutir avec la métropole dans l'abîme que lui creusait la Terreur ? L'union des deux peuples n'avait pas encore eu le temps de se cimenter, pour que l'on dût, en aveugle, suivre ses destinées, surtout au moment où toutes les puissances .de l'Europe s'étaient coalisées pour écraser le monstre révolutionnaire. La conduite de Paoli qui serait criminelle aujourd'hui que la Corse, par tant de titres, s'est fusionnée avec la France, me semble alors, en quelque sorte, excusable.

Il voyait que la liberté, en France, faisait fausse route ; lui qui n'avait jamais aspiré qu'à donner une vraie liberté à son peuple, voulait la lui conserver en cette heure suprême ; c'est pourquoi il se lança vers l'Angleterre que, par vingt ans de séjour à Londres, il avait appris à connaître, et il demanda, pour assurer la tranquillité et le bonheur de sa patrie, non que la

Corse devînt une province anglaise, mais une nation indépendante sous la protection de cette puissance, qui s'offrait de bon cœur à lui prêter ses secours. D'ailleurs, par l'étude approfondie qu'il avait faite du gouvernement anglais, il y voyait plus de stabilité que dans aucun autre gouvernement connu ; le monarque, en effet, n'ayant, dans cette forme de gouvernement, d'autre volonté que celle de la loi qui distingue clairement les droits de la royauté et les droits du peuple.

Le grand Washington lui-même, malgré la reconnaissance et la sympathie qu'avait la jeune république américaine pour la France, ne considéra-t-il pas, après la mort de Louis XVI, le traité d'alliance et de commerce de 1783, comme rompu avec la France pour traiter avec l'Angleterre ? Il ne voyait plus, en effet, de gouvernement digne de ce nom à Paris, et, pour lui, les vrais intérêts de son pays primaient tous les autres sentiments.

Une autre raison, raison grave, mais appartenant à un ordre d'idées moins élevées, porta Paoli à se séparer de la France. Quelle que soit la supériorité des grands hommes, ils ont toujours dans le cœur quelque chose de la faute d'Adam, qui les assimile aux autres hommes : l'amour-propre. L'amour-propre de Paoli fut

profondément blessé par la conduite de la
Convention à son égard, laquelle, prêtant
l'oreille aux insinuations mensongères de Saliceti et d'autres, avait suspecté sa loyauté et ses
sentiments, purs cependant de tout reproche.
L'esprit de parti, cet esprit que l'on a vu dominer en maître avant Paoli et à toutes les époques de l'histoire de la Corse, cet esprit qui est
encore vivace de nos jours et qui est la cause
originelle de toutes nos dissensions et de tous
nos malheurs, cet esprit existait avec la même
force à l'époque qui nous occupe. Arrighi a
raison lorsqu'il dit : « Si l'on se donna aux
Anglais, ce fut plutôt en haine du parti français
que contre la République. Est-ce que cette
forme de gouvernement, les Corses ne la préfé-
raient point à toutes les autres ? Et qu'était-ce
que l'île sous l'administration de Paoli, sinon
un Etat démocratique ? » C'était donc pour ne
pas subir l'influence, supporter le joug des
Saliceti, des Arena, des Bonaparte, que Paoli
et ses adhérents consentirent à rompre avec la
France. La lutte, comme on le voit, ne consistait pas dans les sympathies pour la France ou
pour l'Angleterre, mais bien dans les antipathies
des familles rivales.

A l'ouverture des hostilités, les républicains
étaient trop inférieurs en nombre aux masses de

montagnards qui se portaient en foule vers les villes maritimes, pour qu'il fût possible de leur résister en rase campagne. Aussi Lacombe-St-Michel se vit-il bientôt privé de toute communication avec l'intérieur. Réduit à ne plus avoir de garnison que dans trois villes, il confia la défense de Saint-Florent au général Gentili, celle de Calvi à Raphaël Casabianca, et celle de Bastia aux adjudants généraux Franceschi et Contaud.

Pendant que les autres villes étaient au pouvoir de Paoli, plusieurs des principales familles de l'île, voulant rester fidèles à la France et voyant leurs jours menacés, cherchèrent un refuge soit à Calvi, soit à Bastia, et plus tard en France. De ce nombre étaient les Abbatucci, les Arrighi, les Casabianca, les Cervoni, etc.

Enfin, la flotte anglaise, au nombre, dit-on, de 21 vaisseaux de ligne, se montra sur les côtes de l'île et débarqua deux mille hommes de troupe aux environs de St-Florent. Avec ce secours, venu aux assiégeants, cette ville ne pouvait résister plus longtemps au nombre, à l'intrépidité et à l'ardeur des Corses. Aussi Gentili, voyant toute résistance impossible, quitta la ville après avoir fait sauter sa propre maison, et se rendit à Bastia. Les Anglais s'en emparèrent.

Les villes de Calvi et de Bastia, plus fortifiées et mieux approvisionnées, soutinrent pendant plus longtemps le bombardement de la flotte et les assauts des troupes de terre. Le siège de Bastia était déjà avancé, lorsque Lacombe-St-Michel qui, sous peine de mort, ne pouvait consentir à une capitulation, partit pour la France, en engageant les Bastiais à poursuivre courageusement la défense de leur ville (1).

Quelque temps avant, mais des murs de Calvi, le jeune Napoléon s'était élancé vers les côtes de Provence où, au siège de Toulon, il allait faire subir un échec aux Anglais et de là marcher de victoire en victoire jusqu'à l'immortalité.

La ville de Bastia, malgré les feux croisés de la flotte et de l'armée de terre, malgré la famine et les privations de tout genre, tenait toujours bon. Les propositions de capitulation se succédaient, cependant, et de la part de l'amiral Hood et de celle du commandant des forces de terre, jaloux l'un et l'autre d'obtenir le premier la reddition de la place. Les habitants restaient

---

(1) V. sa lettre du 6 floréal, 2ᵉ année, au général Gentili auquel il transmettait tous les pouvoirs d'un commandant en chef des armées.

Copie de cette lettre, certifiée, est déposée aux archives d'Ajaccio.

inflexibles et supportaient les horreurs du siège avec un courage héroïque. Enfin, perdant tout espoir de secours du continent, la ville capitula, mais honorablement, le 21 mai 1794. Aux termes de la capitulation, la garnison devait sortir de la ville avec les honneurs de la guerre et être transportée par les bâtiments anglais sur les côtes de Provence avec tous ceux qui voulaient rester fidèles à la France. L'amiral anglais tint parole.

Restait encore, pour que l'évacuation de l'île par les républicains fût complète, la ville de Calvi dont la résistance fut plus longue et plus opiniâtre. Mais, enfin, abandonnée à ses propres forces et au courage de ses défenseurs, devenant de jour en jour moins nombreux, décimés qu'ils étaient par les boulets ennemis, elle ne pouvait plus résister aux bombes anglaises qui pleuvaient par centaines sur la ville et en faisaient un monceau de ruines. Le général Casabianca se rendit, le 20 juillet 1794, après avoir obtenu les mêmes conditions qui avaient été accordées, deux mois auparavant, à la ville de Bastia. De plus, l'inscription *Civitas Calvi semper fidelis,* qui est gravée sur la porte de la ville, devait être respectée.

CHAPITRE XIX.

ASSEMBLÉE DU 10 JUIN 1794.
GOUVERNEMENT DE SIR ELLIOT.
MENÉES DE POZZO-DI-BORGO DE CONCERT
AVEC LE VICE-ROI POUR FAIRE PARTIR PAOLI.
CELUI-CI EST RAPPELÉ A LONDRES.

La Corse tout entière était occupée par les Anglais qui, par sir Gilbert Elliot, en avaient déjà pris possession au nom de Georges III. Mais il restait à faire sanctionner par le peuple cette prise de possession. A cet effet, les députés des 62 pièves se rendirent au nombre de deux par piève, ou 124, à la consulte convoquée à Corte pour le 8 juin 1794, et qui ne fut solennellement ouverte que le 10.

Paoli, dont l'arrivée au sein de la consulte avait été l'objet d'une véritable ovation, fut à l'unanimité élu président, et Pozzo-di-Borgo, choisi et nommé par lui secrétaire, d'après la volonté de l'assemblée. Le vénérable chef des Corses prononça un discours dans lequel il expliquait la conduite qu'il avait tenue au nom de son pays, envers la Convention nationale.

« J'appelle Dieu et les hommes à témoin de la vérité que je vais dire. J'ai employé tous les moyens que la modération et l'amour de la paix me suggéraient pour détourner les Français de la cruelle détermination qu'ils avaient prise d'allumer en Corse une guerre intestine, une guerre d'extermination, sous des prétextes dictés par la calomnie et accrédités par l'exagération. Mais les factions n'écoutent ni remontrances ni raisons. Tout fut obstinément rejeté. La fureur et la perfidie menaçaient cette île d'une catastrophe dont les conséquences ne peuvent se contempler ni s'envisager sans horreur. »

Déclarant ensuite qu'aucun de ses actes n'avait nullement engagé les droits de la Corse, il ajoutait :

« Vous examinerez s'il ne convient pas de prononcer solennellement ce qui, d'ailleurs, est déjà un fait accompli, la séparation absolue et décisive de l'île d'avec la France ; et, dans ce cas, s'il n'est pas dans l'intérêt de la Corse de passer immédiatement sous la protection et le gouvernement du roi de la Grande-Bretagne avec une constitution qui assure votre liberté et vous mette à l'abri des attaques que peuvent diriger contre vous vos plus cruels ennemis.

» Le peuple qui vous a envoyés ici, attend de vos résolutions, que vous l'assuriez contre l'ennemi puissant qui ne veut plus votre assujétissement, mais votre extermination ; il attend que vous concentriez en un gouvernement légitime et solide toutes les petites factions qui, tôt ou tard, vous conduiraient à l'anarchie, à l'esclavage ; il attend de l'union avec l'Angleterre, le raffermissement de votre existence politique, et de la constitution que vous allez formuler, la garantie contre les abus du pouvoir, des franchises et de la liberté tant nationale qu'individuelle. Voilà les motifs sublimes de votre mission ; voilà ce que demandent l'intérêt général, le sang répandu et les longues souffrances d'un peuple qui mérite, après tant de désastres, de jouir aussi sur la terre de quelque consolation et des fruits de la paix et de la liberté qu'il a défendues avec tant de courage et de louable persévérance. »

Après un exposé des motifs, rédigé par Pozzo-di-Borgo, sous l'inspiration, sans doute, de Paoli, exposé dans lequel, après avoir expliqué la conduite de la France et de la Corse depuis l'époque de la conquête, on représentait la France en proie à un système de désorganisation complète, foulant aux pieds tous les principes moraux et sociaux, abjurant toute religion et tout culte pour proclamer l'athéisme, l'assemblée vota, le lendemain de la première séance, le décret de séparation, ainsi conçu :

« L'assemblée, à l'unanimité, décrète : Tout lien politique et social qui, précédemment, unissait la Corse à la France est rompu. Elle révoque formellement toute espèce de pouvoir et de mandat donnés, par le passé, à n'importe quel citoyen, de représenter le peuple corse à la Convention nationale française, ou toute autre autorité, passée ou présente, de quelque nature qu'elle soit. »

Après trois lectures suivies de discussion, fut adopté l'acte constitutionnel, acte qui, par les termes du moins, donnait au peuple corse la plus grande somme de liberté possible. Voici cette constitution presque textuellement reproduite :

Les représentants du peuple corse, libre et indépendant, légalement réunis en assemblée générale, et spécialement autorisés à formuler le présent acte constitutionnel, l'ont unanimement décrété sous les auspices de l'Être-Suprême, et de la manière suivante :

Titre 1er. — *De la nature de la constitution et des pouvoirs qui la composent.*

La constitution de la Corse est monarchique selon les lois fondamentales.

Le pouvoir législatif réside dans la personne du roi et dans les représentants du peuple, dont l'assemblée s'appelle *Parlement.*

TITRE II. — *Du nombre et de l'élection du parlement et de ses fonctions.*

Le nombre des membres du parlement est fixé à deux par piève, selon la division qui sera formée sous le nom de pièves. Les lieux maritimes d'une population de 3,000 âmes et au-dessus ont le droit de donner deux membres du parlement. Les évêques qui exercent les fonctions de l'épiscopat en Corse seront membres du parlement.

Les membres du parlement seront élus par tous les citoyens Corses, âgés de 25 ans, domiciliés depuis au moins un an dans la piève, et y possédant des biens fonds.

Sera éligible au parlement quiconque, âgé de 25 ans et né d'un père corse, domicilié de fait dans la piève où il se porte candidat, y possède des immeubles d'une valeur au moins de 6,000 livres.

Sont exclus du parlement les pensionnaires (excepté ceux qui le sont viagèrement), les employés des finances, ceux qui ont une pension ou qui sont au service d'une puissance étrangère, et les prêtres.

. . . .

La Chambre de parlement a le droit de décréter tous les actes destinés à être convertis en lois. Ces actes, cependant, ne prendront ce nom qu'autant qu'ils seront revêtus de la sanction royale.

Aucun décret, de quelque autorité qu'il vienne, ne sera exécutoire s'il n'est émané de la Chambre de parlement.

Aucune taxe ou contribution publique ne pourra être imposée si elle n'est consentie ou accordée par le parlement.

Le parlement a le droit de traduire, au nom de la nation, devant le tribunal ordinaire, tous les agents du gouvernement convaincus de prévarication. Ces cas seront déterminés par la loi.

Titre III. — *De la durée et de la convocation du parlement.*

La durée du parlement sera de deux ans.

Le roi pourra dissoudre le parlement. Dans ce cas, il sera tenu d'en convoquer un autre dans les quarante jours de la dissolution.

Il pourra proroger le parlement.

La Chambre peut s'ajourner ou se réunir pendant la session.

. . . .

Titre IV. — *Du mode de délibérer, de la liberté dans les délibérations, et de l'ordre intérieur du parlement.*

Après l'ouverture du parlement faite par le vice-roi en personne ou par ses commissaires, en cas de maladie, les membres présents, sous

la présidence d'un doyen, procéderont à la
nomination d'un président et d'un ou deux
secrétaires.

Le parlement a la faculté de faire des décrets
et de délibérer quand le nombre des représentants dépasse la moitié.

Toutes motions faites en parlement seront
décidées à la majorité des membres présents ;
en cas de partage, le président a voix prépon-
dérante.

Le représentant du roi, soit en personne, soit
par un délégué spécial, en cas de maladie,
devra, dans la Chambre même du parlement,
prononcer son approbation ou son veto.

Aucun membre du parlement ne pourra être
recherché ni puni, à raison de ses opinions ou
des votes émis dans la Chambre de parlement,
que par la Chambre elle-même.

Titre V. — *De l'exercice du pouvoir exécutif.*

Le roi aura en Corse un représentant immé-
diat portant le titre de vice-roi.

A côté de celui-ci siégera un conseil et un
secrétaire d'Etat nommé par le roi.

Le peuple a le droit de pétition auprès du
vice-roi ou de la Chambre, soit collectivement
par les magistrats, soit individuellement par les
particuliers.

La Chambre peut demander au roi le rappel

du vice-roi. Dans ce cas, elle sera tenue de transmettre son adresse par le vice-roi lui-même ; et celui-ci, sur la réquisition du Parlement, devra, dans l'espace de quinze jours, l'expédier au souverain. Une députation pourra être chargée par la Chambre de porter au roi cette adresse, en ayant soin toutefois de fournir au vice-roi copie de ce document et de toutes les pièces y annexées.

La direction des affaires militaires appartient exclusivement au roi, comme aussi le droit de déclarer la guerre ou de faire la paix, à la condition, cependant, de ne pouvoir, sous quelque prétexte que ce soit, céder, aliéner une partie quelconque du territoire, ou de porter préjudice de toute autre manière à l'unité, à l'indivisibilité de la Corse et de ses dépendances.

Le roi nomme à tous les emplois du gouvernement ; mais les charges de la magistrature et de l'administration ne pourront être conférées qu'aux indigènes ou aux étrangers naturalisés corses en vertu d'une loi.

TITRE VI. — *De la justice et de la division des tribunaux.*

La justice est rendue au nom du roi.

Il y aura un tribunal suprême composé de cinq juges et d'un avocat royal : il résidera à Corte.

Dans chacune des neuf juridictions, il y aura un président et un avocat du roi ; et dans chaque pième un podestat.

Les municipalités de chaque commune seront nommées par le peuple.

Les crimes et délits pouvant entraîner une peine afflictive ou infamante seront soumis au jury.

Le roi a le droit de faire grâce de la même manière qu'il exerce cette prérogative en Angleterre.

Toutes les causes civiles, criminelles, commerciales ou autres seront jugées en Corse en premier et dernier ressort.

Titre VII. — *Du tribunal extraordinaire.*

Il y aura un tribunal extraordinaire nommé par le roi, pour juger, sur l'accusation portée par la Chambre du Parlement ou par la Chambre royale, tous les crimes de prévarication et de haute trahison, mais toujours avec l'intervention du jury.

Ce tribunal ne pourra se réunir qu'en vertu d'un décret préalable de la Chambre ou du roi et se dissoudra après le jugement de l'affaire.

Titre VIII. — *De la liberté individuelle et de la liberté de la presse.*

Nul ne pourra être privé de sa liberté et de sa propriété, si ce n'est par un jugement des tribunaux légalement établis.

Le prévenu arrêté sera interrogé dans les vingt-quatre heures.

Si le mandat d'arrêt est déclaré illégal ou vexatoire, le prévenu aura la faculté de réclamer par devant les tribunaux compétents des dommages-intérêts.

Liberté de la presse, sauf à répondre des abus selon la loi.

Tout Corse pourra librement sortir de son propre pays et y rentrer avec la disposition entière de ses propriétés, en se conformant seulement aux réglements et lois de la police générale pratiqués dans de semblables cas.

Titre IX. — *Du pavillon et de la navigation corse.*

Le pavillon de la Corse portera la tête du Maure conjointement avec les armes britanniques.

Le roi protégera la navigation et le commerce de la Corse à l'égal du commerce et de la navigation de l'Angleterre.

Le peuple corse regardera comme son propre engagement tout ce qui, pendant la guerre ou pendant la paix, sera entrepris pour la gloire de Sa Majesté et pour les intérêts de l'empire de la Grande-Bretagne en général...

Titre X. — *De la religion.*

La religion chrétienne, catholique, apostolique, romaine dans toute sa pureté évangélique, sera la religion nationale en Corse ; mais tous les autres cultes seront tolérés.

Le parlement fixera le nombre des paroisses et le traitement des curés et évêques, en même temps que, de concert avec le Saint-Siège, il assurera l'exercice des fonctions épiscopales.

TITRE XI. — *De la couronne et de sa succession.*

Le monarque et roi de la Corse est Sa Majesté Georges III, roi de la Grande-Bretagne, et ses successeurs selon l'ordre de la succession au trône de la Grande-Bretagne.

TITRE XII. — *De l'acceptation de la couronne et de la constitution du royaume de Corse.*

Le présent acte constitutionnel sera présenté au roi, dans la personne de sir Gilbert Elliot, son ministre plénipotentiaire, lequel, au nom de Sa Majesté Britannique, jurera : « de maintenir la liberté du peuple corse selon la constitution et la loi ». Le même serment sera prêté par les successeurs de Sa Majesté à chaque avénement au trône.

L'assemblée prêtera immédiatement entre les mains de Son Excellence sir Elliot, le serment suivant : « Je jure pour moi, et au nom du peuple corse que je représente, de reconnaître pour mon souverain et roi Sa Majesté Georges III, roi de la Grande-Bretagne, de lui prêter foi et hommage suivant la constitution et les lois de la Corse, et de maintenir cette constitution et ces lois ».

Le jour même de l'adoption par la consulte du pacte constitutionnel, c'est-à-dire le 19 juin 1794, une députation de douze membres présenta à l'acceptation du représentant du roi, ce document signé par les quatre cents représentants de la nation. Le plénipotentiaire britannique, avant de l'accepter et de prêter le serment prescrit par la constitution, prononça un discours où, après avoir énuméré les vertus héréditaires du peuple corse et celles de son souverain, après avoir parlé avec enthousiasme de l'alliance politique de la Corse et de l'Angleterre, alliance qui était, disait-il, l'expression de la volonté nationale et non le fruit de la violence et de la conquête, il exprimait la satisfaction qu'il éprouvait de pouvoir, pour la première fois, appeler les Corses, ses frères, ses concitoyens ; il s'étendait ensuite longuement sur les avantages de la liberté constitutionnelle, sur la liberté démagogique, et montrait enfin à la Corse la nouvelle ère qui s'ouvrait pour elle, ère de tranquillité, de grandeur et de prospérité fondée sur l'estime réciproque et la confiance mutuelle des deux peuples et sur leur communauté d'intérêts.

Sur le vœu exprimé par la consulte, Paoli choisit quatre députés pour porter au nouveau souverain l'adresse par laquelle l'assemblée manifestait les sentiments qui animaient les Corses envers l'Angleterre et son roi ; sentiments, d'abord, de reconnaissance pour les bienfaits reçus, ensuite de vénération pour la personne auguste du monarque, enfin, de fidélité et de constance dans l'alliance qui venait d'être jurée. J.-F. Galeazzi, P.-P. Colonna-Cesari, J.-O. Nobili-Savelli et J.-M. Pietri sont chargés de cette haute mission.

Voilà donc atteint le but qu'avait toujours poursuivi la Corse depuis tant de siècles, et l'illustre Paoli depuis tant d'années ! La Corse est appelée à vivre enfin de sa propre vie sous la protection d'une grande puissance. Cette puissance, par la proximité de ses rivages, par la conformité du caractère de ses habitants avec celui des habitants de l'île, par les sympathies toujours ardentes et toujours sincères entre les deux peuples, n'aurait pas dû être l'Angleterre, mais bien la France. Mais la France, par les insinuations d'un certain nombre d'ambitieux et d'intrigants, avait amené Paoli et la Corse à briser cette alliance si désirable. Heureusement pour nous, que la France allait quitter la voie dans laquelle elle s'était fatalement engagée, et qu'un Corse, chargé des destinées de cette nation, allait ne pas tarder longtemps à faire rentrer son pays natal dans le giron et dans la famille de son pays d'adoption. Cette alliance est aujourd'hui pour jamais assurée.

Les députés de la Corse porteurs de l'adresse à Sa Majesté le roi d'Angleterre, étaient chargés, en même temps, d'une autre mission : c'était de demander pour Paoli le titre et les prérogatives de vice-roi. Mais cette haute dignité était réservée *in petto* à Elliot, ou, pour mieux dire, le noble baronnet avait usé de finesse et d'astuce pour se la faire conférer. Car, tandis que la députation de l'adresse prenait son temps pour se rendre à destination, l'émissaire d'Elliot, Balthazar Petriconi, remplisait déjà sa mission auprès de Pitt, qui agit sur la cour de Saint-James.

La Commission arrive enfin à Londres ; elle est parfaitement accueillie par le roi et sa cour ; tout le monde parle de Paoli dans les termes les plus flatteurs, on dit même qu'on lui a de *grandes obligations ;* mais Elliot reste chargé de représenter le roi en Corse ; et Paoli, à qui cette charge revenait naturellement, est relégué au second plan. Ce fut là une grande faute que commit l'Angleterre, et par suite de cette faute, la possession de la Corse qu'elle ambitionnait tant, allait bientôt lui échapper.

Elliot qui déjà, depuis son arrivée en Corse, avait pris le ton et les allures d'un maître, prit définitivement la haute direction des affaires d'un pays qu'il ne connaissait guère et où les ferments de discorde ne pouvaient être contenus que par Paoli. Paoli seul, à la tête du pouvoir, aurait affermi en Corse le règne des Anglais ; lui seul aurait amené ses compatriotes à apprécier les avantages du régime constitutionnel ; lui seul, par le prestige qu'il exerçait encore sur les masses, aurait pu les maintenir dans l'alliance anglaise et empêcher le retour des républicains français. Le vice-roi, à la rigueur, aurait pu encore faire le bien et ne pas précipiter la chûte de la domination anglaise dans l'île, s'il se fût inspiré des idées de Paoli, et si, plus prudent, il eût tenu à honneur de suivre les conseils du vieux législateur. Mais Elliot allait se laisser fasciner par Pozzo-di-Borgo dont l'ambition insatiable commençait à se faire jour. Celui-ci, qui devait tout à Paoli, allait payer son bienfaiteur par la plus noire ingratitude, en soufflant daus le cœur du vice-roi le hideux démon de la jalousie.

Avant, cependant, d'aller plus loin sur ce terrain, voyons les dernières opérations de la consulte.

Dans sa séance du 29 juin, elle supprima l'organisation départementale et rétablit les juridictions royales, qui furent fixées à neuf : Ajaccio, Aleria, Ampugnani, Bastia, Corte, Nebbio, la Rocca et Vico. Les cantons reprirent le nom primitif de pièves.

Les autres opérations de l'assemblée ne sont pas assez importantes pour fixer notre attention. Nous parlerons seulement de la dernière séance.

Sur la proposition de Pozzo-di-Borgo, dont les protestations de dévouement et de respect cachaient ici la noirceur de son âme, la consulte, voulant témoigner à Paoli ses sentiments sincères de respect, de vénération pour ses incomparables vertus, comme aussi de reconnaissance pour les services immenses qu'il avait rendus à la patrie, décréta, d'une voix unanime, que son buste en marbre serait, aux frais de la nation, placé dans la salle du parlement, avec cette inscription :

PATRIÆ · LIBERTATIS
FUNDATORI · AC · INSTAURATORI
PÁSCALI · DE · PAOLI
CORSICA · GENIO · TUTELARI
NATIO
IN · COMITIIS · GENERALIBUS
MDCCXCIV (1).

---

(1) A Pascal de Paoli, père de la patrie, fondateur de la liberté nationale, la Corse, en conseil général, 1794.

A peine l'Assemblée constituante eut-elle terminé la mission pour laquelle elle avait été convoquée à Corte, que le vice-roi s'occupa immédiatement de l'organisation du nouveau gouvernement.

Le conseil d'Etat chargé d'aider le vice-roi dans ses travaux fut composé, et reçut pour président Pozzo-di-Borgo, sur la proposition de Paoli qui en reconnaissant son talent n'avait pas su apprécier son caractère. Elliot qui ne connaissait pas encore suffisamment ce candidat, fit des difficultés, et dit même avec étonnement : « Est-ce là votre président du conseil d'Etat? — Je réponds de lui (1), répondit Paoli; c'est un homme aussi habile à conduire un gouvernement qu'à garder les chèvres des montagnes et à débusquer l'ennemi à coups de carabine. »

Aux fonctions de secrétaire d'Etat fut appelé le jeune Frédéric North, fils du célèbre minis-

-----

(1) Plus tard, lorsqu'on eût à se plaindre de Pozzo-di-Borgo, le vice-roi dit à Paoli : — C'est vous, général, qui nous l'avez donné comme un homme capable. — C'est vrai, répartit Paoli, je vous l'ai donné comme un bon rasoir qui, entre les mains d'un habile barbier, coupe la barbe, et, dans les mains d'un singe, coupe la gorge.

(Rapporté par le doct. Ferrandi).

tre anglais de ce nom. On procéda ensuite à l'organisation des milices indigènes.

Il y eut quatre bataillons au commandement desquels furent appelés Giampietri, Charles Frediani, Quenza et Vincentello Colonna d'Istria. Les juridictions et les pièves reçurent leurs magistrats respectifs.

Restait la réunion du Parlement dont l'ouverture fut fixée au 1er février 1795. A peine cette Chambre fut-elle rassemblée dans l'église de la Conception de Bastia, qu'elle nomma son président et son vice-président. Le choix tomba sur Paoli pour les premières fonctions, et pour les secondes sur Augustin Giafferi, ancien général au service de Naples. Après les discours d'ouverture, le Parlement décréta l'inauguration du buste de Paoli. Cette solennité s'accomplit en l'absence de la personne qu'elle concernait et qui semblait, cependant, n'attacher qu'une médiocre importance à ce témoignage qu'il appelait, lorsqu'il parlait à ses intimes, *de l'encens pour les morts*. En ce moment, comme à l'époque de la consulte d'Orezza, en 1790, il suppliait ses concitoyens de suspendre jusqu'à sa mort, l'expression de leur jugement sur sa conduite. « J'ai encore le bonheur de vivre parmi vous, je désire par conséquent que vous attendiez le terme de ma carrière avant de décerner l'honneur de cette approbation solennelle. En défendant votre liberté au milieu de tant de périls et de fatigues, je n'eus jamais d'autre but que votre félicité et mon devoir. La seule récompense que j'ambitionnais était votre affection. Vous me l'avez accordée. Elle m'est plus chère, elle sera plus durable que le marbre et les inscriptions exposés aux violences des hommes et aux injures du temps. »

C'est un triste côté de l'humanité que toujours les plus empressés à encenser le pouvoir sont aussi les premiers à l'insulter au moment du malheur. En ce moment, ceux qui, comblés de bienfaits par Paoli, insistaient pour mettre sur le même plan l'homme et la statue, c'étaient ceux qui, le lendemain, allaient brûler indignement ce qu'ils avaient adoré.

Le Parlement s'occupa ensuite de réviser la législation civile et criminelle, de fixer les bases de l'impôt, de modifier les rapports du clergé avec le Saint-Siège, d'assurer l'instruction à la jeunesse en rétablissant l'université de Corte, etc., etc.

Paoli, que le Parlement avait appelé à la présidence, refusa cet honneur. Désormais réduit à un poste secondaire dans son pays, dans ce pays où, pendant si longtemps, il avait été la personnification de la patrie, il était tout naturel qu'il se tint retiré des affaires et qu'il vécût dans la solitude, ou, du moins, entouré seulement de ses intimes et de ses partisans fidèles. Il se contentait de manifester, dans l'intimité, son mécontentement de la conduite qu'on avait tenue à son égard, et de veiller de loin sur les destinées de la patrie, destinées qu'il prévoyait déjà ne devoir pas être heureuses sous l'administration du vice-roi, non pas du vice-roi nominal, mais du vice-roi effectif, Pozzo-di-Borgo. Car, en effet, c'était bien le président du conseil d'Etat qui, par l'ascendent qu'il venait de prendre sur l'esprit du vice-roi, menait tout à son gré.

Tout semblait concourir à amener le malheur de l'île et l'anéantissement de la liberté. D'un côté, le despotisme (1) d'Elliot, excité par l'égoïsme de Pozzo-di-Borgo et par les aspirations des ambitieux, qui ne demandaient qu'à occuper des emplois, à recevoir des honneurs; d'autre part, la rentrée en Corse, sous la protection du pavillon britannique, de tous les émi-

---

(1) Dans une lettre du 8 août, adressée à quelques-uns de ses amis, Paoli disait : «.... Soyez-en sûrs, ils veulent montrer que l'on a un parti, et allumer une guerre civile. Ils ont, je vous le répète, ils ont le bandeau sur les yeux. Lorsqu'on saura à Londres que l'on a tourné les canons contre la ville, sans égard pour la frayeur des citoyens paisibles, les pierres elles-mêmes crieront: A la tyrannie, à la tyrannie »...

grés royalistes, à la tête desquels figuraient les Buttafoco, les Gaffori, les Baciocchi, et qui, toujours ennemis de Paoli, devaient contribuer, du moins indirectement, à rompre toute harmonie entre Paoli et le représentant du roi d'Angleterre ; d'un autre côté, enfin, le retour secret de quelques républicains dans le pays, pour y exciter la haine contre les Anglais et raviver les sympathies pour la France.

Le mécontentement provenant de ces différentes causes devenait de jour en jour plus fort, au point que le parlement, pour parer aux dangers qui menaçaient le pays, voulut, en prenant une décision doublement fâcheuse au point de vue politique et au point de vue moral, jeter l'effroi parmi les républicains accusés de soulever les populations. Il décréta traîtres à la patrie et mit hors la loi tous ceux qui, par une capitulation quelconque, avaient cherché un refuge sur le territoire français. Il décida, en outre, la confiscation de leurs biens et prononça la peine de mort contre tout Corse qui, sans autorisation du gouvernement anglais, serait rentré dans l'île.

Et pendant que ces mesures impolitiques excitaient les murmures des intéressés et du peuple, Pozzo-di-Borgo songeait à tirer profit, au détriment de son bienfaiteur, des soulèvements qui eurent lieu sur quelques points de l'île. Paoli, en effet, fut montré par lui au vice-roi comme l'auteur et le promoteur de ces désordres, voulant ainsi exprimer le mécontentement qu'il éprouvait de ne pas avoir été choisi pour remplir les fonctions de vice-roi. Elliot le crut, la défiance s'empara de son cœur, et, dès lors, il songea à se débarrasser de la présence importune de Paoli.

Jusqu'alors Pozzo-di-Borgo, redoutant l'influence que Paoli pouvait conquérir sur le vice-roi, avait habilement caché son jeu. Dans toute sa correspondance avec Paoli, ce n'étaient que des compliments, des politesses, des protestations de respect, de dévouement et de reconnaissance. A l'heure qu'il est, les ménagements ne lui sont plus nécessaires, il peut rompre en visière avec celui qui lui portait ombrage et qui, pourtant, avait été son bienfaiteur et celui qui l'avait tiré de l'obscurité.

Ce n'était pas tout que de l'avoir éloigné du gouvernement des affaires, que de l'avoir mis en état de suspicion à l'égard du vice-roi, il voulait encore (mais chose impossible) le décrier aux yeux des populations, et montrer que lui seul, Pozzo-di-Borgo, était puissant, que lui seul désormais pouvait distribuer les emplois, les honneurs, les distinctions, la fortune. Son ingratitude n'avait pas de bornes : il voulait lui faire avaler le calice jusqu'à la lie. Le buste que lui avait érigé la reconnaissance publique fût, à l'occasion d'une fête de bal, déplacé de son piédestal pour être jeté dans un cabinet noir. Comment devait-on respecter la personne (1) lorsqu'on s'en prenait à l'effigie ? On l'aurait essayé, mais on avait peur.

Comme nous le disions tout-à-l'heure, le mécontentement était général dans l'île, et tout donnait à penser que la tranquillité du pays ne serait pas de longue durée. C'est ce que désirait Pozzo-di-Borgo, afin d'avoir un motif plausible d'en accuser Paoli. Celui-ci le comprenait et faisait tous ses efforts pour calmer l'agitation. « .... Qu'ils ne l'espèrent point, il n'y aura pas de rébellion. Le peuple, uni et loyal, fera connaître l'injustice de ceux qui le calomnient parce qu'il se montre mécontent de l'abus qu'on fait de l'autorité. La guerre se fera, mais la plume à la main, et les faits incontestables convaincront les imposteurs.... »

Voilà ce que pensait et disait Paoli. Il n'attendait plus que la réunion du parlement pour avoir l'occasion de dévoiler devant les représen-

---

(1) Il y a des personnes qui prétendent qu'on en veut à ma vie. Je m'en moque.

(Lettre à Galeazzi, 17 août 1795).

tants du peuple les turpitudes commises par l'administration. Mais cela ne faisait pas le compte de Pozzo-di-Borgo. Il ne voulait pas de la réunion du parlement et suscitait, à cet effet, sous main, des désordres (1). Une expédition avait même été commandée contre la Mezzana.

Dans cés circonstances, tous les mécontents se groupèrent autour de leur vénérable chef. Le couvent de Morosaglia, séjour ordinaire de Paoli, était le lieu de leur rendez-vous. Elliot et Pozzo-di-Borgo se prévalurent de ces réunions pour proposer au ministère anglais l'éloignement de Paoli du centre de son influence. Déjà divers rapports avaient été adressés, à cet égard, à Londres ; on y revint plus énergiquement, et l'on fit valoir des motifs que le cabinet de Saint-James crut devoir prendre en considération. Aussi, après une longue délibération en conseil des ministres, décida-t-on le rappel de Paoli. Le roi, en conséquence, lui écrivit la lettre suivante :

« Votre présence inquiète vos ennemis et

---

(1) Pozzo-di-Borgo veut la guerre civile pour empêcher l'ouverture du parlement.

(Lettre de Paoli, 30 août 1795).

Il désire porter toutes les choses à l'excès, afin que le vice-roi ne puisse ouvrir les yeux sur les causes du mécontentement universel.

(29 août, même année).

donne trop d'audace à vos partisans. Venez à
Londres où nous saurons rémunérer votre fidélité, en vous assignant une place au sein de
notre propre famille ».

C'était un ordre d'exil qu'on lui donnait poli-
ment; Paoli le comprit. En recevant cette lettre
que lui apporta avec de grandes précautions le
secrétaire du conseil d'Etat, une pensée sou-
daine traversa son esprit : renvoyer d'un seul
coup les Anglais, comme naguère on avait
chassé les républicains. Mais la réflexion lui fit
bientôt changer d'idée. Le seul moyen raisonnable, le moyen le plus sage, c'était celui
d'obéir à l'invitation du roi d'Angleterre, et
c'est celui qu'il prit. Qu'aurait-il pu attendre, en
effet, d'une mesure violente? Chasser les Anglais
de l'île était chose facile ; mais après? La
Corse indépendante n'était qu'une chimère ;
appeler les républicains français, c'était livrer
son pays à ses plus grands ennemis : il ne le
pouvait pas décemment, après ce qui s'était
passé il y avait à peine deux ans. Son parti, du
reste, s'était de beaucoup amoindri par des
défections de tout genre. Il put en juger par le
rassemblement qui eut lieu, d'après son désir,
à Morosaglia. Ce n'était plus ces rigides patriotes d'autrefois, ce n'était plus ces insulaires aux
convictions profondes dictées par l'amour de la

patrie ; mais bien des masses démoralisées, corrompues par l'ambition, par l'appât des richesses, par le goût du luxe. « Je vous remercie, amis, leur dit-il, de l'empressement que vous avez mis à répondre à mon appel. Retournez dans vos villages : les temps de liberté et d'indépendance sont passés sans retour. Je vous fais mes adieux. Mes cendres, contre mon espoir, reposeront sur la terre étrangère. »

Sa décision étant prise irrévocablement, il fit dire au vice-roi que, dans deux jours, il s'embarquerait à Saint-Florent. En effet, à l'époque indiquée (octobre 1795), il partait pour l'Angleterre, d'où il ne devait plus revenir.

CHAPITRE XX.

EMBARRAS DU GOUVERNEMENT ANGLAIS.
RETOUR DE LA CORSE A LA FRANCE.
SÉJOUR DE PAOLI EN ANGLETERRE. — SA MORT.

Si Elliot et Pozzo-di-Borgo avaient voulu démolir en Corse la domination anglaise, ils n'auraient certes pas mieux réussi qu'en obtenant l'éloignement de Paoli. Par le rappel de l'homme qui leur faisait ombrage et qui, cependant, était leur égide et leur soutien dans l'île, ils avaient espéré l'apaisement des troubles et la consolidation de leur pouvoir : ils aboutirent à l'effet contraire. A la nouvelle du départ de Paoli, l'exaspération des Corses ne fit que s'accroître. Aux quatre coins de l'île, des séditions, des soulèvements eurent lieu, et les tentatives de répression demeurèrent intructueuses. A ces causes de troubles, envenimées par les attaques que le vice-roi portait, à chaque instant, aux bases fondamentales de la constitution (1), venaient s'ajouter les démarches des républi-

____

(1) L'abolition du jury dans les causes criminelles, etc.

cains. Enhardis par les succès de l'armée française en Italie sous la conduite du jeune Bonaparte, succès qui, tout en portant l'effroi chez les puissances coalisées, excitaient l'enthousiasme des Français et des compatriotes du jeune général, les partisans de la République ne désiraient plus que le retour de la Corse à la France, et se tenaient en communication avec leurs amis et leurs parents pour arriver à ce but. Des proclamations excitant les populations à la révolte et répandues à profusion dans toutes les localités, venaient mettre le comble à l'agitation de l'île, et préparaient, d'un autre côté, le rapprochement des partisans de Paoli et des républicains.

Le gouvernement d'Elliot, réduit à ne plus avoir autour de lui que quelques troupes anglaises et quelques fonctionnaires qui calculaient déjà les moyens de se prémunir contre les éventualités, touchait à son dernier moment. En effet, les Anglais chassés du port de Livourne par les Français, se rabattirent sur l'île d'Elbe ; mais pour se maintenir dans cette station, ils avaient besoin de troupes : ils en firent venir de la Corse. Alors l'insurrection devint générale, et les généraux Gentili et Casalta, émissaires de Bonaparte, n'eurent plus qu'à se montrer pour que tout le monde prît les armes.

Dans cette situation critique, le vice-roi crut
à propos de se retirer en quittant la partie.
Ayant, en conséquence, réuni à la hâte ses troupes à Bastia, il s'embarqua précipitamment avec
elles et ses amis dévoués sur des vaisseaux
anglais qui les conduisirent à l'île d'Elbe. Il y
avait à peine un an que Paoli avait quitté le
pays.

En un clin d'œil, la Corse fut occupée par
les républicains. Il y avait à craindre une réac-
tion de ceux-ci contre les Corses qui étaient
fidèles à Paoli ou qui avaient embrassé le parti
des Anglais. Il n'en fut rien. Les commissaires
ordonnateurs avaient une mission de paix et de
ralliement à remplir : ils ne faillirent point à
leur mandat. Une proclamation de Miot, l'un
des deux commissaires, vint calmer les craintes
et rassurer les esprits. On y lisait : « Chargé
des instructions spéciales du Directoire, je vous
porte en son nom des paroles de paix. Je vous
annonce que son unique désir est de vous attacher à la famille dont vous avez été trop
longtemps séparés, et de vous faire oublier le
plus promptement possible les maux irrépa-
rables de l'anarchie sous laquelle vous avez
gémi. » (Novembre 1796).

Laissant ici la Corse marchant désormais
avec la France dans le chemin des destinées des

nations, nous allons suivre Paoli dans son exil pour l'accompagner jusqu'à son tombeau.

Parti de Saint-Florent dans le mois d'octobre 1795, Paoli débarqua en Italie, traversa l'Allemagne et arriva à Londres, après avoir vu, partout sur son passage, accourir en foule les populations, avides de contempler le héros de la liberté. Les membres de la chambre, les ministres, l'orgueilleuse aristocratie elle-même, la cour, le roi, tout le monde le reçut avec les marques les moins équivoques de sympathie, d'estime, de respect.

Les plus considérables d'entre les membres du parlement tenaient à honneur de s'entretenir avec lui. Aussi, dans ces entretiens qui embrassaient tous les sujets de la plus haute politique, dut-on aussi parler de la Corse, des avantages de sa possession par l'Angleterre et des fautes de tout genre qui avaient amené l'évacuation du pays. Pitt ne sortit pas sans tache des explications données par Paoli, et la faute en retomba naturellement sur Elliot. Les Anglais comprirent, mais trop tard, que, pour conserver la possession de la Corse, on aurait dû se fier à la longue expérience et à l'immense popularité de Paoli. Regrets inutiles : la Corse leur avait échappé et pour toujours.

Paoli, entouré des sympathies des Anglais,

vivait en paix au sein de la cité de Londres, employant une partie de la pension de 2,000 livres sterling que lui faisait l'Angleterre, à venir en aide à ses compatriotes malheureux qui se trouvaient disséminés en Angleterre et en Italie. Quelques réfugiés français eurent part à ses libéralités. N'employant qu'une bien faible partie de sa pension à ses besoins personnels, il réservait le reste à former un capital qu'il destinait à son pays. L'instruction de la jeunesse de sa patrie avait toujours été l'une de ses plus vives sollicitudes, alors qu'il était à la tête des affaires de la Corse. Sur la terre d'exil, cette pensée ne le quitta point : elle devint, au contraire, plus vivace. Aussi, le voit-on dans son testament (23 novembre 1804) songer à assurer, dans l'avenir, l'instruction de ses jeunes compatriotes. Toutes ses économies sont destinées à établir deux écoles : l'une à Morosaglia, l'autre à Corte. La première, en vue de donner aux enfants de son pays natal et de son canton les connaissances élémentaires indispensables à tout citoyen ; la seconde, de fournir aux jeunes gens des familles aisées de l'île les moyens de perfectionner cette instruction, et de la pousser aussi loin que nécessaire, afin de leur ouvrir un accès dans les administrations publiques et dans les écoles savantes, où se préparent les intelligences d'élite qui font la gloire des nations.

Mais en faisant le bien, en s'occupant de ce qui pouvait être utile à son pays, il suivait d'un œil attentif les succès qui marquaient chacun des pas du fils de son ancien ami Charles Bonaparte. Il se trouvait flatté des éloges que les Anglais eux-mêmes prodiguaient à son jeune compatriote. Ne l'avait-il pas deviné en disant qu'il serait un jour aussi grand que les hommes les plus illustres de Plutarque? Il ne put dissimuler sa joie le jour où les feuilles publiques annoncèrent son avénement au consulat à vie. En signe d'allégresse, il fit illuminer son hôtel. Le gouvernement anglais comprit et apprécia les sentiments de Paoli en cette circonstance.

Un moment, Paoli espéra que Bonaparte, devenu si puissant, donnerait libre entrée sur le sol de la patrie aux Corses qui avaient combattu contre la France et qui, pour cette raison, figuraient sur les listes de proscription. Il l'espéra le jour où on lui rapporta les paroles prononcées par le consul lorsqu'il lut sur ces listes le nom de Paoli : « Les grands hommes n'émigrent jamais, dit-il en le rayant. Ils appartiennent au monde. » Mais des raisons politiques, puissantes (1) sans doute, firent que Napoléon

___

(1) «.... La moindre condescendance en notre faveur aurait pu le faire accuser de partialité. Celui qui aime le bien public est forcé de lui sacrifier ses propres sentiments et les égards personnels. Je voudrais, cependant, qu'il se souvint de sa patrie...» (Lettre écrite le 18 mars 1801, à l'abbé Poletti à Rome).

ne put étendre l'amnistie à tous les proscrits corses. L'espoir de Paoli se trouva ainsi déçu, du moins pour un certain temps, car, plus tard, tous sans distinction purent rentrer dans leurs foyers.

Ce né fut pas que le jeune héros n'aimât ses compatriotes et qu'il n'estimât, au plus haut degré, le vieux bienfaiteur de son pays, l'ancien ami de sa famille, le protecteur de ses jeunes ans. Mais il était à la tête de la République française, et cette position de chef d'une grande nation en travail de sa réorganisation lui imposait d'autres devoirs et faisait taire les sentiments de son cœur. Malgré la divergence de leurs opinions, malgré la différence de conduite qu'ils avaient suivie, les sympathies étaient réciproques entre les deux plus grands enfants de la Corse. Paoli disait dans sa lettre du 18 mars 1801, à l'abbé Poletti : « .... Je l'aime parce qu'il a montré que les habitants de cette île si longtemps opprimée et méprisée, une fois dégagés des froides mains d'un gouvernement tyrannique, savent se distinguer dans toutes les carrières. Il nous a vengés de tous ceux qui ont été la cause de notre avilissement. Je voudrais que notre peuple sût tirer profit de la communauté de destinées qu'il a avec la France, afin de prospérer dans le commerce et dans l'agriculture........ »

Napoléon, de son côté, regrettait de ne pas l'avoir appelé auprès de lui. « C'eut été une grande jouissance, un vrai plaisir, disait-il à Sainte-Hélène; mais entraîné par les grandes affaires, j'avais rarement le temps de me livrer à des sentiments personnels. »

Que la Corse aurait été heureuse de voir ces deux grandes intelligences marcher de concert et se prêter un mutuel secours pour le bonheur des deux peuples appelés à vivre de la même vie. Les conseils du patriarche de la liberté auraient, peut-être, contenu dans de justes bornes l'ambition du grand génie, et l'auraient empêché d'entreprendre des guerres qui ont été la cause de sa ruine. La justice aurait présidé à tous ses actes, et la liberté générale de l'Europe y aurait gagné. La Corse aussi n'aurait pas eu à souffrir de la dictature des Morand et des Berthier. Elle se serait rassasiée de la gloire dont elle est avide ; mais, en même temps, elle aurait joui des avantages d'une administration sage et paternelle qui aurait tiré parti des éléments de richesse qu'elle recèle nombreux dans son sein. La Providence, dans ses impénétrables desseins, en avait décidé autrement. Aujourd'hui, sous l'égide de la liberté, de cette liberté qui a été l'éternelle ambition de ses enfants, la Corse s'avance résolument dans la voie du progrès. S'il y a encore malheureusement des bandits, des inimitiés sanglantes, des *vendette*, l'agriculture, le commerce et l'industrie ont pris un grand développement ; développement qui s'accentuera de plus en plus fort par la progressive exploitation des voies ferrées déjà construites, en voie de construction ou projetées ; l'instruction est répandue dans toutes les classes de la société ; la civilisation a fait d'immenses progrès ; et, aujourd'hui, la Corse n'a guère rien à envier, sous bien des rapports, à beaucoup de départements français. En voyant le spectacle actuel de son pays, Paoli aurait dit sans doute : « Je puis maintenant fermer les yeux au grand sommeil, parce que le vœu de toute ma vie est accompli. »

Il mourut, le vertueux citoyen, sur la terre étrangère, avec le regret d'avoir quitté les montagnes de son pays et les amis qu'il y avait laissés ; mais avec la satisfaction bien douce de voir le sort de sa patrie en voie d'être assuré. Voici, du moins, ce qu'il disait dans une lettre adressée de Bristol à l'abbé Giovannetti, le 3 septembre 1802: « ...... *La liberté et de bonnes lois :* voilà ce que notre pays a obtenu avec la France par un de nos compatriotes. Dans le système actuel de la politique de l'Europe, nous n'aurions pas pu jouir de ce bien en formant un

Etat indépendant. Notre peuple, soit en temps de paix, soit en temps de guerre, aura à supporter les mêmes charges que les autres contrées qui composent la grande République. Elle n'aura pas à craindre d'avoir la guerre sur son territoire. La France est trop rapprochée de la Corse pour que les ennemis puissent espérer d'y opérer avec succès un débarquement, lorsque les habitants, contents comme ils ont raison de l'être, marchent d'accord avec la garnison pour repousser toute tentative d'invasion. Le drapeau français ranimera son commerce..... L'agriculture, par l'exemple de l'industrie française, s'améliorera. Les honnêtes ambitions et le mérite accompagné par le talent pourront s'ouvrir le chemin des honneurs.

» D'après ce qui m'en revient, bientôt des écoles et des collèges seront ouverts dans l'île pour l'éducation de la jeunesse. Ces considérations embaument le peu de jours qui me restent encore à vivre........ »

Ce fut le 5 février 1807, jour de jeudi gras, que le vénérable vieillard, après une maladie de trois jours seulement, rendit son âme à Dieu, dans la quatre-vingt-deuxième année de son âge. Selon le désir qu'il en avait exprimé, il fut enseveli sans apparat dans l'église catholique de Saint-Pancrace à Londres. Ses funérailles qui eurent lieu le 13 février, c'est-à-dire huit jours après son décès, ont à peine coûté cinq cents francs. Le révérend docteur Burnaby, un ami de quarante années, et Giacomorsi, qui avaient recueilli le dernier soupir de cet homme illustre, choisirent avec François Pietri, de Fozzano, son compagnon d'exil, un emplacement à Westminster-Abbey pour y ériger un monument surmonté de son buste.

La mort de Paoli n'excita pas l'attention publique. Celle-ci était tournée vers Napoléon qui éblouissait alors le monde par l'éclat de ses victoires, par l'immensité de sa puissance et de sa grandeur.

Je ne saurais mieux terminer l'histoire de Paoli qu'en répétant le jugement qu'a porté de lui M. Tommaseo : « Peu sont les chefs de nation qui aient laissé d'eux un nom plus vénéré et des exemples sûrement plus inimitables que Pascal Paoli. Il établit l'union parmi des populations divisées ; il donna à une révolution la forme d'un gouvernement sage ; à une île petite et pauvre une place splendide dans l'histoire du monde. »

Paoli, à mon avis, est aussi grand que le thébain Epaminondas et que l'américain Washington ; et s'il ne fut pas aussi grand que Napoléon, son filleul et pour ainsi dire son élève, il eut, certes, une aussi large part que lui dans l'affection de ses compatriotes.

« En entendant parler de Napoléon, le cœur des Corses s'enfle d'orgueil ; mais au nom de Paoli, leur œil s'illumine, comme celui d'un fils au souvenir d'un noble père qu'il a perdu. Il est impossible qu'un homme, après sa mort, puisse inspirer à tout un peuple plus d'amour et de vénération que Pascal Paoli. (1) »

L'homme est éminemment perfectible, mais Dieu seul est parfait. Paoli n'a jamais eu la prétention de se poser en homme sans défauts ; mais rares sont les hommes qui aient présenté autant de vertus que lui. Parmi les enfants de la Corse, c'est lui qui a fait le plus de bien à sa patrie. Aussi la Corse reconnaissante n'oubliera jamais son nom et ne perdra jamais le souvenir de ses bienfaits. Si jamais l'oubli pouvait tomber sur les sacrifices qu'il a faits pour sa patrie, sur les souffrances qu'il a endurées pour elle, sur les conseils qu'il lui a donnés, sur les exemples qu'il lui a laissés, les traits de ce grand homme, de ce vertueux citoyen, reproduits fidèlement par la statue, œuvre un peu tardive de la reconnaissance de ses compatriotes, et qui orne une

____

(1) FERDINAND GREGOROVIUS, *Corsica,* (Traduction de P. Lucciana, Chap. IX, page 243).

des places de la ville qui fut le siège de son gouvernement (Corte), ces traits rappelleraient aux Corses leur ingratitude. Mais, nous pouvons l'assurer, si longtemps qu'un sang pur coulera dans leurs veines et qu'un noble sentiment animera leurs cœurs, ce nom immortel sera gravé, en traits de feu, dans leur mémoire.

CHAPITRE XXI.

RETOUR EN CORSE DES CENDRES DE PASCAL PAOLI.

Nous terminions la première édition de notre histoire de Pascal Paoli, par le vœu ci-après : « La Corse qui, naguère encore — c'était en 1866, — sur la foi d'un article publié par le journal l'*Union,* s'est levée presque tout entière pour protester, dans sa légitime émotion, contre les menaces d'une profanation du tombeau de Paoli, la Corse, fidèle à son culte de l'honneur, à son culte des grands hommes, en décidant que ses restes mortels qui, depuis soixante ans, reposent sur la terre étrangère, soient transportés sur le sol de la patrie, paiera une dette sacrée envers celui qui lui a donné une si grande célébrité. Une tombe dans le village qui l'a vu naître, voilà ce que réclame encore de la reconnaissance de ses compatriotes l'ombre de Paoli. »

Aujourd'hui, grâce à la sollicitude du Conseil général qui avait d'abord voté des fonds et ensuite nommé, dans son sein, une commission *ad hoc,* composée de MM. le chanoine Saliceti ;

Pierre-Paul de Casabianca, sénateur; comte Bénedetti, ancien ambassadeur; Ceccaldi, député; et Pietri, ancien préfet de police, grâces aussi aux souscripteurs corses et surtout à l'activité intelligente de la Commission exécutive de translation des cendres, grâces, en particulier, à l'infatigable dévouement du chanoine Saliceti, ce vœu n'est plus à formuler, c'est désormais un fait accompli. Notre dette d'amour et de reconnaissance à nous, Corses, vient d'être acquittée, et acquittée, depuis surtout Marseille jusqu'à Morosaglia, avec un tel enthousiasme que l'ombre de Paoli a dû, dans son immortalité, en être satisfaite.

En effet, après l'exhumation officielle faite avec l'autorisation du *home-office* (ministère de l'Intérieur), une messe *in requiem* a été célébrée par l'honorable chanoine de la cathédrale d'Ajaccio, M. Jean-Baptiste Saliceti, avec l'autorisation de Son Eminence Monseigneur le Cardinal Manning, archevêque de Westminster, le 31 août 1889, à Londres, en l'église de Saint Louis de Gonzague, en présence de quelques éminents Anglais, enthousiastes admirateurs du Grand Patriote Corse, et de MM. Franceschini-Pietri, héritier de Paoli et ancien secrétaire particulier de feu l'empereur Napoléon III, Pierre-Paul de Casabianca, sénateur, Paul

Poggi, natif de Morosaglia, mais demeurant à Londres, Emile Casabianca, de Bonifacio, demeurant également à Londres, M. Jean Lanzj, d'Ajaccio, membres de la commission exécutive.

Après avoir traversé, en courant, Paris, Lyon, le convoi funèbre est arrivé à Marseille où une très imposante manifestation lui a été faite.

C'est le 3 septembre 1889 que, par le train de 6 heures du matin, entraient, en gare de Marseille, les cendres attendues. Elles étaient accompagnées par la Commission exécutive de translation. A 10 heures, à la gare, se présentaient : d'un côté, drapeau en tête, les membres de la Société de secours mutuels des Corses de Marseille, sous la présidence de M. Filippi, avocat, accompagné, non seulement de tous les sociétaires, mais aussi de beaucoup de légionnaires et des nombreux Corses qui habitent la cité phocéenne ; et, de l'autre, les délégués des cercles de Toulon : *Général Paoli, Union Corse, Corses indépendants,* et *Fraternité corse,* conduits par M. Bartoli, inspecteur primaire en retraite. Ces messieurs suivaient l'ancien pavillon corse — blanc avec tête de maure, le bandeau sur le front — du *Cercle Général Paoli,* de Toulon, ayant à ses côtés les drapeaux des cercles *Union Corse* et *Fraternité Corse.*

Le char funèbre, richement décoré et couvert de nombreuses couronnes commémoratives, parmi lesquelles on remarquait celle qui a été offerte à Londres par l'ex-impératrice Eugénie, la superbe couronne, surmontée d'un bel écusson en bois d'ébène aux armes de la Corse, offerte par les Corses de Toulon et celle des Corses de Marseille ; il y en avait une autre portant cette inscription : « Le Cercle Sampiero et la majorité des Corses de Toulon à Pascal Paoli, le père et le défenseur de la patrie corse ; » le cortège, disons-nous, s'est mis en marche, précédé d'un riche poêle, tenu par M. Filippi, avocat, Guerrieri, officier supérieur en retraite, commandant Terrazzoni, Botti de Martinetti, Ortoli et Mancini, capitaines. En avant, une société musicale faisait entendre les accords lugubres d'une marche funèbre. Suivaient immédiatement le char, M. le chanoine Saliceti, M. Franceschini-Pietri, les autres membres de la commission exécutive et une foule très considérable de Corses.

Le cortège, partant de la gare, a, avec le plus grand recueillement partagé par la population marseillaise, suivi les boulevards du Nord et Dugommier, les rues Noailles et Cannebière, et, se dirigeant sur la Joliette où attendait le paquebot *Comte Baciocchi,* de la Compagnie

Morelli, en partance pour l'Ile-Rousse, a longé le Vieux Port où de nombreux navires tout pavoisés, ayant le pavillon en berne, ont salué au moment du passage.

Arrivé à l'embarcadère, on a formé le cercle autour du char funèbre, et là des discours ont été prononcés par M. Filippi, avocat, M. Bartoli, inspecteur primaire en retraite (1), M. Louis Colonna, de l'Ile Rousse, Capazza, l'aéronaute, M. Pasquini et M. Oscar Gay, de Tunis.

---

(1) Voici le discours de M. Bartoli, inspecteur primaire en retraite :

Messieurs, — De nombreux concitoyens de la Corse bien-aimée qui habitent l'hospitalière et chère cité de Toulon, profondément affligés de ne pouvoir, par suite d'une subite modification apportée à l'itinéraire, faire aux cendres de l'immortel général Pascal Paoli, la pieuse et imposante manifestation qu'ils avaient méditée et préparée, m'ont prié de venir en compagnie des délégués de nos compatriotes et de ceux des Cercles corses de Toulon : *Général Paoli*, *Union Corse*, *Corses indépendants* et *Fraternité Corse*, saluer à leur passage à Marseille, ces cendres illustres et à jamais vénérées.

Sans me demander s'il n'en était pas de plus éloquents et de plus dignes pour prendre la parole dans cette pieuse cérémonie, j'ai accepté, car je me suis dit que, en somme, j'ai été et suis encore l'un des historiens de Paoli. J'ai toujours eu le culte de la mémoire du Grand Patriote ; c'est là mon seul titre à l'honneur qu'on a bien voulu me faire. Ces glorieuses obsèques, il y a longtemps que je les ambitionnais pour notre héros, et souvent je les ai réclamées par la presse. Mais enfin, par le zèle patriotique et l'intelligente activité de vous tous, Messieurs les Membres de la commission de translation, le jour en est arrivé, et grâces vous en soient rendues.

Je ne ferai pas à mes concitoyens l'injure de leur rappeler ce que fut Paoli : nous tous Corses, nous savons notre pays et

Puis, après quelques paroles de remercîment
adressées à la foule par M. le chanoine Saliceti,
le lourd cercueil a été porté à bras sur le ba-
teau qui a cinglé immédiatement vers la Corse

---

nos grands hommes. Je rappellerai simplement que, après
avoir donné sa vie à la grandeur de son pays, il s'éteignit loin
de son île adorée, grandie par lui, dans les brumes épaisses
de Londres, le 5 février 1807, à l'âge de 82 ans, l'empereur
Napoléon Ier son glorieux filleul, régnant en France.

Et depuis lors, sa belle âme errait dans la froide Albion,
comme ces âmes de Virgile et de Dante à qui l'on refuse de
passer le Styx pour arriver aux Champs-Elysées, parce que
leurs corps n'ont point sur la terre trouvé assez d'amitié pour
leur donner une sépulture. Cette sépulture, Paoli l'aura désormais : c'est toute la Corse qui la lui aura faite. Si la justice est
tardive, elle est du moins complète, et la marche funèbre du
héros corse est, depuis l'Angleterre, une vraie marche triomphale, comme triomphal fut, en 1769, son voyage à travers
l'Italie et l'Allemagne, lorsque, après l'immolation de la nationalité corse, il allait chercher un refuge auprès de l'hospita-
lier et libre pays de la Grande-Bretagne. J'en atteste votre présence enthousiaste à tous, à l'ombre du drapeau qui fut celui
de la Corse et à l'ombre du drapeau de la France où se trouve
le blanc de notre étendard pour bien indiquer la fusion de nos
cœurs sous la grande patrie de nous tous ! Que les irréden-
tistes italiens ne s'y trompent pas : La Corse ne sera plus
génoise. Et si des velléités d'un autre âge osaient se produire,
la conque marine, le *Colombo*, jetterait à tous les échos de
l'île, les cris retentissants d'un sauvage et indomptable patriotisme, et réveillerait dans leurs tombes les Sambucuccio, les
Sampiero, les Giafferi, les Ceccaldi, les Gafforj, les Hyacinthe
et les Clément Paoli.

Désormais, pour grossir la sainte phalange de nos chers
morts, Paoli dormira satisfait, mais toujours frémissant, dans
la terre sacrée, à côté de nos vieux lutteurs. — C'est qu'il avait
toutes les mâles vertus, le Grand Paoli, et tous les héroïsmes.
En exil, depuis l'âge de 14 ans, avec son noble père Hyacinthe,
vaincu par les armées françaises, le jeune officier au service

où les cendres du héros ont reçu, comme nous le dirons plus tard, le plus enthousiaste accueil, soit à l'Ile-Rousse qu'il a fondée, soit à travers les montagnes de l'île jusqu'à Morosaglia où, dans la maison paternelle, se trouve la cha-

---

de Sa Majesté Sicilienne, revenu en Corse, fut, en 1755, au couvent de Sant'Antonio de la Casabianca, investi, par la volonté nationale, du pouvoir suprême, sous le titre de *Général de la Nation*.

Stoïque aussi bien que les grands hommes de la Rome antique, beau comme Cincinnatus, il prenait le glaive de la justice et l'épée du guerrier, il sauvait la patrie autant qu'il la pouvait sauver ; mais il ne lui vint jamais à la pensée que l'épée d'un soldat pût viser la liberté de son pays.

Par son patriotique ascendant, par ses mâles vertus, par les grandes qualités de son cœur, il força tous ses compatriotes, jusque-là presque toujours désunis, à n'avoir plus qu'une seule passion, l'amour de la concorde, pour grandir la patrie dans les élans d'une commune affection.

Et quel législateur que Paoli ! Notre pays d'ailleurs n'a-t-il pas été le pays du droit éternel ? Nous avons toujours été, dans le passé, réduits à être des hommes du droit, puisque nous avons toujours été condamnés à défendre notre liberté. La *vendetta* fut même chez nous le désespoir du droit outragé et impuissant à se défendre. Quel constituant que Paoli ! Ses institutions ont devancé, en les prévenant, les chartes de Wasington et des assemblées de la Révolution française.

Le 9 mai 1769, la vieille Monarchie des Bourbons fut aussi injuste qu'impolitiquement cruelle, en tuant la liberté de la Corse et en anéantissant sa nationalité qui, au milieu du sang généreux et pur des patriotes, fut noyée dans les eaux du Golo à Pontenovo.

Il semblait que c'était une de ces taches qu'un océan ne saurait effacer ; il suffit, pour que tout fût oublié, d'un acte de justice de l'Assemblée Nationale ; le 30 novembre 1789, la Corse fut déclarée département français. Aussi, désormais, au grand foyer de la patrie française, nous avons pris notre place

pelle de famille dans laquelle les restes mortels du Grand Patriote ont enfin trouvé une sépulture définitive.

Des journaux le *Petit Bastiais* et le *Bastia-Journal* nous tirons presque textuellement et en les abrégeant quelque peu ou en les complétant quelque part, les renseignements nécessaires pour établir la relation des cérémonies qui ont

à côté des vieilles provinces restées d'autant plus unies qu'elles sont en deuil de deux sœurs adorées.

Paoli, sois fier de tes enfants : ils sont dignes de toi. Nous déposons religieusement sur ton cercueil — on dirait que tu n'es un mort que d'hier tant notre amour pour toi est vivace — nos couronnes triomphales. Accepte-les comme un gage de notre filiale reconnaissance, car, tant qu'un sang généreux coulera dans leurs veines, les Corses ne perdront jamais le souvenir de tes bienfaits et de ton amour pour la patrie que tu as voulue heureuse et indépendante. Quand tu arriveras dans l'île, ces couronnes diront à tes enthousiastes admirateurs quel est notre amour pour toi ; et, là-bas, à l'Ile-Rousse, ton œuvre, à la maison paternelle, à Morosaglia où tu dormiras, il t'arrivera de tous les points où respirent des Corses, le souhait de nous tous :

Si, o Padre della Patria, la tua memoria in eterno vivrà amata, benedetta, glorificata.

NOTE. — Nous croyons, pour rendre hommage à leur patriotisme, devoir donner ici les noms des délégués des cercles corses de Toulon qui, d'une manière active, ont assisté à la cérémonie du 3 septembre 1889, à Marseille :

Cercle Général Paoli, GIANNETTI et FRANCESCHI.

Cercle des Corses indépendants, PASQUINI, CIATTONI et OTTAVJ, chevalier de la Légion d'honneur.

Cercle de la Fraternité Corse, OLMI et GIUSTINIANI.

Cercle Sampiero Corso, PASQUINI (D.-Aug.), chevalier de la Légion d'honneur, et ULYSSE.

eu lieu le long du parcours suivi par les cendres du général Paoli, depuis l'Ile-Rousse jusqu'à Morosaglia.

Le 4 septembre, bien avant le jour, le paquebot, commandé par Vallecalle, et portant son précieux fardeau ainsi que les membres de la Commission, est entré dans le port. Peu de temps après, au bruit des salves d'artillerie, le cercueil a été descendu à terre et déposé sous un grand dais construit à cet effet.

Toute la ville était pavoisée et, par les soins de M. l'adjoint municipal Mattei, les édifices publics, et, en particulier, le monument Paoli, avaient été décorés de drapeaux et de verdure. Derrière le buste du Libérateur de notre île, flottait le drapeau qui fut celui de la Corse indépendante.

La plupart des enfants et même des jeunes gens étaient coiffés de bérets sur lesquels étaient brodés ces mots : *Souvenir de l'arrivée des cendres de Paoli, 1889.*

Un arc de verdure avait été dressé à l'entrée de la ville près du poste de la douane. Le drapeau tricolore et le drapeau Corse encadraient un tableau sur lequel avaient été peintes les armoiries de la Corse. On y lisait : *A Pascal Paoli, Progrès.*

Dans les rues, on avait placé de nombreux

portraits de Paoli, entourés de drapeaux et de myrte.

Les magasins étaient fermés.

Le marché était très bien décoré et pavoisé ainsi que le buste de Paoli, inauguré en 1852, sur la place qui porte son nom.

A 7 heures précises, M. le Préfet Bonnefoy-Sibour, entouré de M. Blasini, maire de l'Ile-Rousse, des membres de la Commission, de M. le curé Quilici et du clergé de la paroisse, des fonctionnaires de l'arrondissement, de la municipalité et de nombreux représentants des populations de la Balagne et d'autres parties de la Corse, précédé de la fanfare la *Joyeuse*, se rend au débarcadère, sous le dais où avait été déposé le cercueil. Là, M. le Maire Blasini a salué, le premier, dans un discours très-patriotique, les restes vénérés du général Paoli.

Le cortège s'est ensuite formé et mis en marche.

La Société de secours mutuels de Saint Roch, bannière déployée, était en tête, immédiatement suivie par la fanfare et par un détachement de gendarmerie à cheval.

Ensuite, venaient les poêles et les porteurs de couronnes. Outre les quatre couronnes dont on a déjà parlé plus haut, il y en avait trois autres : l'une était le *pieux hommage de la Com-*

mission exécutive, Londres, 31 août 1889; une autre sur laquelle on lisait : *A la mémoire du Général Paoli, Toussaint Malaspina et sa famille;* la dernière enfin était l'hommage de l'Ile-Rousse : *Au fondateur de l'Ile-Rousse, la ville reconnaissante.*

Et, après, suivait le clergé où l'on remarquait Monseigneur Emanuelli, Monseigneur Casanelli d'Istria, le R. P. Adam, prieur du couvent de Corbara, et plusieurs dominicains, MM. Ferrandi, curé-doyen de Corbara, Martin Casanova, curé-doyen d'Olmi-Capella, chanoine Leoni, archiprêtre de Calvi, chanoine Bianconi, curé de Calenzana, le curé de Montemaggiore et presque tous les ecclésiastiques de l'arrondissement.

Suivait, en précédant le cercueil porté par seize marins de l'Ile-Rousse, un poêle d'honneur dont les cordons étaient tenus par MM.

Sébastien Gavini, conseiller général de Morosaglia,

Antoine de Morati, conseiller général de S.-Florent,

Palazzi, maire de Corte,

Arrighi, procureur de la République près le tribunal de Calvi,

Marini, sous-préfet de Corte,

Serres, sous-préfet de Calvi.

M. le Maire de l'Ile-Rousse et M. Franceschini-Pietri conduisaient le deuil ; et, après eux, venaient :

M. le Préfet, M. le chanoine Saliceti, M. le conseiller de préfecture Colonna-d'Arro, les adjoints et les conseillers municipaux de la ville, M. Francisci, président, et MM. les membres du tribunal de commerce, tous les fonctionnaires de l'arrondissement.

S'étaient joints au cortège : M. le conseiller Savelli, représentant du canton de l'Ile-Rousse, M. le docteur Pitti-Ferrandi, conseiller général de Muro ; M. Corteggiani, adjoint au maire de Corte, M. de Caraffa, adjoint au maire de Bastia ; plusieurs maires de la Balagne, du canton de Morosaglia et d'autres communes du département.

Sur la place Paoli, en face du monument du Général, une estrade avait été préparée. C'est là que M. le Préfet a prononcé un discours aussi éloquent que patriotique.

M. le chanoine Quilici, curé de la paroisse, a pris, à son tour, la parole, et a prononcé un bien intéressant discours ; puis, le cortège s'est dirigé vers la nouvelle église sur le seuil de laquelle se trouvait le vénérable pasteur du diocèse, entouré d'un très nombreux clergé. Monseigneur de La Foata a prononcé un dis-

cours fort remarquable à tous les points de vue
et qui a beaucoup ému l'assistance.

Pourquoi, on se l'est demandé, le Gouverneur
militaire de l'île brillait-il là par son absence ?
Il s'est bien pourtant transporté, plus tard, à
Bastelica pour l'inauguration de la statue de
Sampiero, cet autre illustre enfant de la Corse.
Ah ! on le comprend : dans la dernière période
de sa vie active, Paoli, dans un suprême danger pour lui et pour son pays, a appelé, à son
secours, les Anglais contre la France. De là, la
rancune qu'on lui a gardée au moment du rapatriement de ses cendres. Mais qu'on veuille bien
le reconnaître, Paoli n'a pas voulu combattre
de nouveau, comme en 1769, la France, cette
nation sympathique, à laquelle il avait volontairement prêté serment ; il a voulu seulement
se soustraire aux ordres injustes et vexatoires
de la Convention, ce gouvernement tyrannique
qu'il voyait s'engouffrer de plus en plus dans les
abîmes de la Terreur.

Il ne m'appartient pas de critiquer notre
gouvernement actuel : je constate un fait qui, à
mon humble sens, a manqué de générosité et de
grandeur. Une manifestation militaire, en cette
occasion, n'aurait certainement pas amoindri le
beau caractère de la Nation française, mais elle
aurait singulièrement flatté les insulaires, aujour-

d'hui Français de cœur et d'âme, et, de plus, le Gouvernement républicain aurait rendu un hommage incontestablement mérité au Patriarche de la Liberté et précurseur de la République.

Après l'allocution éminemment patriotique de l'Evêque, « la cérémonie des obsèques religieuses a immédiatement commencé. C'est le R. P. Jourdain Hartaud, de l'ordre des Dominicains de Corbara, qui, du haut de la chaire, a fait un beau panégyrique de Paoli.

» L'absoute a été donnée par Monseigneur de la Foata.

» A deux heures, le cercueil qui avait été déposé au milieu de la nef, sur un magnifique catafalque, a été transporté de nouveau près le monument sur la place.

» Là des discours ont été prononcés par MM. SAVELLI, professeur, de Sant'Antonino.

SANTELLI, avocat-défenseur en Algérie, au nom des Corses habitant Oran et Alger.

ZEVACO, d'Ajaccio, au nom des Corses de Marseille.

ROMULUS CARLI, publiciste.

ANGELI, instituteur public, à Pigna.

BARTOLI, adjoint au maire de Monticello.

GRAZIANI, curé, à Muro.

SEJA, docteur.

M. DE PERETTI DE LA ROCCA a lu un poème.

» Après cette cérémonie, le cercueil a été de nouveau transporté à l'église paroissiale et placé, sous la garde d'honneur de jeunes gens se succèdant, quatre par quatre, toutes les heures, où il est resté jusqu'au lendemain six heures.

» Dans la soirée, illumination féérique et feux d'artifice.

» Le 6 septembre, à 6 heures du matin, le cercueil a été retiré de l'église de l'Immaculée Conception et a été placé sur une prolonge d'artillerie, mise à la disposition de la Commission par l'autorité militaire. Cette prolonge avait été décorée de drapeaux tricolores et transformée en char funèbre.

» Le cercueil est pareil à celui de Napoléon III et du Prince impérial. Il est en vieux chêne, et porte une plaque avec l'inscription suivante :

PASCAL DE PAOLI
CORSORUM OLIM SUPREMUS
DUX ET MODERATOR
NATUS DIE V APRILIS
ANN. DOM. 1725
VITA FUNCTUS LONDONI
DIE V FEBRUARI
ANN. DOM. 1807
REQUIESCAT IN PACE (1).

(1) Pascal de Paoli, autrefois Général et Magistrat suprême des Corses, né le 5 avril de l'an de grâce 1725, mort à Londres, le 5 février 1807.

Qu'il repose en la paix du Seigneur !

» Sur la bière, qui pèse 600 kilog., se trouvent diverses incrustations en cuivre, entre autres un joli Christ en croix.

» Toute la population de l'Ile-Rousse assistait au départ.

» Une commission municipale, avec la commission exécutive et d'autres personnages, accompagne les cendres jusqu'à Morosaglia.

» Elle se compose de

MM. MATTEI, adjoint.
    FRANCISCI, président du tribunal de commerce, conseiller municipal.
    CRISTINI, receveur des douanes.
    DEGIOVANNI, conseiller municipal.
    LANATA,   id.
    ERNEST BLASINI, négociant.
    MUZIO-OLIVI JOSEPH.
    MUZIO-OLIVI HYPPOLITE.

» Plusieurs voitures escortent le convoi.

» A 8 heures, le cortège est arrivé à Belgodere. Toute la population s'était portée à l'entrée du village, précédée du clergé. Le convoi s'est arrêté devant l'église. Le cercueil a été déposé à terre.

» M. Toussaint Malaspina a pris la parole et a salué, dans une vibrante allocution, les cendres du Libérateur de la Patrie.

» Puis, M. le curé-doyen Orsini a prononcé un discours qui a vivement ému la population.

» Dans l'intérieur de l'église avait été dressé un beau catafalque. Aux quatre angles, on avait placé des faisceaux de vieux fusils corses, conservés précieusement dans les familles, et des trophées de vieux sabres.

» Deux *colombi* (conques marines servant autrefois aux Corses de trompettes guerrières) étaient suspendus aux colonnes qui soutenaient le dais sous lequel a été déposé le cercueil.

» A Palasca, la population attendait avec anxiété le cortège à l'embrachement de la route nationale.

» A l'entrée du village, un arc de verdure surmonté du portrait de Paoli avait été dressé avec beaucoup de goût.

» Le cercueil a été pris à bras par les habitants et transporté à l'église.

» M. Louis Leoni, ancien maire, l'un des descendants de la famille du général Paoli, et M. le curé Giacometti précédaient la population. Réception enthousiaste.

» A l'entrée de l'église, M. le maire de Monti-Rossi a prononcé un discours remarquable.

» Après l'absoute, M. Leoni a réuni à sa table les personnes qui faisaient partie du cortège.

» A deux heures, les habitants de Palasca ont accompagné processionnellement le cercueil jusqu'à la gare. Le train spécial organisé gracieusement par la Compagnie des chemins de fer départementaux s'est mis en marche, aux cris répétés de : *Vive Paoli !*

» A la gare de Novella, la majeure partie de la population faisait la haie sur le quai. Une fusillade très nourrie a salué le passage du cercueil.

» Le train est arrivé en gare, de Ponte-Leccia à 3 heures. L'ingénieur de la compagnie avait pris toutes les dispositions nécessaires pour que le transport fût effectué dans les meilleures conditions. Tandis que le curé-doyen Nicolai, en surpli et en étole, recevait le corps à la sortie de la gare, tous les habitants des villages environnants, avec des drapeaux déployés, s'étaient réunis là pour saluer la poussière glorieuse du héros de l'indépendance corse. »

(D'après le *Petit Bastiais* — MATTH. OLLAGNIER).

« De Ponte-Leccia à Morosaglia, le char funèbre sur lequel était posée la bière, recouverte d'un grand drapeau tricolore et de tentures noires, a été suivi par un grand nombre de voitures, de cavaliers et une foule de piétons.

» Il est près de 7 heures : le jour tombe peu à peu à l'approche du village ; et c'est à cette heure crépusculaire — *all'imbrunir della notte* — à laquelle Paoli avait voulu être inhumé, que le cortège arrive aux portes de Morosaglia.

» La Confrérie vient recevoir le cercueil. Les pénitents blancs, leurs bannières déployées et leurs torches allumées, se détachent sur le fond noir de la montagne. La foule suit avec des drapeaux. Cris enthousiastes de : *Vive Paoli!* Et le cortège arrive sur la place du couvent, — ce couvent, autrefois habité et desservi par des moines franciscains, est actuellement occupé par la gendarmerie et par l'école fondée par le Général, — tandis que retentissent des coups de boîte, les cloches, et que tous les villages environnants allument des feux de joie et s'illuminent presque instantanément.

» Le cercueil, au milieu d'une foule compacte, est placé sous un magnifique catafalque qui a été élevé par M. Rossi, peintre, et qui est du meilleur goût. Les chants finissent et la foule se précipite pour voir de près et toucher le cercueil qui contient les restes du Grand Paoli.

» A 9 heures et demie, brillant feu d'artifice, grande animation dans les rues, toutes les maisons illuminées et pavoisé se·

» Le 7 septembre, beaucoup de monde ; on est venu de toutes parts ; et les anciennes pièves de Rostino, Casacconi, Costera, Caccia, Giovellina, Vallerustie, Ampugnani, Alesani, Casinca, etc., sans compter Corte, qui a été le siège du gouvernement national, avaient envoyé de nombreux représentants, — et, faute de logements en nombre suffisant, beaucoup de personnes ont, sans trop souffrir, à cause de la clémence du temps, bivouaqué sous les châtaigniers des environs de Morosaglia.

» Parmi les personnages de distinction présents à la cérémonie, on a remarqué : M. le général Stefani, en grande tenue, plusieurs officiers de gendarmerie ; MM. le Premier Président de Casabianca, Limperani, conseiller à la Cour de Paris, Benedetti, conseiller à la Cour de Grenoble, H. de Montera, ancien avocat général, Antoine-Marie Pietri, de Sartene, Directeur du Contentieux du Gouvernement égyptien et son fils, S. de Pitti-Ferrandi, professeur à la Faculté de droit d'Aix, Pierre de Casabianca, Joseph de Montera et P. de Gentile, avocats, Ghilini et Maestracci, tous ardents patriotes.

» Toutes les couronnes, ainsi que celle qui a été offerte à leur Bienfaiteur par les élèves de Morosaglia, ont été, avec le drapeau du Cercle Général Paoli de Toulon, suspendues aux piliers de l'église tendue de noir, et elles attirent tous les regards.

» M. le curé Nicolai célèbre la messe, qui est chantée par la confrérie. L'église est comble et il est impossible d'y pénétrer. A l'évangile, M. le Curé prononce, en chaire, une magnifique oraison funèbre de Paoli et montre combien vifs furent sa foi et son respect de la religion.

» Après la messe, absoute solennelle à laquelle assistent plus de cinquante prêtres, et le cercueil est porté sur la place de l'église où commence la série des discours.

» M. le chanoine Saliceti prend le premier la parole pour remettre à la Corse, au canton de Morosaglia, le dépôt sacré qui contient les restes de Paoli, et prononce quelques mots vibrants de patriotisme.

» M. le premier président de Casabianca, dans un discours qui a produit une profonde impression sur l'auditoire, fait une magistrale étude du caractère de Paoli et de son œuvre comme législateur. Son allocution et surtout son éloquente péroraison sont couvertes d'une triple salve d'applaudissements.

» M. Franceschini-Pietri, qui a tant fait pour rendre à la Corse la dépouille de son Libérateur, évoque les ombres glorieuses des compagnons de Paoli et les invite à faire cortège à leur

Général. Cette allocution fait frémir d'enthousiasme tous les assistants dont quelques-uns sont vivement émus. On fait une ovation à M. Franceschini-Pietri.

» Puis, M. Colonna, directeur de l'école Paoli, énumère ce que le héros corse a fait pour répandre l'instruction dans son pays. M. Mattei, adjoint de l'Ile-Rousse, dit un dernier adieu au nom de la ville qu'il représente. Ensuite, M. Mancini, professeur au lycée de Toulon, au nom des Corses de Toulon, M. Tomasi, directeur du *Phare de la Corse,* au nom de la Presse, M. Vincentelli, comme délégué du Cercle *Sampiero Corso* de Toulon, Pompei, de Quercitello, instituteur en retraite, Biancherdini, instituteur de Castineta, Vecchiali, instituteur à la Casabianca, Sicurani, Ambrosi, instituteur, Rinaldi, employé des Postes, etc., prennent successivement la parole.

» Deux autres discours, qui n'ont pas été prononcés, mais qui ont été publiés par le journal *Pascal Paoli*, de Corte, appartiennent l'un à M. le conseiller Benédetti, l'autre à M. Paoli, juge de paix de Corte et ancien directeur de l'école Paoli, de Morosaglia.

» L'enthousiasme est à son comble. Le cortège s'ébranle (précédé d'une vieille caisse de tambour, trophée, dit-on, de la bataille de

Borgo et religieusement conservé dans la commune de Castifao). La confrérie ouvre la marche, puis, immédiatement, avant le cercueil, MM. Giovannoni, sous-officier en retraite, conseiller municipal de Morosaglia, Battesti, maire de Bisinchi, Ambrosi, maire de Castineta, Sertori, maire de Gavignano, Sylvestre de Pitti-Ferrandi, professeur de droit, Limperani, conseiller à Paris, et de Casabianca, premier président honoraire, tiennent les cordons d'un poële d'honneur.

» Des jeunes gens, laissant le char funèbre sans emploi, tiennent à honneur de porter la bière sur leurs épaules ; la foule suit compacte, malgré le soleil, la chaleur et les nuages de poussière soulevés par les pieds. Arcs de triomphe, détonations répercutées par les échos d'alentour ; cris de : *Vive Paoli!*

» On arrive au hameau de *la Stretta* où est située la maison de Paoli quelque peu restaurée. Sur la façade du Sud, vers la route, une plaque de marbre avec cette inscription :

MAISON DONNÉE AU DÉPARTEMENT
PAR M. J.-B. FRANCESCHINI-PIETRI, 1889.

» A l'Est, sur la façade principale donnant sur la petite place qui précède la maison, une

grande plaque de marbre avec cette inscription
en langue italienne :

IL PADRE DELLA PATRIA È QUI SEPOLTO
LA DOVE NACQUE EI GIACE
IL PIO VOTO DI CIRNO ORMAI È SCIOLTO !
REQUIESCAT IN PACE ! (1)

» Une porte sur laquelle se détache en lettres
d'or sur marbre noir, cette inscription :

SACELLUM DOMUS DE PAOLI

donne accès à un très petit oratoire qui servira
de tombeau.

» Le caveau n'est pas encore achevé, mais il
le sera sous peu. Sur la plaque de marbre qui
le recouvrira, on lit :

QUI RIPOSANO
REDUCI D'INGHILTERRA
LE OSSA
DI PH. ANT. PASQUALE DE PAOLI,
PADRE DELLA PATRIA,
III SETTEMBRE MDCCCLXXXIX (2).

» Le cercueil est déposé dans cette chapelle
et, après une dernière allocution de M. le cha-

----

(1) Le Père de la Patrie est ici enseveli. Il gît là où il prit
naissance. Le pieux désir de Cyrnos est désormais réalisé.
Qu'il repose en paix.
(2) Ici reposent, revenus d'Angleterre, les ossements de
Ph.-Ant.-Pascal de Paoli, Père de la Patrie. 3 septembre 1889.

noine Saliceti, un *Te Deum* est chanté, et la foule s'écoule heureuse et fière d'avoir si bien honoré la mémoire du Grand Patriote corse dont elle a enfin arraché à la terre d'exil la glorieuse dépouille. »

(D'après le Bastia-Journal. — P. C.).

Enfin, le 15 janvier 1891, en présence d'autres assistants et de presque tous les membres du Musée Paoli, créé à *la Stretta,* par le Conseil général, dans sa session de septembre 1888, on a procédé à la mise en caveau du cercueil qui contient les restes du Général.

Ce caveau est au milieu de la chapelle et devant l'autel en marbre dû à la munificence des héritiers du célèbre ambassadeur Charles-André Pozzo-di-Borgo, d'Alata, lesquels « en témoignage du souvenir fidèle qu'ils gardent à la mémoire de Paoli, de ce grand homme qui a, pour ainsi dire, pris Pozzo-di-Borgo par la main pour le présenter à ses compatriotes » (1), ont, en outre, généreusement offert un beau buste de Paoli, placé sur une console en marbre fixée dans le mur à gauche de l'autel.

---

(1) Lettre de M. le comte Charles Pozzo-di-Borgo à M. le chanoine Saliceti.

Paoli ne repose donc plus dans un tombeau presque ignoré sous le climat froid et brumeux de Londres, mais bien à Morosaglia où brille resplendissant le soleil de la terre natale, sous la garde fidèle des fiers montagnards du Rostino et des Corses, qui, des quatre coins de l'horizon, dès aujourd'hui et pour toujours, viendront en pèlerinage auprès de son tombeau, pour eux l'Arche sainte de la Liberté, s'inspirer des exemples sûrement inimitables de Celui qui fut la plus haute personnification de l'île et que la Corse reconnaissante a honoré du beau titre, justement mérité, de *Père de la Patrie*.

ARMOIRIES DE LA CORSE

AU TEMPS DE PAOLI

L'écusson est ovale à champ d'argent, portant
une tête de maure affublée d'un bandeau lui
ceignant le front, en signe de souveraineté, et
entourée des faisceaux, symbole de la liberté et
de la force des états libres. Il est timbré d'une
couronne royale et supporté par deux animaux
fantastiques que Paoli a désignés sous le nom
de géants marins (giganti marini).

Paoli avait songé un moment à y faire figurer
l'image de Sainte Dévote, patronne de la Corse,
comme il résulte de sa lettre à Rivarola, du 23
juin 1760 ; mais il renonça à ce projet, et
l'écusson est tel qu'il est décrit ci-dessus.

BLASON DE L'ÉCU ARMORIAL DE PAOLI

Timbré d'un casque de chevalier, assorti de
ses lambrequins aux émaux de l'écu, surmonté
d'un bras portant une épée de combat et entouré
de l'exergue *Quoties feliciter.*

Au premier, sur champ de gueules, supporté

par une tête de Méduse et surmonté d'une couronne de marquis, un bras armé du glaive de la loi.

Accompagné en pointe de trois médailles : celle du milieu en or, porte l'effigie de l'Immaculée Conception de la Vierge Marie, sous la protection de laquelle la Corse s'était placée (assemblée générale d'Orezza du 30 janvier 1735); celle de dextre, en argent, porte la tête du Maure ceinte d'un bandeau passant par le front ; celle de senestre, pareillement en argent, porte l'effigie de Louis XV, roi de France, sous le règne duquel s'est opérée la conquête de l'île.

L'écu, entouré de drapeaux, les uns jaunes, les autres rouges alternés, et d'attributs militaires, est soutenu par deux géants marins, armés chacun d'une massue.

APPENDICE

GRAVURE COMMÉMORATIVE
DU GÉNÉRAL PASCAL DE PAOLI.

Une belle gravure commémorative, tirée à Londres, le 31 août 1889, a été distribuée aux pieux admirateurs du Grand Citoyen. Elle représente, en tête et au milieu, le buste de Paoli, entouré d'un rameau de laurier auquel est suspendu un blason armorial : — un bras tenant une épée nue et surmonté d'une couronne, celle du royaume de Corse ; — à droite, l'église de Saint-Louis de Gonzague — Saint-Pancrace — à côté de laquelle se trouve le petit monument où avait été inhumé *Pasquale de Paoli* ; et à gauche, l'abbaye de Westminster, le Panthéon de l'Angleterre, où le gouvernement anglais avait permis l'inauguration du buste du héros.

24

Puis, au bas de la gravure, on lit :

GÉNÉRAL PASCAL DE PAOLI,
NÉ A LA STRETTA DE MOROSAGLIA (CORSE)
LE 5 AVRIL 1725
DÉCÉDÉ A LONDRES, LE 5 FÉVRIER 1807.
MESSE *IN REQUIEM* CÉLÉBRÉE EN L'ÉGLISE
DE SAINT-LOUIS DE GONZAGUE,
CLARENDON SQUARE, SOMERSTOWN, N. W.
PAR MONSIEUR LE CHANOINE JEAN-BAPTISTE SALICETI,
AVEC L'AUTORISATION
DE SON ÉMINENCE
MONSEIGNEUR LE CARDINAL MANNING,
ARCHEVÊQUE DE WESTMINSTER,
A LAQUELLE ASSISTAIENT :

MM. FRANCESCHINI-PIETRI, Farnboroug-Hill,
PIERRE-PAUL DE CASABIANCA, Sénateur, Paris,
PAUL POGGI, 103, Kennington Park Road, S. E.,
EMILE CASABIANCA, 38, Elm Park Road, S. W.,
JEAN LANZJ, Ajaccio,
Membres de la Commission exécutive.

PETITE NOTICE SUR CLÉMENT PAOLI.

« Mon sang et ma vie sont à la patrie ; mais mon âme et mes pensées sont toutes à Dieu ; » voilà ce qui peint en peu de mots l'homme que la Providence et la nature avaient donné à Pascal Paoli pour lui servir de bras droit dans l'œuvre de la régénération de son pays et de la conquête de son indépendance. C'était Clément, son frère unique et son aîné, homme aux plus

solides qualités. Guerrier aussi intrépide que
prudent ; toujours le premier au combat, le
dernier à la retraite, mais n'oubliant jamais ce
que commandent à un chef de corps la prudence et la prévoyance ; terrible dans le combat, mais doux et affable dans ses relations
intimes ; chrétien convaincu et austère, passant
son temps entre le service de Dieu et celui de
la patrie : prier même pendant le combat, telle
était sa vie ; citoyen dévoué, frère soumis, ami
fidèle et sûr, Clément Paoli fut aussi utile à son
frère Pascal que celui-ci le fut à la patrie. Dévoué
à Gaffori alors que celui-ci fut proclamé général
et gouverneur de la nation, il ne se consacra pas
moins à ses fonctions lorsque, à la mort de ce
chef aimé, il fut appelé à faire partie de la *suprême magistrature* avec Frediani, Santucci et
Grimaldi. Mais il s'effaça avec plaisir pour faire
place à son frère Pascal sur qui se portèrent,
pour la direction des affaires de l'île, les suffrages des députés de la Corse, réunis en consulte,
au couvent de Saint-Antoine de la Casabianca.

Aussi bien sous Gaffori que sous son frère
Pascal, Clément se trouva dans tous les engagements les plus périlleux. A lui étaient confiées
les entreprises les plus difficiles ; et toujours il
en sortit victorieux. Brave sur le champ de
bataille, il était orateur au sein des assemblées ;

et ses avis, frappés au coin de la prudence et de la modération, prévalaient toujours.

Sur la terre d'exil, il se consacra à la prière et à la bienfaisance dans la mesure de ses forces. Rentré en Corse avec son frère après les événements de 1789, il se dévoua encore à la patrie et à son frère ; et lorsque celui-ci fut attaqué par les royalistes d'abord, et par les républicains-ultra ensuite, il déplora l'aveuglement du gouvernement français prêtant créance aux injustes accusations portées contre son frère. Peut-être faut-il croire que les amertumes dont était abreuvé son frère bien-aimé abrégèrent ses jours. Il mourut, en effet, à la fin de 1793, dans le couvent de Morosaglia. Ses funérailles furent célébrées à Corte, le 7 janvier 1794, aux frais du trésor public départemental. Une oraison funèbre, remarquable à bien des titres, fut prononcée par Jean-André Muselli, secrétaire général du gouvernement.

En 1872, quelques Corses, afin d'éterniser la mémoire de ce grand patriote et vaillant soldat, se sont cotisés pour placer une pierre tumulaire sur son tombeau. Voici ce que porte cette pierre :

D'abord, au milieu d'une couronne composée d'une branche de chêne et d'une branche de laurier, une croix et une épée en sautoir. La lame de l'épée porte ces mots: *Pro Deo et*

Patria ; ensuite l'inscription suivante, en langue italienne :

A CLEMENTE PAOLI
TUMULATO QUI SOTTO
FIN DAL DECEMBRE DEL 1793
MEMORI ALCUNI CORSI
DE' SUOI QUARANT' ANNI DI LOTTA
DE' SUOI VENT' ANNI D'ESILIO
PER RIVENDICARE
SULL'ORME DEL PADRE
IN COMPAGNIA DEL FRATELLO
SENZA MONDANE CUPIDIGIE
NEPPUR DI GLORIA
LA NOSTRA TRADITA INDIPENDENZA
QUESTO SEGNO
LI 23 DECEMBRE 1872
FINALMENTE POSERO

J.-J. ROUSSEAU ET LA CORSE.

Nous avons parlé, dans le cours de cette histoire, des témoignages d'estime et de sympathie que prodiguèrent aux Corses et à leur chef, les peuples et les rois de ce temps-là, comme aussi quelques poètes et quelques philosophes. Nous voudrions dire ici quelque chose de J.-J. Rousseau, de ce philosophe dont les œuvres ont eu une si grande influence sur la seconde période de la Révolution française, de ce philosophe à l'âme dévorée de soupçons et de défiances, mais qui, cependant, était dominé par la passion du mieux. Il avait écrit dans son *Contrat Social,* au livre II, chapitre X : « Il est en Europe un pays capable de législation ; c'est l'île de Corse. La valeur et la constance avec laquelle ce brave peuple a su recouvrer et défendre sa liberté, mériterait bien que quelque homme sage lui apprît à la conserver. J'ai quelque pressentiment qu'un jour cette petite île étonnera l'Europe. »

Cette manière honorable de parler de ce pays fit concevoir aux Corses l'idée que celui qui parlait ainsi et qui traçait si bien « les droits absolus sur lesquels devrait reposer la société, qu'il considère comme le produit d'un contrat de l'homme à l'homme, sur la base de l'égalité, sans autre prépondérance que celle du plus grand nombre des volontés » (1), pourrait être lui-même ce sage instituteur. C'est pourquoi Paoli le fit inviter par Buttafoco d'abord, et renouvela l'invitation en lui écrivant lui-même, ensuite, à venir en Corse, non pour y donner un cours complet de législation, comme il l'avait pensé à la première lecture de la lettre de M. Buttafoco, mais seulement une institution politique, comme il le reconnaît dans le postscriptum de sa réponse, en date du 22 septembre 1764.

Je crois même, avec Tommaseo, que Paoli, par un sentiment de respect dû au mérite mal-

(1) V. Duruy. — Histoire de France, page 133.

heureux et persécuté, lui offrit un asile en cachant délicatement son offre sous le manteau d'un désir, d'une prière.

Rousseau sembla, tout d'abord, vouloir accepter l'invitation ; elle lui souriait même : « La seule idée (de cette entreprise) m'élève l'âme et me transporte, écrivait-il à M. Buttafoco. Je croirais le reste de mes jours bien noblement, bien vertueusement, bien heureusement employé ; je croirais même avoir bien racheté l'inutilité des autres si je pouvais rendre ce triste reste bon en quelque chose à vos compatriotes, si je pouvais concourir par quelque conseil utile aux vues de leur digne chef et aux vôtres : de ce côté-là donc soyez sûr de moi ; ma vie et mon cœur sont à vous.

» Mais, monsieur, le zèle ne donne pas les moyens, et le désir n'est pas le pouvoir.... »

Puis, en alléguant, outre son manque de santé et de jeunesse, le défaut dans lequel il se trouvait de connaissances relatives à la nation et au pays, il faisait entrevoir l'état précaire où se trouvait encore l'île, et montrait l'inutilité de son travail, en le supposant bon et agréable à la nation et à ses chefs, tant que l'indépendance de la Corse ne serait pas assurée.

Il demandait, cependant, avec une bonne carte bien détaillée de la Corse, une exacte description de l'île, quant à son histoire naturelle,

à ses productions, à sa culture, à sa division
par districts, à sa population, à son industrie,
à ses arts, à sa marine, au commerce qu'on
faisait et qu'on aurait pu faire ; des renseignements sur le clergé et son influence ; s'il y avait
dans l'île des corps privilégiés, une noblesse ;
si les villes avaient des droits municipaux et si
elles en étaient jalouses. Il désirait être ren-
seigné sur les mœurs du peuple, ses goûts, ses
amusements, etc. ; connaître l'histoire de la
nation, ses lois, ses statuts, tout ce qui regar-
dait l'administration actuelle, l'exercice de la
justice, les revenus publics, l'ordre économique ;
enfin, tout ce qui peut le mieux faire connaître
le génie national. Sans compter qu'il voulait que
sa curiosité, inspirée par l'estime et l'admiration
qu'il avait pour le chef de la nation, fut satisfaite. « Je voudrais savoir tout ce qui regarde
M. Paoli; quel âge a-t-il? est-il marié? a-t-il des
enfants ? où a-t-il appris l'art militaire ? comment le bonheur de sa nation l'a-t-il mis à la tête
de ses troupes? quelles fonctions exerce-t-il dans
l'administration politique et civile ? ce grand
homme se résoudrait-il à n'être que citoyen dans
sa patrie après en avoir été le sauveur (1)... »

____

(1) Dans sa belle tragédie *Il Timoleone,* dédiée à Paoli, le
poète italien Alfieri fait dire à son héros : «*Un cittadin, non la
città, son io.* » Je suis un citoyen et non pas la cité.

Je comprends la dédicace de cette tragédie, dit Paoli à ses

Dans une autre lettre, il renonce au travail qu'il avait entrepris pour la Corse, disant son âme épuisée d'ennuis et n'être plus en état de penser. Se croyant englouti dans un gouffre de nouveaux malheurs, il se dit, ne pouvant plus vivre avec honneur dans l'asile qu'il devait à la protection du roi de Prusse, forcé d'aller errant en chercher un autre sans savoir plus où le trouver........

« Si fait pourtant, monsieur, poursuit-il, j'en sais un digne de moi et dont je ne me crois pas indigne; c'est parmi vous, braves Corses, qui savez être libres, qui savez être justes, et qui fûtes trop malheureux pour ne pas être compatissants. Voyez, monsieur, ce qui peut se faire, parlez-en à M. Paoli. Je demande à pouvoir louer dans quelque canton solitaire une petite maison pour y finir mes jours en paix..... et je tâcherai de ne point rendre les soins de l'hospitalité incommodes à mes voisins.

» Mais, monsieur, je dois tout vous dire ; il

---

intimes, Timoléon se démit de son autorité que personne ne songeait encore à lui contester et alla vivre dans la retraite. Je remercie le poète d'Asti de m'avoir rappelé cet exemple et surtout de me croire capable de le suivre. Quant à la gloire d'avoir sauvé l'indépendance de la Corse, je dirai comme le libérateur de la Sicile aux étrangers qui lui prodiguaient des louanges: « Les dieux voulaient la délivrer et je leur rends grâce de m'avoir choisi pour l'instrument de leur volonté. »

(Rapporté par Arrighi, selon la tradition).

faut que cette hospitalité soit gratuite, non quant à la subsistance......., mais quant au droit d'asile qu'il faut qu'on m'accorde sans intérêt........ ». Et comme il le dit dans ses Confessions, liv. XII, chap. X : « Je résolus de m'y rendre avec la direction de Buttafoco, aussitôt que j'en aurais la possibilité ; mais, pour y vivre tranquille, de renoncer, du moins en apparence, au travail de la législation, et de me borner, pour payer en quelque sorte à mes hôtes leur hospitalité, à écrire sur les lieux leur histoire, sauf à prendre sans bruit les instructions nécessaires pour leur devenir plus utile, si je voyais jour à y réussir........ ».

Par suite des incessantes persécutions dont, à tort ou à raison, il était l'objet, et auxquelles l'envieux Voltaire n'était pas étranger, Rousseau renonça à son voyage en Corse.

Au dire de M. Gaberel, ancien pasteur protestant, dans son ouvrage intitulé *Au Nord et au Midi*, publié en 1866, le projet de constitution demandé par les Corses à l'illustre philosophe genevois, sera bientôt imprimé et publié par les soins des descendants de Moultou. Cette publication intéressera la curiosité des Corses, des publicistes et de ceux qui s'occupent d'économie politique.

FIN.

TABLE

ERRATUM

—

A la page 345 une omission d'impression a été commise dans la liste des cercles corses de Toulon, qui ont pris part à la manifestation de Marseille, à l'époque du retour des cendres du Général Paoli : c'est celle du CERCLE UNION CORSE.

MM. Colombani François et Pasquini jeune se sont réellement distingués par leur zèle patriotique, ainsi que M. Anziani Jacques, Philippe, demeurant à Marseille.

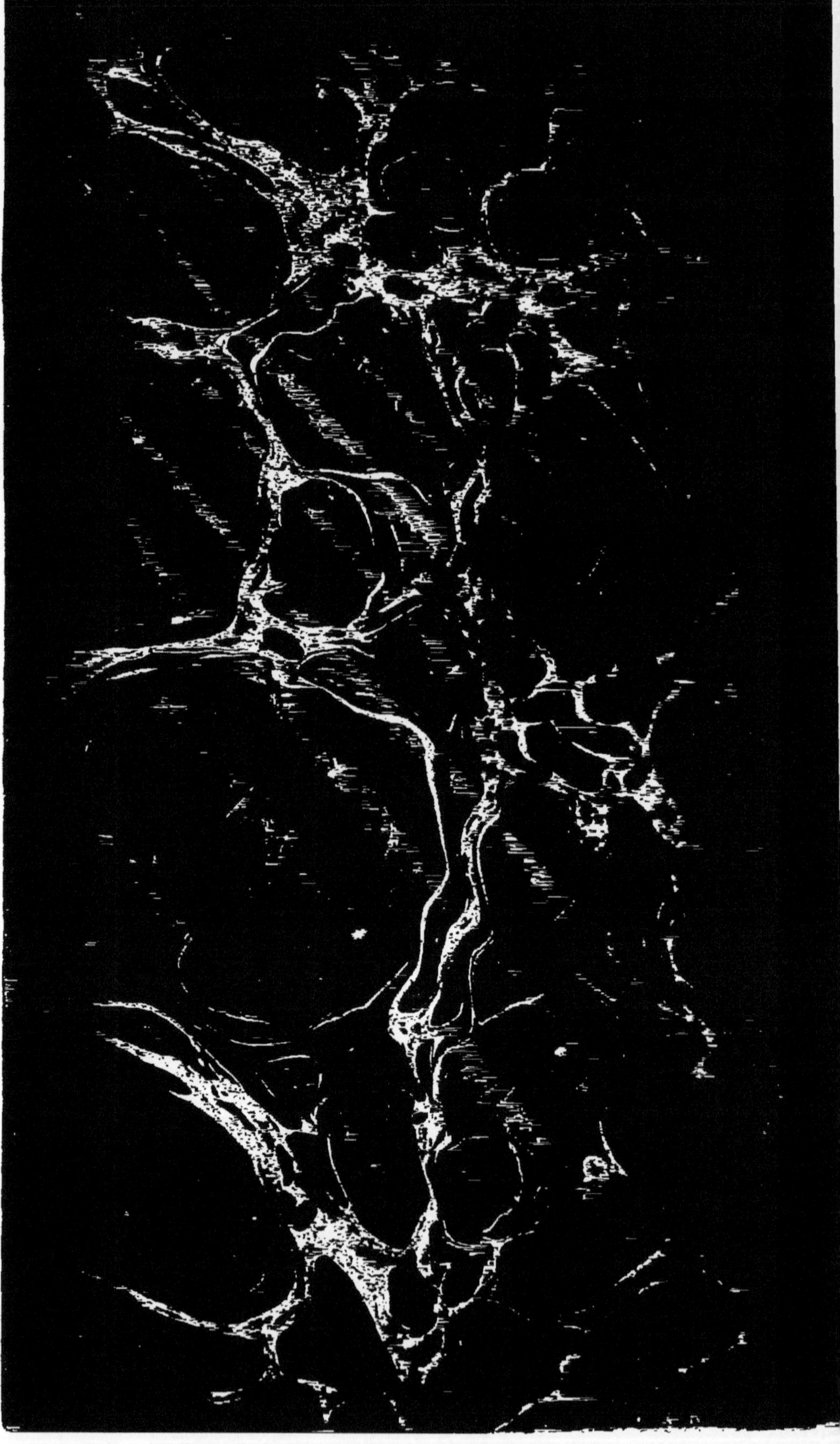

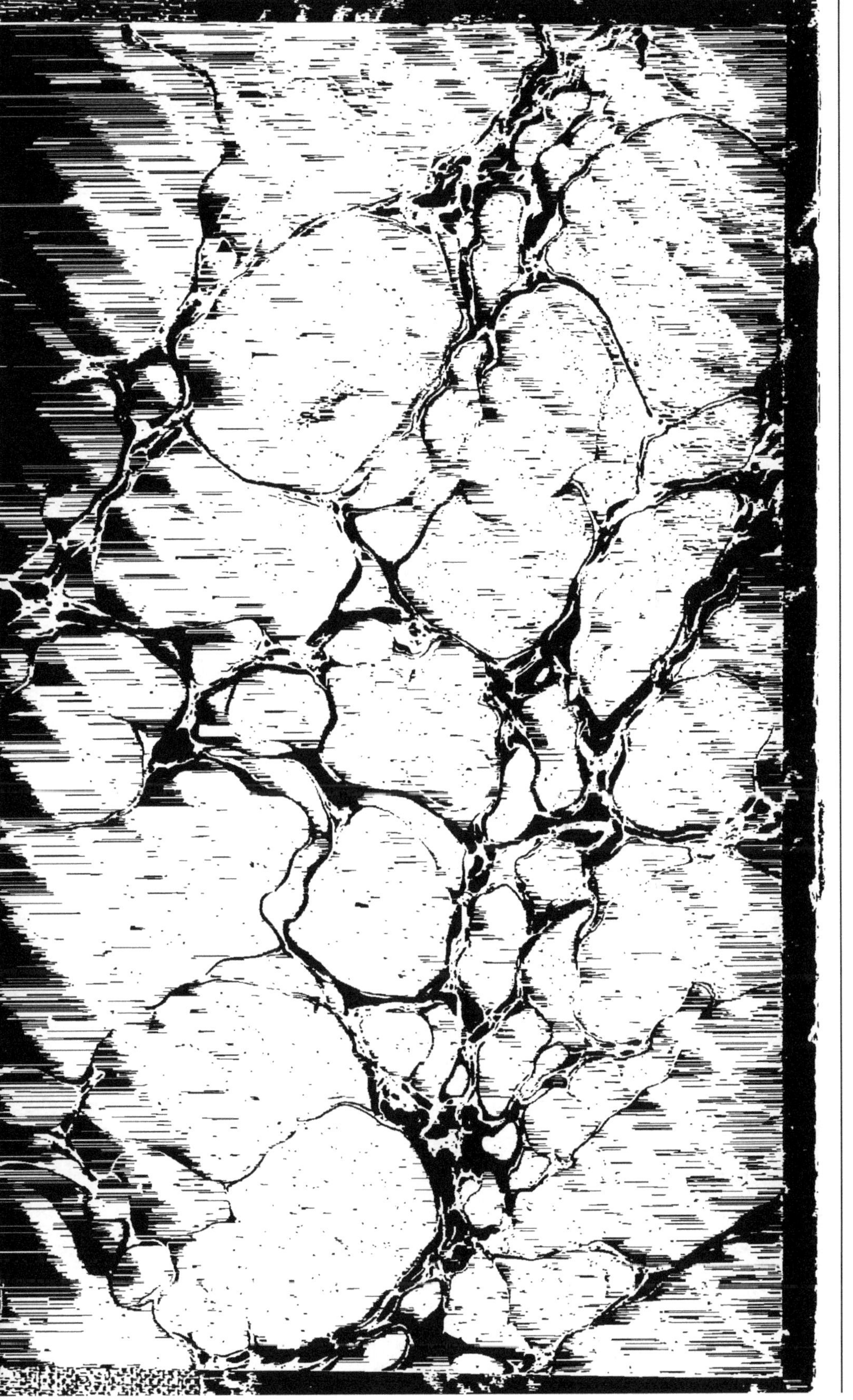

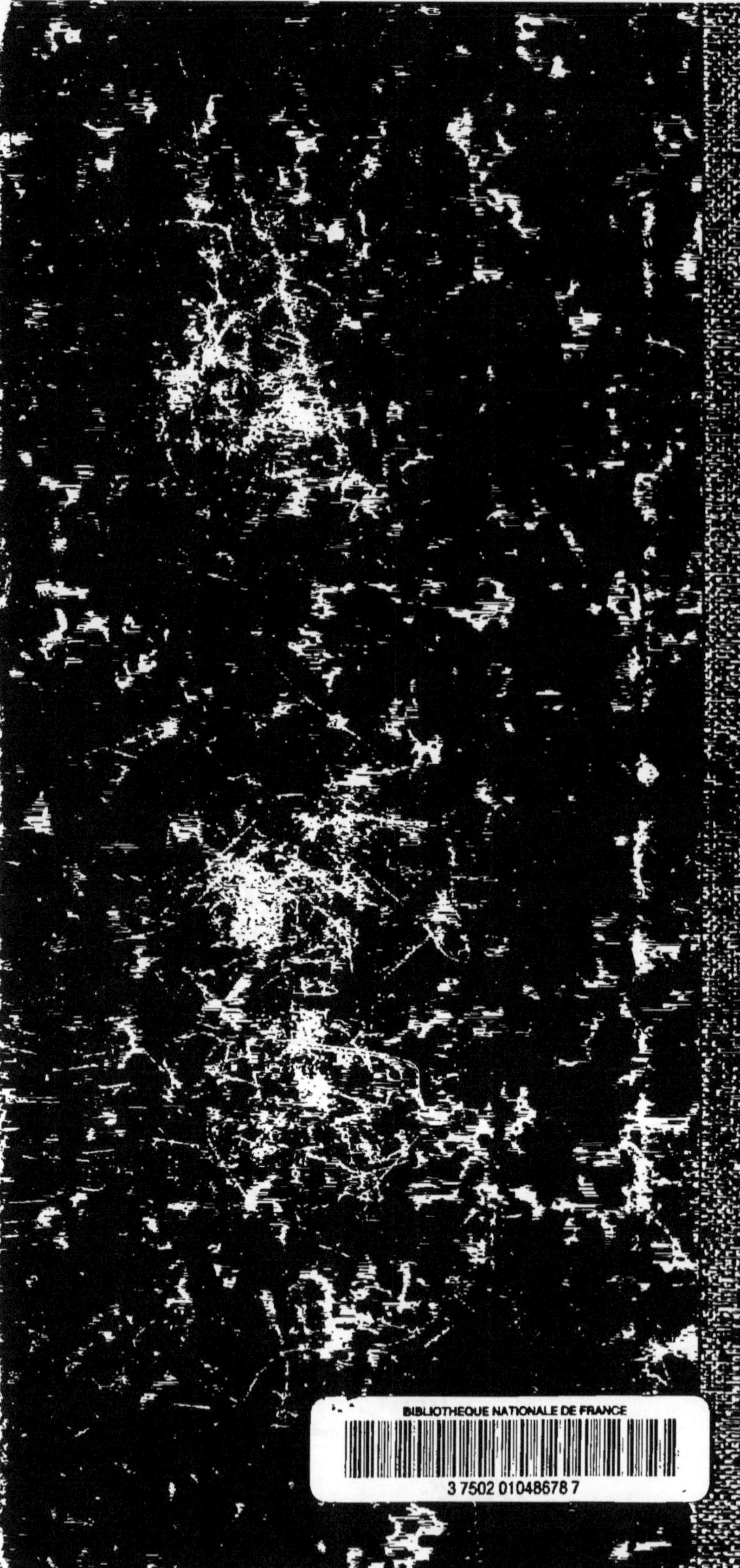

Milton Keynes UK
Ingram Content Group UK Ltd.
UKHW010640030424
440506UK00010B/1384